西学东渐 研究

第十一辑

中国与日本之间的西学

中山大学西学东渐文献馆 主编

商务印书馆
The Commercial Press
创于1897

图书在版编目(CIP)数据

西学东渐研究. 第 11 辑,中国与日本之间的西学/中山大学西学东渐文献馆主编.—北京:商务印书馆,2022
ISBN 978-7-100-20810-9

Ⅰ.①西… Ⅱ.①中… Ⅲ.①西方哲学—文集 ②西方哲学—影响—现代化—中国—文集 ③西方文化—文化传播—对比研究—中国、日本 Ⅳ.①B5-53 ②D61-53 ③K250.3 ④K313.410.3

中国版本图书馆 CIP 数据核字(2022)第 035546 号

权利保留,侵权必究。

西学东渐研究
第十一辑
中国与日本之间的西学
中山大学西学东渐文献馆 主编

商 务 印 书 馆 出 版
(北京王府井大街36号 邮政编码100710)
商 务 印 书 馆 发 行
江苏凤凰数码印务有限公司印刷
ISBN 978-7-100-20810-9

2022年7月第1版	开本 640×960 1/16
2022年7月第1次印刷	印张 18.5
定价:98.00元	

西学东渐研究

主　编
中山大学西学东渐文献馆

学术委员会
（按姓氏拼音为序）

蔡　禾	陈春声	陈少明	程焕文	程美宝
杜维明	关子尹	洪汉鼎	黄见德	李明辉
李　萍	梁庆寅	林　岗	刘笑敢	刘昭瑞
梅谦立	倪梁康	王　宾	吴义雄	张西平
张贤勇	张志扬	赵仪文		

责任编委：马永康

编者的话

"西学东渐"一语广为人知,得益于容闳回忆录中译本的流行。容闳是中国第一个在美国耶鲁大学获得学位的留学生,此后穷其一生,致力于"以西方之学术灌输于中国,使中国日趋于文明富强之境"。容闳晚年因故被迫定居美国后,用英语将他1902年前的经历撰写成回忆录,在1909年以 *My Life in China & America* 为名出版。1915年,恽铁樵和徐凤石将它译成中文,取名为《西学东渐记》出版。此后,"西学东渐"常被用来描述西方学术思想向中国传播的历史过程。就此而言,"东"一般指中国。但是,要理解整个西学的"东渐"过程,"东"不能仅限中国。这是由于明末至清中期西学东渐的主体是传教士,他们广泛活动在东亚,彼此之间有着紧密的联系;近代西学传播的主体虽然逐渐由中国留学生取代了传教士,但留学生很多取径于日译西学。由此,西学的东渐并非从西方单线直通中国,而是在东亚有着错综复杂的传播路径。不同的传播途径使得抵达中国后的西学所附加的内容并不一样,因为每一次传播都经历了一次传播者的"前见"和西学著作"文本视域"的融合,即吸收与改造。为此,要理解与把握中国的西学东渐,不能仅局限在西学直通中国这一单线上,而且还需注意西学在东方内部的传播与再传播过程。就后者来说,中国与日本之间的西学传播就是一个重要的例证。在明末至清中时期,主要是在中国传播的西学对日本产生巨大的影响,但在晚清以后,主要是在日本传播的西学反过来影响中国。这使得西学在中国与日本的传播过程交织在一起,无法截然两分。而在这过程中,西学著作不仅仅跨越了不同的国家与文化,也跨越不同的时代,使我们意识到19—20世纪的西学东渐继承并深化了

16—17世纪的西学东渐。

有鉴于此,我们会同日本学术振兴会(Japan Society for the Promotion of Science)于2019年3月16日至17日联合主办了题为"中国与日本之间的西学"的国际会议,从语言学、文学、经典学、哲学、逻辑学、宗教学等领域进行了相关讨论。此辑《西学东渐研究》所收录的大部分论文即来自这次会议。通过本辑文章,希望能呈现西学在中国与日本之间传播的复杂关系,进一步推进西学东渐的研究。

此次会议的举行得益于日本庆应义塾大学折井善果(Orii Yoshimi)教授的大力协助。本辑《西学东渐研究》的出版,也得到了广州市人文社会科学重点研究基地及中山大学重点发展项目的资助。在此,一并致谢!

中山大学西学东渐文献馆
中山大学广州与中外文化交流研究中心
2020年4月28日

目　录

艾儒略《性学觕述》及其来源 ………… 梅谦立撰；张扩栋译（1）
理性与性理的邂逅 ………………………… 井川义次（31）
试论日本明治初期西化思潮形成的远因
　　——以近世知识人对西方的认识为中心 ……… 朱坤容（44）
卢梭"革命观"之东传：中江兆民汉译《民约论》
　　及其上海重印本的解读 ………………… 范广欣（56）
东亚近现代语境下的《论语》诠释 ………… 廖钦彬（86）
1900—1919年：章太炎因明与中国哲学之重建 …… 曾昭式（113）
在包容与排他之间
　　——《天主实义》与《圣朝佐辟》尊儒立场研究
　　………………………………………………… 王　安（126）
明末清初耶稣会传教士与中国士大夫间的对话
　　——解读耶稣会士陆若汉的《日本教会史》 …… 刘小珊（144）
礼仪之争：明清之际西学在东方的传播与影响
　　——浅见雅一《基督教时代的偶像崇拜》述评
　　………………………………………………… 段世磊（160）
马若瑟《汉语札记·下编·第四章》中的西方
　　修辞观 …………………………………… 林熙强（183）
浅谈明治和制汉词的多元特性 …………… 周圣来（219）
明清时期汉文西学书在明治日本的流传 …… 新居洋子（236）
中国与日本之间的传教士印刷出版事业
　　——比较互动的视阈 …………………… 王雯璐（257）

附录

《西学东渐研究》第6—10辑目录 ………………… （281）

艾儒略《性学觕述》及其来源

中山大学哲学系　梅谦立撰；张扩栋译

灵魂是西方思想中的核心观念。传教士来到中国后，不仅积极传播道德思想和神学，而且还包括生物学和生理学。《性学觕述》共八卷，由意大利耶稣会传教士艾儒略（Giulio Aleni，1582—1649）撰述，是传播进程中的重要一步。

本文第一部分，将这部著作的创作置于一个更大的计划中，即在中国翻译亚里士多德的著作。在这计划中，艾儒略承担了一个先锋角色。本文将试图重构艾儒略如何通过与中国文人学士的交流和讨论逐渐形成他关于灵魂的著作。

本文第二部分，将考察《性学觕述》的来源。以往学者已经提及耶稣会《柯因布拉亚里士多德评论》（*Conimbricenses*）是《性学觕述》的重要来源，本文将进一步通过展示两者相一致的几个列表来确证这一点。然而，我们也将表明《性学觕述》的近半参考资料来源于另一位经院学者，这一点在以往恰恰被忽视了。

一、《性学觕述》的构成

（一）在中国翻译亚里士多德评论

龙华民（Niccolò Longobardo，1565—1654）是利玛窦逝世后在中国传教的负责人，他派遣金尼阁（Nicolas Trigault，1578—1628）前往欧洲。1616年，金尼阁在给上级的一封信件中表达了计划在北京建立一个中心图书馆,在其他传教点建立分馆的意愿,并且提到图书馆将被用来教学及翻译数学、哲学和神学书籍。①1619年,金尼阁返回中国,成功带来大量书籍,其中就包括《柯因布拉评论》。1949年,时任北堂天主教图书馆馆长惠泽霖(Hubert Verhaeren)出版了《北堂图书馆目录》,很好地再现了《柯因布拉评论》。②

法国耶稣会士费赖之(Louis Pfister,1833—1891)一生致力于研究中国耶稣会传教士的传记和参考书目。他的著作《在华耶稣会士列传及书目》(Notices biographiques et bibliographiques sur les Jésuites de l'ancienne Mission de Chine:1552—1773)于其死后1932年在上海出版。费赖之准确地确认了《名理探》的来源是柯因布拉对亚里士多德逻辑的评论③,但他未能注意到《性学觕述》与《柯因布拉评论》之间的关联。

1935年,惠泽霖对比了耶稣会士的四本中文著作与《柯因布拉评论》之间的关系。除了《名理探》,他确认其他三本中文著作都来源于《柯因布拉评论》:其中《灵言蠡勺》根据《论灵魂》,《寰有诠》根据《论天》,《修身西学》根据《尼各马可伦理学》。根据惠泽霖所说的这"一项小调查",他提出了耶稣会在晚明翻译《柯因布拉评论》系统性项目的理念。惠泽霖这一理念的确具有开创性,天主教历史学家

---

① 参见 Noël Golvers, *Libraries of Western Learning for China*, volume 2: *Formation of Jesuit Libraries*, Leuven: Ferdinand Verbiest Institute, 2013, p.9。

② 目录含有:三个对《尼各马可伦理学》的评论版本(1593、1594、1612);两个对《论灵魂》的评论版本(1598、1617);两个对《自然诸短篇》的评论版本(1593、1594);两个对《论天》的评论版本(1593、1594);两个对《天象学》的评论版本(1593、1594);两个对《论生灭》的评论版本(1597、1615);两个对《物理学》的评论版本(1592、1616);一个对亚里士多德逻辑的评论版本(1611)。还有一个由对《论天》《天象学》和《自然诸短篇》评论构成的版本(1603)。参见 Hubert Verhaeren, *Catalogue de la bibliothèque du Pé-tang*, Beiping: Imprimerie des Lazarites, pp.396-399。

③ Louis Pfister, *Notices biographiques et bibliograhiques sur les Jésuites de l'ancienne Mission de Chine*:1552-1773, Shanghai: Imprimerie de la mission catholique, 1932, p.153。

方豪神父(1894—1955)注意到这一理念后,进一步研究了《名理探》《寰有诠》与《柯因布拉评论》之间的关系。①

艾儒略的《大西西泰利先生行迹》(1630)也暗示了这一翻译项目,其中提及利玛窦生前要求耶稣会士从欧洲带来一些书籍进行翻译。艾儒略说,他与毕方济(Francesco Sambiasi, 1582—1649),以及其他人一起来到中国,当他们到达中国时,利玛窦已经去世了。②在此书(1630年版)中,艾儒略将自己塑造成利玛窦传教的继承者。

艾儒略在《西学凡》中系统地描述了哲学课程:第一年专注于逻辑(落日加);第三年学习形而上学(默达费西加)。第二年对我们具有特殊的意义,因为它致力于物理学(费西加)研究,包括六个分支:1.研究本质(闻性学),与《物理学》相合;2.研究有形而不朽的事物,如天,与《论天》相合;3.研究有形而能朽的事物,如人类、野兽、草木,与《论生灭》相合;4.研究四元素(四元行),与《论元素》(De elementis)相一致;5.讨论在天、地、海中的变化,与《气象学》相一致;6.研究有形而生活之物,与《论灵魂》相一致。

我们应该注意到《教学大纲》(Ratio studiorum, 1599)在第三年安排学习《论生灭》和《论灵魂》,正好是在学习形而上学之前,这样的安排强调了理智灵魂的角色。相反,艾儒略的安排则遵循柯因布拉,他将《论灵魂》的课程放在了学习《物理学》的年份,这一安排将灵魂与自然哲学联系起来。本文将清楚地展示艾儒略对于感性灵魂的关注。

艾儒略在《西学凡》中对灵魂的安排遵循了一定的顺序,这大致

---

① 方豪:《李之藻研究》,海豚出版社,2016年,第185页。
② 参见 Aleni, *La vita di Matteo Ricci scritta da Giulio Aleni*(1630), ed. Gianni Criveller, Macerata: *Fondazione Internazionale P. Matteo Ricci*, 2010, p.83:"儒略始偕二三友朋,如毕子今梁(讳方济)、史子建修(讳百度)等,浮海远来,而利子是年殁矣,然虽不及一面,亦躬造燕京,瞻拜赐坟,感激熙朝之厚仁也。"

与《性学觕述》的结构相一致:卷一,作为生命来源的灵魂;卷三,植物灵魂及其官能;卷四,五种外感官和四种内感觉;卷二和卷六,身体内的理智灵魂与理智和爱欲的原则。唯一值得注意的是,《性学觕述》背离了《西学凡》反映出来的传统顺序,在卷二中讨论与身体分离的灵魂,而非在本书的结尾处。①

《教学大纲》并未对《论灵魂》的课程提供一个详尽的计划,它仅仅警告哲学教师在教授完感官基础之后,"他不应该离题去教授解剖学和那些医生关心的事情"②。实际上,耶稣会士在欧洲并未将医药列为耶稣会教育的一部分。然而,柯因布拉大学提供了一个独特的课程设置:在耶稣会接管艺术学院之前,这个大学就有医学院,这就解释了《性学觕述》中浓厚的医学维度。

表一 耶稣会士出版的九本亚里士多德哲学中文著作③

出版日期	作者	出版地	书目	卷数	与《柯因布拉评论》一致的文本
1624	毕方济、徐光启	杭州	《灵言蠡勺》	2	《论灵魂》《自然诸短篇》
1628	傅汎际、李之藻	杭州	《寰有诠》	6	《论天》
1629	毕方济	不详	《睡答》	1	《自然诸短篇》
1633年左右	高一志	江州	《空际格致》	2	《论生灭》《论天》《天象学》
1636	傅汎际、李之藻	不详	《名理探》	10	波菲利《导言》《范畴篇》
1636	高一志	江州	《修身西学》	10	《尼各马可伦理学》
1636	高一志	江州	《斐录答汇》	2	《问题集》
1637	高一志	江州	《寰宇始末》	1	《论天》
1635—1639	艾儒略	福州	《性学觕述》	8	《论灵魂》《自然诸短篇》

---

① 参见艾儒略:《西学凡》,黄兴涛、王国荣编:《明清之际西学文本》第一册,中华书局,2013年,第235页。

② 参见 Claude Pavur, ed., "Ratio studiorum: The Official Plan for Jesuit Education", Saint Louis, *Jesuit Sources*, 2005, p.104。

③ 参见 Thierry Meynard, "Aristotelian Works in Seventeenth-century China: An Updated Survey and New Analysis", *Monumenta Serica* 65.1(June 2017), pp.61-85。

在《西学凡》结尾处，艾儒略说："愿将以前诸论与同志翻以华言。试假十数年之功，当可次第译出。"①这确实发生了。这暗示在翻译计划之前，艾儒略就和其他耶稣会士讨论过这个问题。1619年，随着《柯因布拉评论》的到来，开启了一项持续大约二十年的翻译事业，出版了九本中文著作。

（二）艾儒略生平和 1624 年开始写作关于灵魂的著作

已有不少文学作品介绍艾儒略，在此我们仅仅关注与他学术训练和行为最密切相关的事件。1582 年，艾儒略生于意大利北部的小城布雷西亚（Brescia）。1597 年，他进入了这座小城的耶稣会学院学习文学，时年 15 岁。1600 年，他成为耶稣会士，入初学院，为期两年。1602 年，他开始在帕尔马（Parma）耶稣会大学学习哲学。艾儒略遵循当时刚刚颁布的《教学大纲》(1599)，学习了逻辑学（1602—1603）、物理学（1603—1604）和形而上学（1604—1605）。1605—1607 年，他被派往博洛尼亚（Bologna）耶稣会大学教授修辞学。除了教授修辞学外，艾儒略对科学也很感兴趣。

25 岁，他开始在罗马大学研究神学。恰逢罗马大学聚集了来自不同国家约 230 名耶稣会士。1603 年，他第一次请求传教，第二次是在 1607 年。可能是考虑到他在科学上的天赋，最终于 1608 年 8 月，他被派往中国传教。他在柯因布拉大学为他的启程做准备。如果他在帕尔马进行哲学研究时，没有读过《柯因布拉评论》，那么至少他在柯因布拉大学有机会了解更多。1609 年 3 月 23 日，他离开里斯本（Lisbon），随身携带着星历和天文表。他在果阿（Goa）短暂停留后，1611 年 1 月抵达澳门。②

1621—1624 年，艾儒略在江南地区活动。1624 年，艾儒略遇到

---

① 参见艾儒略：《西学凡》，黄兴涛、王国荣编：《明清之际西学文本》第一册，第 240 页。

② 参见 Mario Colpo, "Aleni's cultural and religious background", in *Scholar from the West*, pp.73-83。

了曾任阁老的叶向高(1559—1627),叶向高邀请他去福建传教。艾儒略于1625年到达福建,之后,他将余生24年的时光奉献给福建省,试图在福建建立起天主教团体。由于叶向高的帮助,艾儒略能够与当地官员和学者建立良好的关系,这有助于其在平民中传播基督宗教思想。1637—1638年,新到福建的方济各会传教士由于不遵循艾儒略的策略,导致禁教,直到1639年中期才结束。1641—1648年,艾儒略担任华南地区负责人,由中华耶稣会副会长傅汎际(Francisco Furtado,1589—1653)任命。1644年,清军攻占北京,汤若望(Adam Schall,1591—1666)很快意识到一个新的统一王朝即将到来。南明政府避难于福建几年中,艾儒略与他们保持了良好的关系。当清军完全控制了福州,艾儒略被迫逃往延平,1649年逝世于此。[1]

与利玛窦和高一志(Alfonso Vagnone,1566—1640)相同,艾儒略也是一个多产的作家。在19世纪,费赖之列出了艾儒略的33本著作![2]1623年,艾儒略在广州出版了三本科学性著作,分别是《万国全图》《职方外纪》和上文提到的《西学凡》。1625年转移到福州之后,他依然继续发表一些学术著作,但是主要精力集中于教牧著作,如耶稣生平。

如上所述,艾儒略在《西学凡》中表达了翻译哲学著作的意愿。1624年,他已经在常熟写了一篇关于灵魂的文章,我们可以从瞿式耜(1590—1651)为《性学觕述》(1646年版)所写的序中了解这一点。据瞿式耜回忆,他遇见艾儒略是在1624年的春天。之后,瞿式耜父亲去世,回乡守孝三年。瞿式耜是瞿太素(1549—1612)的远房侄子,瞿太素则是利玛窦最早的追随者之一。这也就解释了为什么艾儒略1624年会到常熟。1646年,瞿式耜回忆称他们在二十多年前就讨论过灵魂问题。

---

[1] 参见 Gianni Criveller, *Preaching Christ in Late Ming China*, Taibei: Taibei Ricci Institute, 1997, pp.146-156。

[2] Louis Pfister, *Notices biographiques et bibliographiques*, n.39, pp.131-136。

(三) 1625—1630年出版的《灵性篇》

如上所述,1624年艾儒略在常熟开始写作关于灵魂的著作,但是几年后他才发表了这部著作的第一个版本——《灵性篇》(或称《性灵篇》)。《性学觕述》的第一卷中有五个章节以"灵性"作为标题的开头。[1]非常遗憾,《灵性篇》这部著作已经遗佚,但是由于两序尚存,加上一些其他著作对此书的引述,使我们掌握了一些间接的证明材料。[2]

首先,我们从天主教学者刘凝(1620—1715)编纂的天主教著作手抄本合集《天学集解》中得知这两序的存在。两序由两个福建人撰写[3],其中之一为陈长祚(1545—?)所著(见《天学集解》,5.43a—44b)。陈长祚是长乐人,隆庆辛未(1571)进士,东林党成员,官至工部尚书。[4]他在序中提到艾儒略进入福建省后出版了几部著作。[5]因

---

[1] 分别是:灵性必有;灵性非气;灵性非繇天地非繇父母所赋;灵性非繇外来非繇内出;灵性为造物主化生赋畀。

[2] 裴化行(Henri Bernard-Maître)误认为《灵性篇》是艾儒略《圣梦歌》的不同版本。参见 *Adaptations* I(1945),p.352。陈纶绪(Albert Chan)也有相同的误解:*Chinese Books and Documents*,p.189。

[3] 刘凝编:《天学集解》,手抄本,共九卷,第569页,保存于俄罗斯圣彼得堡公共图书馆。它包含284份从1599年到1679年的中文文献,涉及西学,大部分为序跋。这本手抄本没有注明日期且未完成。在1852年的目录当中提及了它:*Catalogue des manuscrits et xylographies orientaux de la Bibliothèque impériale publique de St. Pétersbourg*, Saint Pétersbourg: Imprimerie de l'Académie impériale, 1852, no.DCCCXXIX, p.616。关于《天学集解》的参考材料参见杜鼎克(Ad Dudink), "The rediscovery of a seventeenth-century collection of Chinese Christian texts: The manuscript *Tian Xue Ji Jie*", *Sino-Western Cultural Relations Journal* 15(1993), pp.1-26。

[4] 下文将会讨论陈仪的序,陈仪可能提及了陈长祚:"陈司徒为艾儒略作序。"根据杜鼎克和沈定平所说,应该是陈司空,而非陈司徒;参见杜鼎克:《艾儒略与李九标》(*Giulio Aleni and Li Jiubiao*),第137页,注释30;沈定平:《明末福建士大夫同传教士的交往氛围及群体特征》,《中国学术》,17.1(1944),第211页。

[5] 陈长祚:《灵性篇序》,刘凝编:《天学集解》卷五,第43—45页,此处引用第44页。非常感谢钟鸣旦(Nicolas Standaert)为我提供了未发表文献的复印本。

此,此序应写于 1625 年之后。他也提到西方人进入中国已经超过 40 年,可见此序当写于 17 世纪 20 年代晚期。

另一个序(见《天学集解》,5.44b—46a)为邵捷春(?—1641)所作。他是福建福州府侯官县人,万历四十七年(1619)进士。他还写了首诗表达对艾儒略的敬意。在《灵性篇序》中,邵捷春对比了儒家格物思想和艾儒略的理解。①事实上,艾儒略在《性学觕述》卷一和卷二,而非在卷六,三次提到格物。

其他对《灵性篇》的引用见于多明我会传教士施若翰(Juan García,约 1605—1665)的《天主圣教入门问答》(1642)。当讨论动物缺乏理智灵魂时,他解释了三魂之间的不同,最后说:"请见《性灵(篇)》。"②实际上,《灵性篇》对此问题的讨论与《性学觕述》第一卷的一节(1.16)相一致。当讨论灵魂不朽的问题时,施若翰根据人类想要被填满的欲望进行论证,又一次明确提及《灵性篇》③,这与《性学觕述》第二卷的一节(2.21)相一致。

《性学觕述》的七、八两卷中仍然有《灵性篇》这一原标题的痕迹:在这两卷的书页一侧写的仍然是《灵性篇》。很明显这两卷是一个整体,翻译的并非是《柯因布拉论灵魂的评论》,而是《柯因布拉自然诸短篇的评论》,下文会做详细说明。艾儒略将《性学觕述》作为一至六卷的标题,但是他却不经意在七、八卷中保留了之前的标题(灵性)。

因此,我们可以得出结论:《灵性篇》已经包含了《性学觕述》八卷中的前两卷和最后两卷,《灵性篇》应该在 1625—1630 年出版。

(四) 从《性学篇》到《性学觕述》,可能第一次发表在 17 世纪 30 年代晚期

艾儒略花费多年时间完成植物灵魂与感觉灵魂(vegetative and

---

① 邵捷春:《灵性篇序》,汤开建汇释、校注:《利玛窦:明清中文文献资料汇释》,澳门文化局,2017 年,第 155 页。
② 《天主圣教入门问答》,钟鸣旦、杜鼎克编辑: Chinese Christian Texts from the Roman Archives of the Society of Jesus,ARSI, vol.2, p.405。
③ 《天主圣教入门问答》,第 400 页。

sensitive souls,生魂和觉魂)的部分。很多迹象表明《性学觕述》第一次出版是在 1635—1639 年之间。其中有陈仪(1575—1634)的序。陈仪是福建人,1610 年进士,是原福建巡抚赵参鲁(1537—1609)的门生。在序言中,陈仪回忆在赵参鲁家中遇到了利玛窦。他们应该是在南京相遇的,时间在 1598—1600 年。1616 年,陈仪在北京结识了庞迪我(Diego de Pantoja,1571—1618)和艾儒略。1625 年,陈仪邀请艾儒略到福州,因此他可能在 1629—1634 年之间为《性学觕述》作序。①这本书刚好在陈仪逝世前后出版。

对此书的审核过程为我们提供了更多线索。黎宁石(Pedro Ribeiro,1570—1640)、阳玛诺(Manuel Dias,1574—1659)和伏若望(João Frois,1591—1638)三位耶稣会士参与审核《性学觕述》,是在 1638 年伏若望去世之前进行的。傅汎际最终正式批准出版,他于 1635—1653 年担任中华耶稣会副会长。②因为傅汎际自己也翻译了两部《柯因布拉评论》,我们可以假定他支持艾儒略翻译《柯因布拉论灵魂的评论》。因为正式批准日期与审核日期非常接近,我们可以假定正式批准在 1635—1639 年。黄兴涛认为《性学觕述》首次出版在 1640 年之前,再版时间为 1646 年。③

《口铎日抄》进一步确认了这一事实。此书记录了艾儒略 1640 年 7 月 4 日的谈话。艾儒略在谈话中讨论了人体中的四液,他向对方提到了《性学篇》。④此处《性学篇》是《性学觕述》的另一版本,而非《灵性篇》,因为《性学觕述》在卷三中有一节论述四液(3.5—3.9)。这表明《性学觕述》已经以《性学篇》的名字在 1640 年以前出版了。

艾儒略之所以抛弃"灵性",而取"性学",是在争取儒家学者的

---

① 陈纶绪推断此序作于 1629 年之后,因为序中提及历法改革和天文书籍的翻译。参见 Albert Chan, *Chinese Books and Documents*,p.296。

② Joseph Dehergne, *Répertoire des Jésuites de Chine de 1852 à 1800*, Rome:AHSI,1973,p.318。

③ 黄兴涛、王国荣编:《明清之际西学文本》第一册,第 242 页。

④ 参见 Erik Zürcher ed., *Kouduo richao*(*KDRC*), Sankt Augustin:Monumenta Serica,2007,III.36,p.618。

理解。当时儒家学者讨论的焦点在于性理之学,但艾儒略讨论的性学含义明显比新儒家更广泛,因为它还包括人类生活的生理学层面。现存的四卷关于感性灵魂的论述耗费了艾儒略大量的时间,他没有余力完成这个专业性工作,但仍然对生理学领域做出了真正的贡献。纵观艾儒略的著述,《性学觕述》比1635年出版的八卷本《天主降生言行纪略》影响更为广泛。

艾儒略为第一版《性学觕述》添加"儒性学自序"很可能是在1635—1639年之间。自序回顾了这本著作八卷的结构。有意思的是,他最后注明自序的创作时间是1623年。他可能想表明他写作灵魂的话题要早于毕方济。

(五) 艾儒略与中国人对话的成果《性学觕述》

《性学觕述》只有艾儒略一位作者,没有其他人明显参与创作。但是这并不意味着没有中国人的参与。相反,可能因为涉及太多中国人,根本不可能一一列举。《性学觕述》因艾儒略和中国人的诸多对话显得内容丰富。值得庆幸的是,这些对话在其他地方被记录了下来。

《三山论学集》(1629年左右)记录了1627年6月艾儒略与叶向高的对话,书中的一些段落在《性学觕述》前两卷被模仿。[1]我们为此举出三个例证。首先,叶向高问艾儒略灵魂和中国的"气"概念有什么不同。此问题和艾儒略的回答分别出现在《三山论学集》(第625—626页)和《性学觕述》(1.11—14)中。其次,叶向高问了一个有趣的问题:"创造者创造如此多的东西,不烦吗?"(第616页),同

---

[1] 对于《三山论学集》,此处引用的是加标点版本的页码,参见周振鹤编:《明清之际西方传教士汉籍丛刊》第三册,凤凰出版社,2013年,第605—635页。英文翻译文本参见 Bernard Hung-Kay Luk, "A Serious Matter of Life and Death: Learned Conversations at Foochow in 1627", in *East Meets West*, *The Jesuits in China*, *1582-1773*, edited by Charles E. Ronan and Bonnie B.C. OH, Chicago: Loyola University Press, 1988, pp. 173-206.

样的问题出现在《性学觕述》(1.41)中。可以肯定,这个问题不是来源于《柯因布拉评论》。最后,艾儒略对叶向高解释灵魂感觉不依赖身体依然能够体验到喜悦和悲伤。为了阐明这一点,艾儒略讲了一个古代西方著名医生(Rannadiya)的冗长故事。我们已经无法确认这个故事的来源或医生的姓名。可以肯定的是,艾儒略在将这段故事几乎一字不差地插入《性学觕述》(2.37)之前,已经尝试向叶向高讲述这个故事了(第 627—628 页)。

《口铎日抄》则记录了艾儒略的其他对话。这本书由皈依者李九标于 17 世纪 40 年代中期编撰和出版。这些对话证明是《性学觕述》的来源之一。此处试举两个例证。第一,1631 年 10 月 5 日,某人问:"灵魂会衰退和朽坏吗?"在回答中,艾儒略指责了一些人将西方灵魂观念和中国"气"联系起来的想法,因为他认为更准确地说,灵魂的力量不取决于"气"的力量。①《性学觕述》则处理了相似的问题,也给出了同样的答案(1.13—1.14)。第二个例子,1632 年 8 月 13 日,某人问艾儒略:灵魂是如何联系生魂和觉魂的?为了谴责将三种灵魂混为一谈的错误观点,艾儒略解释灵魂是按等级排列的,就像金币比银币和铜币更有价值。②相同的解释亦出现在《性学觕述》(1.16)中。这足以表明艾儒略与中国人的对话也是《性学觕述》的来源之一。

(六) 1646 年重新编辑《性学觕述》时的政治处境

1646 年艾儒略对《性学觕述》进行了重新编辑,这很大程度上与当时的政治状况相关。1644 年,清军攻占北京,明王朝残余势力避难于南方,称为"南明"。南明始于 1644 年,最终灭亡于 1683 年。1645 年 6 月南京陷落之后,南明将都城设在福州,1646 年 10 月结束,共计 15 个月。

南明隆武帝(朱聿键,1602—1646)和毕方济有深厚友谊,隆武帝

---

① 参见 KDRC, II.34, p.300。
② 参见 KDRC, III.31, p.361。

以前所未有的方式热爱天主教会。1646年1月,在艾儒略的请求下,南明礼部发布命令允许在所有辖区建造教堂。1646年3月26日,隆武帝派遣大臣前往福州教会,并赐御笔亲书匾额"敕建天主堂"。

御笔亲书匾额悬挂在教堂三周之前,《性学觕述》已经出版。扉页显示:第二年,丙戌正月既望(1646年3月2日),出版地就是建立起来的敕建天主堂。不久之后,这本书再次付印,但是删去了这两个与隆武相关的特征——为了避免此书在清王朝下被毁灭,这可以在耶稣会罗马档案馆(Archivum Romanum Societatis Iesu, ARSI, Jap.Sin.Ⅱ.16)中的复印件里看到。

艾儒略关于灵魂的著作不直接牵涉政治,但是他决定再版《性学觕述》绝不是偶然的。艾儒略是想在大主教会和南明之间结盟,除了直接传福音之外,出版基督教学者的著作是艾儒略建造新的天主教国家计划的一部分。①

在1646年版的《性学觕述》中,艾儒略自序之前还有两个序。第一个序由陈仪所作,如上文所述,在1635—1639年的第一版中已经存在。1646年,陈仪已经去世,这可能是艾儒略想要纪念他。然而,《灵性篇》中两篇由陈长祚和邵捷春作的序却没有保留下来。相反,艾儒略决定选取瞿式耜的序。如上所述,瞿式耜在序中提到遇到艾儒略是在1624年,他们讨论了灵魂的问题。瞿式耜在序中更进一步描述了有关灵魂的教导:知觉外官、知觉内职、嗜欲、爱欲、行动,还有记忆、失眠、呼吸、寿夭、老稚、生死等问题。这明确地描述了1646年《性学觕述》八卷的内容。瞿式耜所引用的一些篇章,亦可在此书中找到(如第6卷第3节)。

最终,卷前由陈仪和瞿式耜序、艾氏自序及江右后学朱时亨的《性学觕述引》构成。朱时亨注明了日期,为丙戌年(1646)春三月。《性学觕述引》有明显的宗教色彩。朱时亨是艾儒略的门徒,他可能

---

① 参见 Erik Zürcher, *Kouduo richao: Li Jiubiao's Diary of Oral Admonitions*, Sankt Augustin: Monumenta Serica, 2007, vol.1, pp.69 - 70。

为福州教会工作,因为《性学觕述》扉页显示,他负责校对工作。

《性学觕述》(1646)的原本,耶稣会罗马档案馆有两本(Jap. Sin. II.16 and 16a),由钟鸣旦和杜鼎克 2002 年出版①,由叶农 2011 年再版②。三个本可以在法国国家图书馆(Chinois 3409,3410,3411)找到,都带有晚明皇帝的名号。另一个保存在梵蒂冈图书馆(Raccolta Generale Oriente, III, 223.3—4)的原本,由张西平 2014 年出版,但没有晚明皇帝的名号。③

清初,《性学觕述》有了一个新版本,一个不完整的复印件可以在耶稣会罗马档案馆(ARSI, Jap.Sin.II, 21)中找到。④在 19 世纪和 20 世纪,两个新版本在上海出现:一个在 1873 年由慈母堂出版,另一个在 1922 年(1935 年再印)由土山湾出版。

21 世纪初,出现了两个加标点的版本:一个由叶农编辑,2012 年在澳门出版⑤;另一个由黄兴涛编辑,2013 年在北京出版。⑥这两个版本都有简介,但没有注释。

二、《性学觕述》的来源

1646 年版的《性学觕述》封页上显示其是一本译著,因此我们将探索这部著作的来源。

---

① Nicolas Standaert and Adrian Dudink ed., *Chinese Christian Texts from the Roman Archives of the Society of Jesus*, Taibei: Taibei Ricci Institute, 2002, vol.6, pp.45-378.

② 艾儒略著,叶农编:《艾儒略汉文著述全集》,广西师范大学出版社,2011 年,第 121—207 页。

③ 张西平编:《梵蒂冈图书馆藏明清中西文化交流史文献丛刊》第 28 册(卷 1—4),大象出版社,第 439—620 页;第 29 册(卷 5—8),第 1—158 页。

④ Albert Chan, *Chinese Books and Documents*, p.301.

⑤ 艾儒略著,叶农编:《艾儒略汉文著述全集》,澳门文化艺术学会,2012 年,第 62—102 页。

⑥ 黄兴涛、王国荣编:《明清之际西学文本》第一册,第 241—316 页。

（一）在其他学者研究基础上进一步的调查

1935年，惠泽霖考察了耶稣会士的中文著作与《柯因布拉评论》之间的关系。在北堂图书馆中并没有《性学觕述》，但是通过费赖之《在华耶稣会士列传及书目》对《性学觕述》的描述，惠泽霖猜测最后两卷来源于《柯因布拉自然诸短篇的评论》。[①]实际上，最后两卷形成了一个相对独立的系统，以"灵性篇"为题在《性学觕述》中刊印。

根据惠泽霖的猜测，我们将系统考察《性学觕述》和《柯因布拉自然诸短篇的评论》相一致的篇章，考察结果如下：

表二　《性学觕述》与《柯因布拉自然诸短篇的评论》的一致之处

《性学觕述》首卷之七	《柯因布拉自然诸短篇的评论》
7.1—7.15 记心法	《论记忆与回忆》第9章，第13—16页
7.16—7.33 记心辨	《论记忆与回忆》第10章，第16—18页
7.34—7.59 论寤寐	《论睡眠》第1—9章，第19—36页
7.60—7.76 论梦	《论梦》第1—6章，第37—44页
7.77—7.82 破梦	《论占卜》第2—3章，第50—53页
《性学觕述》首卷之八	《柯因布拉自然诸短篇的评论》
8.1—8.9 论嘘吸	《论呼吸》第1—3章，第55—60页
8.10 论气之嘘吸属人主张与否	《论呼吸》第2章，第56—58页
8.11—8.20 嘘吸之动亦与脉合	《论呼吸》第4—7章，第60—68页
8.21—8.27 论寿夭	《论寿命长短》第1—2章，第98—102页
8.28—8.57 论老稚	《论幼年与老年》第1—5章，第69—82页
8.58—8.96 论生死	《论生命》第1、3、4、6章，第83—98页

艾儒略遵循了《柯因布拉评论》的顺序（这不同于传统亚里士多德顺序，并且《柯因布拉评论》并不讨论《论感觉》），不同之处在于他

[①] Hubert Verhaeren, "Aristote en Chine", in *Bulletin Catholique de Pékin* 264(1935), p.429.

将《论生死》置于最后讨论，可能因为这样安排更符合逻辑。在《性学觕述》"记心法"中，艾儒略翻译了记忆术的一些重要篇章，引用了般铎国王弥达德（Mithridates，今译米特拉达梯六世）和百尔西亚国际罗（Cyrus，今译居鲁士二世）的典故。他受利玛窦《西国记法》（1595）影响，产生灵感，在《性学觕述》中展示了"记忆之宫"的技巧，这一点并未出现在《柯因布拉评论》中。中国文人对于学习西方记忆术非常感兴趣。在《性学觕述》"记心辨"中，艾儒略解释睡眠周期是由动物的消化过程决定的，根据动物身体的新陈代谢，或多或少变得热一些。随后，他解释梦是由内感官引起的，此时外感觉和理性暂停活动。虽然梦中的形象不遵循一个正确的秩序，但是梦的混乱由医生解释为疾病的信号，如盖伦（Galen）。上帝和魔鬼可能各自派遣正义或者邪恶的梦。在《自然诸短篇》中，亚里士多德强烈质疑人们可以通过神激发的梦预知未来，他将梦和事件相一致解释为纯粹巧合；然而，他主张一些梦可以用受到星体影响作自然的解释。《柯因布拉评论》接受神启之梦的可能性，即使对普通人也一样，但是艾儒略更进一步拒绝承认这些梦，可能因为他想将基督教与中国的算命区分开。在《性学觕述》"论嘘吸"中，艾儒略翻译了《柯因布拉评论》中关于呼吸道系统的描述，根据法国医生费尔内尔（Jean-François Fernel，1497—1558）最新发现，描述了肺和心脏的运动。此处有一讨论，即气之嘘吸是否只属于人。根据亚里士多德，鱼不呼吸，但是老普林尼（Pliny the Elder，23—79）对此提出质疑。《柯因布拉评论》试图调和二者，一方面承认鱼不呼吸，但是另一方面水能通过进出鱼鳃而冷却心脏的热度。在最后章节，生命被解释为本质的热与湿度和谐的混合体，但是尽管营养供给充足，热却持续地削弱生命，直至心脏停止跳动。

如上所述，艾儒略通过翻译《柯因布拉自然诸短篇的评论》的诸多篇章，又根据亚里士多德、老普林尼、盖伦、费尔内尔，将重要的生理学因素介绍到中国。

现在我们将考察张琼所确认的第二个来源。张琼分析了《性学牬述》前两卷,她注意到第一卷大致与《柯因布拉论灵魂的评论》第二卷第一章一致;《性学牬述》第二卷作为一个整体为艾儒略自己添加,尽管艾儒略很多论点来源于《柯因布拉论灵魂的评论》第二卷第一章问题二"灵魂是否实际存在?",还有附加于《柯因布拉论灵魂的评论》后面的《论与身体分离的灵魂》(Tractatus de anima separata)。①沿着这条线索,我们系统地调查了《性学牬述》与《柯因布拉论灵魂的评论》之间的相似处,如下表:

表三 《性学牬述》与《柯因布拉论灵魂的评论》之间的相似处

《性学牬述》	《柯因布拉论灵魂的评论》
作者序	序,第1—6页
首卷之一	/
1.1—1.6 生觉灵三魂总论 1.4 质者/元质 1.5—1.6 模者/内模	《物理学》卷1,第9章,问题1,条2,第159页 《论灵魂》卷2,第1章,问题1,条2,第64页
1.7—1.9 魂性诸称异同	/
1.10 灵性必有	/
1.11—1.14 灵性非气	/
1.15—1.20 人惟一魂	《论灵魂》卷2,第1章,问题4,条2,第88—91页
1.23—1.29 人物不共一性	/
1.29—1.30 人性非造物主之分体	《论灵魂》卷2,第1章,问题1,条6,第66页
1.31—1.34 灵性非繇天地非繇父母所赋	《论灵魂》卷2,第1章,问题3,条1,第80—82页
1.35—1.40 灵性非繇外来非繇内出	《论灵魂》卷2,第1章,问题3,条1,第83—84页;问题7,条1,第106页
1.41—1.46 灵性为造物主化生赋畀	《论灵魂》卷2,第1章,问题3,条2,第82—83页

① 参见 Qiong Zhang, "Translation as Cultural Reform: Jesuit Scholastic Psychology in the Transformation of the Confucian Discourse on Human Nature", in John W. O'Malley, S. J., Gauvin Alexander Bailey, Steven J. Harris, and T. Frank Kennedy eds., *The Jesuits: Culture, Sciences and the Arts, 1540 - 1773*, Toronto: University of Toronto Press, 1999, pp. 364 - 379, here pp. 373 - 374。

续表

《性学觕述》	《柯因布拉论灵魂的评论》
首卷之二	/
2.1—2.17 灵魂为神,与形躯判然为二	《论与身体分离的灵魂》论证1,条3,第568—575页
2.18—2.31 灵性身后永在不灭	《论与身体分离的灵魂》论证1,条3—5,第573—590页
2.35—2.36 灵魂不灭,善恶同然	《论与身体分离的灵魂》论证1,条3,第573页
2.37—2.40 灵魂离身,自有明觉以受苦乐	《论与身体分离的灵魂》论证3—5,第611—651页
2.41—2.50 灵魂身后不轮回人世	《论生灭》卷2,第11章,条1,第591页

艾儒略首先将灵魂置于宇宙物质结构的普遍框架中,根据《柯因布拉物理学的评论》解释亚里士多德的四因说。这使得艾儒略可以从宇宙中不动的物体到活生生的物体进行过渡性论述,如植物、动物和人类。从一开始,艾儒略就强调了人类在自然界中的特殊地位。艾儒略初步讨论了中国"气"的概念,认为"气"是纯粹的物质。随后,艾儒略解释了三种灵魂,但是这不意味着人类有三种灵魂,而是灵魂有三种功能。与植物灵魂和感觉灵魂(生魂和觉魂)相比,理智灵魂(灵魂)并不是继承于血液,而是上帝在每个人生前独立赋予的。在第一卷,正如张琼所说,艾儒略大多跟随《柯因布拉论灵魂的评论》第二卷第一章的安排。

在第二卷中,艾儒略主张灵魂是非物质的,即精神的,并且此处艾儒略很多论据来源于利玛窦的《天主实义》。如张琼提到的,艾儒略关于灵魂永生的八个证明大多借自《论与身体分离的灵魂》。曼努埃尔·德·戈伊斯(Manuel de Góis,1543—1597)对《论灵魂》的评论中,并没有解决灵魂不朽的问题[①],但是他死后,科斯梅·德·麦格哈斯(Cosme de Magalhães,1551—1624)作为最后编辑《柯因布拉论灵魂的评论》(1598)的人,为了遵守《使徒指南》(*Apostolici*

---

① *Commentarii Collegii Conimbricensis Societatis Iesu In Tres Libros De Anima*, *Aristotelis Stagiritae*, Coimbra: Antonio à Mariz, 1598.

regiminis),加上了巴尔塔萨尔(Baltasar Álvares, 1560—1630)的《论与身体分离的灵魂》。

将上述两个表格综合起来考察,会使我们重构 17 世纪 20 年代晚期发表的《灵性篇》。艾儒略写作理智灵魂这一部分,根据的是《柯因布拉论灵魂的评论》,尤其是《论与身体分离的灵魂》。他也使用了一些次要的资料,如此书开篇为了解释有生命和无生命的物质世界之间的区别,他引用了《柯因布拉物理学的评论》。当处理植物生命时,他大量借用了《柯因布拉生灭的评论》。他也翻译了《自然诸短篇》一些篇章,仍然是以《柯因布拉评论》为基础,根据学院派理论解释了人体生理学,但也介绍了新近的知识,如呼吸道系统的运作。因此,1625—1630 年期间出版的《灵性篇》呈现了西方人类学的重要因素:精神与不朽的理智灵魂、记忆与梦的功能,以及作为活生生的有机体且具有呼吸功能的人类身体。然而,艾儒略的第一手稿关于灵魂的讨论是不完整的,因为他没有讨论植物灵魂和感性灵魂。只有在更晚的时候,艾儒略才完成了整个关于灵魂的篇章。

(二)《性学觕述》来源的新发现

艾儒略根据植物灵魂和感性灵魂这部分完成了《灵性篇》,这也构成了《性学觕述》三至六卷的内容。对此四卷的考察,使我们得知它与《柯因布拉论灵魂的评论》基本平行。因此,认为艾儒略所使用的主要参考文献是《柯因布拉论灵魂的评论》,无疑是合理的。尽管如此,我们将论证《简编》(*Breve compendium*)也是艾儒略译著的主要来源之一。

《简编》的作者是西班牙耶稣会士佩德罗·戈梅兹(Pedro Gomez, 1533—1600)。1553 年,戈梅兹加入耶稣会。他此前似乎就研究过哲学,因为 1555 年他刚刚完成了两年的初学院学业,他并未成为哲学学生,反而在柯因布拉大学艺术学院担任哲学教师。1555 年耶稣会承担了管理艺术学院的责任,因此急需戈梅兹教书。[1]

---

[1] 艺术学院及其课程参见 Mário Santiago Carvalho, *The Coimbra Jesuit Aristotelian Course*, Coimbra: Coimbra University Press, 2018。

戈梅兹教授过两期完整的哲学课程，分别在 1555—1559 年和 1559—1563 年。①这意味着他可能至少两次讲授《论灵魂》，并为课程准备自己的笔记。很明显，戈梅兹在哲学教学方面享有极高的声誉，他获得了国王若昂三世（1521—1557 年在位）的"大师"（magister）称号。1561 年，他受命帮助被誉为"葡萄牙亚里士多德"的佩德罗·德·丰塞卡（Pedro da Fonseca, 1528—1599）完成大量完整的哲学著作，但是一年之后，丰塞卡在一封信中详述他的计划，其中表示戈梅兹因为太忙无法参加。②确实，戈梅兹当时还没有完成他从 1560 年开始的神学课程，因为他一直忙于教授哲学课程。

因亚洲急需教师，戈梅兹于 1579 年离开欧洲，在果阿短暂停留后，于 1581 年抵达澳门。在澳门逗留期间，他与罗明坚（Michele Ruggieri, 1543—1607）合作完成了为中国人写的拉丁语教理问答。③1583 年 7 月他到达日本，他当时已经 50 岁了，这必然限制了他学习日语的能力。不久，他就开始教授日本学生，在一封 1583 年 11 月 12 日的信件中，他提到使用托雷多（Francisco de Toledo, 1532—1596）的书籍作为基础。④托雷多对《论灵魂》的评论在 1575 年出版，戈梅兹离开欧洲四年之后，复印本肯定已经送到了亚洲。他也可能

---

① 参见 Antoni Üçerler, "Jesuit Humanist Education in Sixteenth Century Japan: The Latin and Japanese MSS of Pedro Gómez's Compendia on Astronomy, Philosophy, and Theology", in *Compendia compiled by Pedro Gómez for the Jesuit College of Japan*, edited by Kirshitan Bunko Library, Sophia University, Tokyo: Ōzorasha, 1997, p.31。

② 参见 Mário Santiago Carvalho, "Introdução Geral", in *Comentários do Colégio Conimbricense da Companhia de Jesus sobre os três livros do Tratado Da Alma*, Lisboa: Edições Sílabo, 2010, pp.27 - 29。

③ "Vera ac brevis divinarum rerum expositio"（1582）: Antonio Possevino, *Bibliotheca selecta qua agitur de ratione studiorum in historia, in disciplinis, in salute omnium procuranda* Romae 1593, t. I, liber IX, cap. XXVIII, pp.456 - 492; Piero Tacchi Venturi, *Opere storiche del P.Matteo Ricci S.J.*, vol.2（Roma 1911 - 1913）, pp.498 - 540。

④ Hubert Cieslik:《府内のコレジヨ——大友宗麟归天四百周年によせて》, 戚印平著:《澳门圣保禄学院研究》, 澳门文化局, 2013 年, 第 48 页。

使用他自己从葡萄牙带来的手抄本。1590年,戈梅兹被任命为日本传教副省长,但是他仍然在从事教学活动。

了解戈梅兹写作《天主教真理手册》(Compendium catholicae Veritatis,1593)的原因非常重要。耶稣会远东教区视察员范礼安(Alessandro Valignano,1539—1606)担忧不要让日本学生暴露在"多元的观念或者异端之中",他认为应该向日本学生传授"本质的、纯粹的、基于真理的确定性观点"[1]。戈梅兹在日本开始教学后不久,范礼安指示他用拉丁语写一个简洁的哲学和神学课程教材。在耶稣会的命令之下,戈梅兹因行政责任将此课程教材的撰写推迟了很多年。因1587年对传福音的限制,戈梅兹有更多的空余时间,他最终于1593年完成了《天主教真理手册》。拉丁语显然给日本学生带来不小的挑战,1595年此书被翻译成日语。该课程首次在天草(Amakusa)耶稣会学院使用,其后在府内(Funai)使用。因为日本迫害天主教日益严重,1594年范礼安在澳门建立了圣保禄学院,以此作为日本传教的训练中心。1597年开始,按照柯因布拉大学艺术学院的标准,艺术课程被公认为大学课程。[2]

《天主教真理手册》包含三个部分:天文学、灵魂和神学。学生将在每个部分上花费几个月的时间学习。我们此处仅仅关心《天主教真理手册》中的第二部分,即对灵魂阐述的《简编》。《简编》与《柯因布拉论灵魂的评论》具有很多一致之处[3],它分成三篇简论:第一篇1—4章对灵魂做了简要性的介绍,5—10章讨论了植物灵魂;第二篇22章通篇讨论感性灵魂;第三篇关于理智灵魂的讨论由21章

---

[1] Valignano, *Sumario*, quoted by Antoni Üçerler, p.31.

[2] Domingos Maurício Gomes dos Santos, *Macau the First Western University in the Far East*, Macau: Fundação Macau, 1994, p.79.

[3] Breve compendium eorum quae ab Aristotele in tribus libris de Anima & in parvis rebus dicta sunt, *in Compendia compiled by Pedro Gómez for the Jesuit College of Japan*, edited by Kirshitan Bunko Library, Sophia University, Tokyo: Ōzorasha, 1997, volume 2.拉丁语手抄本内容可以在梵蒂冈图书馆网站上获取(https://digi.vatlib.it/view/MSS_Reg.lat.426);2019年3月1日访问。

构成。他用大量的篇幅讨论植物灵魂和感性灵魂,这表明戈梅兹没有仓促讨论理智灵魂。实际上,他可能认为花半堂课的时间讲解植物灵魂和感性灵魂更有价值。①

据我们所知,戈梅兹所使用的资料来源尚未明确。当戈梅兹1583年第一次上课时,他是否使用了托雷多的评论,还是改用另一个手册? 段世磊断言戈梅兹根据《柯因布拉评论》撰写了《简编》②,这确实是一个合理的假设,因为戈梅兹在柯因布拉教学超过12年之久。然而,困难在于直到1598年著名的曼努埃尔的评论问世,柯因布拉大学才出版了关于灵魂的课程教材。③在此之前,在柯因布拉大学关于灵魂的课程都以手稿笔记的方式在师生之间传播。戈梅兹也可能使用的是三十年前他在柯因布拉教学时的笔记。但是,我在此并非想调查戈梅兹所使用的资料。

以下表格展示了艾儒略《性学觕述》与戈梅兹《简编》及《柯因布拉评论》关于感性灵魂的一致处:

表四 《性学觕述》相关的拉丁资源

《性学觕述》(1646)	《简编》(1593)	《柯因布拉评论》(1593—1598)
3.1—3.4 约论生长	论一,第5—6章	《论生灭》卷1,第5章,问题2—3,第260—263页;卷2,第3章,问题4,条1,第461—463页
3.5—3.9 论四液	论一,第6章	《论生灭》卷1,第5章,问题4,第270页;卷1,第10,问题4,第428页;卷2,第3章,问题4,1条,第460页
4.1—4.2 总论知觉外官	/	/
4.3—4.8 目之官 4.9—4.23 问题	论二,第3章	《论灵魂》卷2,第7章,问题4—8,第227—250页 《论有关五感的问题》,《论视觉》,第672—681页

---

① 对此内容的中文描述参见段世磊:《耶稣会在东方教育活动研究(1549—1650)》,上海远东出版社,2019年,第206—210页。

② 段世磊:《16—18世纪亚里士多德〈灵魂论〉在亚洲的传布》,《西学东渐研究(第七辑)》,商务印书馆,2018年,第213页。

③ *Commentarii Collegii Conimbricensis Societatis Iesu In Tres Libros De Anima, Aristotelis Stagiritae*, Coimbra: Antonio à Mariz, 1598.

续表

《性学觕述》(1646)	《简编》(1593)	《柯因布拉评论》(1593—1598)
4.24—4.28 耳之官 4.29—4.57 问题	论二，第 4—5 章	《论灵魂》第 2 卷，第 8 章，解释，问题 1—4，第 252—273 页 《论有关五感的问题》，《论声音》，第 682—691 页
4.58—4.60 鼻之官 4.61—4.67 问题	论二，第 6 章	《论灵魂》卷 2，第 9 章，问题 2—4，第 283—294 页； 《论有关五感的问题》，《论鼻子》，第 691—692 页
4.68—4.70 口之官 4.71—4.74 人的语言	论二，第 7 章	《论灵魂》卷 2，第 10 章，问题 1—2，309—314 页；卷 2，第 8 章，问题 3，第 266—270 页
4.75—4.91 触之官	论二，第 8—10 章	《论灵魂》卷 3，第 1 章，第 349—354 页；章 12—13 章，第 527—533 页
5.1 总论知觉内职	/	《论灵魂》卷 3，第 3 章，问题 1，条 1，第 387—391 页
5.2—5.5 论总知之职	论二，第 11 章	《论灵魂》卷 3，第 2 章，第 367—376 页
5.5 论受相之职	论二，第 12 章	《论灵魂》卷 3，第 3 章，问题 1，条 2，第 392 页
5.6—5.14 论分别之职	论二，第 13—14 章	《论灵魂》卷 3，第 3 章，问题 1，条 1—2，第 390 页
5.15—5.30 论涉记之职	论二，第 15—17 章	《自然诸短篇》，《论记忆》，第 1—10 章，第 1—18 页
6.1—6.13 辩觉性灵性	论二，第 20 章	/
6.14—18 论嗜欲与爱欲 6.19—28 情 6.29—35 嗜欲与爱欲	论二，第 21 章	《论灵魂》卷 3，第 13 章，问题 1，条 3，第 535 页；《尼各马可伦理学》，论证 6，问题 1—5，第 48—59 页；《论灵魂》卷 3，第 13 章，问题 1，条 3，第 535—537 页
6.36—48 论运动	论二，第 22 章	《论灵魂》卷 3，第 13 章，问题 5，条 2—3，第 555—558 页

《性学觕述》与《简编》具有很大的相关性：

第一，上述列表显示了这两部著作的平行结构。《简编》为艾儒略提供了一个连续的、简缩的关于植物灵魂和感性灵魂的论述，没有详细考察《柯因布拉评论》相关的诸多问题。

第二，《性学觕述》关于四液的讨论，包含在植物灵魂的讨论中，像《简编》中安排的那样。相反,四液在《柯因布拉论灵魂的评论》中没有涉及,而是安排在《柯因布拉论生灭的评论》中。

第三,这三个文本对五个外感官的介绍顺序非常标准,但是对内感官的排列给我们一个重要暗示:《简编》和《性学觕述》都遵循了阿奎那对四个内感官的安排,《柯因布拉论灵魂的评论》则回到了亚里士多德,仅仅保留了两个内感官的哲学观点。这个解决方案被《灵言蠡勺》采纳并做了简单修改。①

第四,与《简编》相同,《性学觕述》讨论了嗜欲,其后是情感或者激情。但是《柯因布拉论灵魂的评论》没有讨论任何情感,仅在《柯因布拉尼各马可伦理学的评论》中有所涉及。

综上所述,我们不能断言艾儒略撰写感性灵魂章节取材于三个不同的《柯因布拉评论》(《论灵魂》《尼各马可伦理学》《论生灭》),但我们可以确定他以《简编》为基础,从《柯因布拉评论》中选取了补充材料。作为支撑论据,我们考察了相关的平行段落,一个涉及植物灵魂,另一个涉及感觉灵魂。

(三) 植物灵魂的平行段落

在植物灵魂的三个功能中,耶稣会士更注重营养功能,而非生长和繁殖功能。然而《柯因布拉评论》没有说明任何与消化过程相关的事情,《简编》和《性学觕述》却具有惊人的相似之处:

《性学觕述》第三卷第二章

至胃为第二化。胃之左边有胆,胆有细脉,以通热气于胃,如火上之加薪。右边有肝、有脾,是为血府,自有余热到胃。

胃所化,既为百骸所需,百骸各以其火输焉。

胃化饮食,乃成白色,如乳粥之凝,引入大肠。肠有多脉,

---

① 参见 Thierry Meynard, "The First Treatise on the Soul in China and its sources", in *Revista filosófica de Coimbra*, p.214.

吸之至肝。肝因以所禽之精华，化为四液，即肝之第三化也。

《简编》论一，第二章，第9页

食物进入胃，就会进行第二次、更加完美的消化，不仅会利用胃部本能的热量，而且还会利用胃部周围器官的热量。胃的右边是肝，肝则是血液的热源；胃的左边是胆，胆汁通过血脉或者动脉温度逐渐升高，这就极强地增加了胃的热量。

因为食物在胃里消化后，为所有的器官使用，所有的器官则提供自身的热量供胃消化。

食物在胃里消化成熟后，转化为白色液体，我们称之为chilus。之后，胃通过将粗糙的部分或者排泄物排出，并且将chilus送到肠子里，肝脏则推动 chilus 通过非常细小的血脉，被称为 maesaraica。然后是第三次更为完美的消化过程。实际上，肝通过细小的血管，将 chillus 输送到毛孔过程中，会煮沸和净化它。通过消化和净化过程就产出了四液体。①

这两个文本以相似的方式描述了肝脏相对于胃的位置及其功能。胆的描述也是一样的。

---

① 拉丁语原文：Cibus in stomachum mittitur, ut ibi secunda & pefectior decoctio fiat non solum per calorem na[tura]em stomachi, sed etiam per calorem membrorum circumstantium; a dextris enim stomachi est epar sanguinis principium calidissimi; a sinistris vera splem à quo per venas, seu arterias, bilis ascendens vehementer calorem stomachi auget.

Imo quia cibi decoctio, quae in stomach fit, in omnium membrorum cedit utilitatem, omnia membra calore suo auxilium praebent decoctioni.

Cibus autem in stomacho decoctus in album liquorem, quia à ipso Chilus dicitur, convertitur & mutatur. Tunc stomachus virtute sua [e]spulsiva p[ar]tes crassiores, seu excrementa, repellit, & chilum mittit ad intestina, unde per venos quosdam minutissimos, quae Moesaicae dicuntur, à iecore attrahitur, & ibi fit tertia & perfectior decoctio. Epar, enim, intra suos poros, per minutissimas venas, chillum atrahens, eum decoquit & purgat. Ex eaque decoctione & purgatione exultant quatuor humores(Tractatus I.c.5, p.9).

《简编》继续通过描述四液,将它们与四因素和四内脏相联系,这与《性学觕述》的描述相匹配:

表五 《性学觕述》与《简编》(Tractatus I.c.6, p.11)的四液

Humors 四液	Four elements	Organs
Phlegm(*flegma*)白痰	water 水	All body 全身/brain 脑
Yellow bile(*bilis colera*)黄液	fire 火	Gallbladder(*vesicula felis*)胆
Black bile(*atra bilis*, *melancoria*)黑液	earth 土	Spleen(splem)脾
Blood(sanguis)红液	air 气	Liver, blood vessels 脉络

唯一的区别是,《简编》将白痰放在了整个身体之中,但是非常奇怪,艾儒略认为白痰在大脑之中。

《简编》根据盖伦描述了血液循环。血液循环由威廉·哈维(William Harvey,1578—1657)发现,1628 年才发表。《简编》以相似的术语描述了左、右心室的功能:血液首先流进右心室,之后进入左心室。《性学觕述》描述为,凝练后的血液带着"生活之气"(*vitales spiritus*)。血液更进一步由大脑加工,产出"知觉之气",使知觉得以运行。①

(四)感觉灵魂的平行段落

如上所述,戈梅兹和艾儒略遵循传统区分了四种内感觉,然而《柯因布拉评论》采取了简化的形式。让我们看一些关于内感觉的平行段落,首先是《性学觕述》与《简编》的共通感(common sense):

《性学觕述》第五卷第二章

总知之论有三:一曰能,一曰所,一曰识。

按古贤亚味则纳所云:"总知乃觉性之一能,在脑为五官之根源,由细细筋管传觉气于五官,又繇此细管复纳五官所受之物象而总知之。"

---

① Gómez, Tractatus I.c.6, p.12;艾儒略:《性学觕述》第三章第三节。

如主人以赀本使仆,而仆转以灌输其利于主人;如沧海为江河之所自出,而又为江河之所还注;如几何一规之中点,从此发线以至于边界,而又为诸线所辐辏之枢也。故此职称为总知。

《简编》论二,第十一章,第 39 页

第一个内感觉被称为共通感,此处需要说明三件事情:第一,共通感是什么?第二,共通感存在于哪个器官之中?第三,共通感的功能是什么?

对于第一件事情,医中之王阿维森纳在《自然》(*Naturalium*)第六卷的开头讨论了内感觉,他将共通感定义为:"共通感是一种力量,它处于脑的前面部分;所有外部的感觉皆来源于此处,即能够接受所有的感觉。所有的外部感觉从外部客体接受而来的形象都将转化为这种能力。所有的外部感觉都在这种力量中合一,就好像圆都朝向中心一样。"

所有这些事情还有待解释。之所以被哲学家和医生称为共通感,是因为共通感和外部感觉是一致的,并且它能够平等接受所有感觉的形像。①

艾儒略从字面上翻译了戈梅兹的文本,包括阿维森纳(Avicenna,

---

① 拉丁语原文:Primus sensus interior dicitur sensus communis, de quo tria se offerunt explicanda; primum quid sit sensus communis; secundum in quo organo resideat; tertium quae sint eius officia.

Quod attinet ad p[rimu]m Avicena medicorum princeps libro sexto naturalium in capite de sensu interiore sic diffinit sensum communem: "Sensus communis est potentia situata in prima parte cerebri, à qua omnes sensus exteriores derivantur, ie, accipiunt virtutem sentiendi, et ad quam omnes sensus exteriores transmittunt species, quas ab objectis receperunt, et in qua omnes sensus exteriores uniuntur, sicut linea circuli in centro."

Quae omnia ex statim dicendis patebunt. Dicitur autem sensus iste communis tam apud p[hilosop]hos, quam apud medicos, quoniam omnibus exterioribus sensibus, aeque est communis et aequaliter species omnium sensum exteriorem suscipit; Tractatus II.c.11, p.39.

980—1037)对共通感的定义。共通感与圆心的对比来源于阿维森纳本人,戈梅兹则在后面的文本中进一步提及了主人借钱给仆人以牟利的对比。① 只有河流的明喻似乎是艾儒略新加的。

共通感能区分由五个外感官接受的感觉,它还有感知感觉行为的功能。为了更好说明第二种功能,艾儒略提出了他自己的对比:"如镜水非不受照,钟磬非不发声,然皆不由本情,无繇自知。"② 很明显,镜子、水面或者钟磬都是纯粹被动的,只能反射外部刺激,但是共通感是主动的,它能够整合从外部接受的零碎感觉。

第二个内感觉想象力(phantasia),艾儒略仅仅简单提及它在大脑中的位置,以及储藏由共通感传递而来的图像功能。

对于第三个内感觉判断力(estimative),艾儒略一字不差地翻译了戈梅兹的看法:

《性学觕述》第五卷第八章

此职所专,在取五官所进,象象所韬,而配合之、分属之、判定之,自造一合悖妍媸、友仇戕益之象,为五官与总知、受相所不能定者。

比如鼠之见猫,目受猫象,入于总知、受相之职,到此始加分别,自然觉一不合之情,生一仇害之想,就欲急走避之。

此仇害想,必不属于五官及总、受之职,何者?目仅见色,耳仅闻声。总知者仅得其声与色,而未知其合我与否。受相暂寄其相,亦无别能。

必须有此分别之职,定其合性与否,此固五官二职之所不能也。

《简编》论二,第十三章,第 43—44 页

判断力及思维力这种第三[内感]功能在于从想象力所保

---

① *Sicut se habent servi ad regem, ad quem revertuntur cum lucris*; Tractatus II.c.11, p.40.
② 艾儒略:《性学觕述》第五卷第四章。

存的形象中取得那些无感觉、没有被外感官感觉到的意向。

例如,老鼠通过外部视觉形成猫的形象,由共通感整合,并且由想象生成,但却不存留于想象之中。猫的形象来源于在想象中的形象,判断力则自然做出敌对的意识和判断,所以老鼠内心感到急躁,急切地要逃离猫的视线。

然而,这种敌对的意识如果没有判断力,其他感觉是无法形成的。因为视觉无法感知友谊,共通感亦不能,因为共通感除了感受外部感觉外什么也无法认知。想象力无法制造新的东西,但是,它能保留通感传递而来的事物。

除了已经列出来的能力之外,另外还需要从保留在想象中的形象之中形成非感觉的意识。①

也许我们可能不同意艾儒略将判断力翻译为"分别之能",因为这并没有准确传达出下判断的意思。尽管如此,这却与戈梅兹的翻译文本相近。艾儒略更进一步讨论了形象分析与综合的功能,并且他借鉴了戈梅兹的金山例子,金子和山联系起来构成了理智上的概念——金山。关于分析和综合的功能是否仅仅归属于阿维森纳所

---

① 拉丁语原文:Quod attinet at tertium dicimus officium aestimat[iv]ae & cogitat[iv]ae esse ex speciebus in imaginatione conservatis ellicere intentiones non sensatas ie nullo sensu alio perceptas.

Quemadmodum vg mus per sensum exteriorem visus apprehensa forma cati, eaque ad sensum communem transmissa, et à imaginat[iv]a deducta, non ibi cistit, sed ex specie formae cati intra imaginationem suscepta elicit naturaliter intentionem et aestimationem inimicitiae ss. quod etiam movetur ad fugendium à conspectu cati.

Haec autem intentio sive estimatio inimicitiae à sensu alio percepta non fuit, nam visus non percipit amicitiam, nec etiam sensus communis, quia haec non, nisi ea quae per sensus exteriores sensata sunt, cognoscit; imaginat[iv]a u[llum] novi nihil componi, sed ea tantum, quae sibi à communi sensu transmittuntur asservat.

Oportet quod ut prater anumeratas potentias alia ponatur, quae ex speciebus servatis in imaginat[iv]a non sensatas intentiones possit elicere; Tractatus II. c. 13, pp.43-44.

说的判断力,或者如阿奎那所说已经部分被想象力实现,戈梅兹很大程度上倾向于阿维森纳的立场(satis probabiliter)。艾儒略明确地提到了阿奎那的立场,但是最后他说:

但第二职虽能配合分开影象,生喜生厌,倘非第三职为之分别,则趋避曷繇定焉?况分别之职,时将五官而另立一象,不属五官者,又岂受相所能?必分别之职焉独也。①

此处,艾儒略再次跟随戈梅兹。对于第四个内感觉记忆,艾儒略依然从戈梅兹书中选取了一些章节。如上述表三所示,艾儒略将《简编》作为基础,但是他也从麦格哈斯的《论有关五感的问题》选取了一些问题和解决方法。

结　　语

我们已经通过考察《性学觕述》的多种来源,展示了它的复合性。艾儒略一开始使用《柯因布拉评论》作为主要来源,书写了关于理智灵魂和身体生理学篇章。其后,他使用了戈梅兹的《简编》完成了植物灵魂和感觉灵魂的部分。这再一次说明了印刷文本和手稿在欧洲和亚洲,以及在亚洲内部日本与中国之间的传播。

除了这些西方拉丁文来源之外,艾儒略也能够参考越来越多天主教的中文著作。《天主实义》提供了一系列的证据证明理智本质的存在,不同于身体,它是不朽的,以及一些驳斥灵魂转世说的论点,这些都被艾儒略在《性学觕述》前两卷所使用。同样,对于记忆的章节(7.1—15),艾儒略从利玛窦的《西国记法》中获得灵感。除了利玛窦的著作,艾儒略还提到了庞迪我的《七克》(1610—1615)和一

---

① 艾儒略:《性学觕述》第五卷第十章。

本匿名反佛文集《辨学遗牍》(1624年作)。

《性学觕述》的一些篇章并非主要来源于西方文献,而是从中国哲学的观点出发处理一个特定的问题。对于第一卷来说尤其如此,例如在灵魂理智本性与中国哲学概念"气"之间的差异问题(1.11—1.14),我们已经在本文表明,艾儒略在《性学觕述》中的几个章节再现了他与中国人的讨论。

尽管《性学觕述》有如此复杂的因素,它仍然具有很强的统一性,它明确地关注人类身体,对器官(心、肺、胃、五官),以及生理学(血液循环、消化系统、呼吸系统、感觉系统)进行了精确的解剖学描述。

理性与性理的邂逅

筑波大学 井川义次

一、儒家文献向欧洲的传入

关于积极把中国哲学思想传播到欧洲的代表人物,不得不提到的两位是耶稣会的利玛窦(Matteo Ricci,1552—1610)和罗明坚(1543—1607)。有说称最早的"四书"拉丁译本由利玛窦所著,可遗憾的是还未曾发现。现存最古老的"四书"译本由罗明坚在 1603 年所著,此后就是耶稣会士卫匡国(Martino Martini,1614—1661)了。他在其《中国史》(1658)中,不但提到中国史的详细内容,还有汉字的结构、书体与儒家古典的概说,里面还特别追溯到伏羲的阴阳,以及从六十四卦演化出世界生成变化学说的《易经》,而且一一介绍了努力传承伏羲以来传统的圣贤孔子、孟子,还有《大学》等相关信息。这些信息还被收录到神学家斯比塞尔(Gottlied Spizel,1639—1691)的《中国文史评析》①(1660)中;同样被录入的还有罗明坚和卫匡国的《大学》拉丁译本。

二、莱布尼茨与中国哲学的接触

莱布尼茨(Gottfried Wilhelm Leibniz,1646—1716)在 20 岁

---

① Theophil Spizel, *De re literaria sinensium commentarius*, Lugd. Bat., Ex officina Petri Hackii, 1660.

时，作为一位刚出茅庐的研究者，在执笔学位论文《论组合术》(1666)期间，就已接触了斯比塞尔《中国文史评析》中有关《易经》、汉字的学说。目前，关于中国哲学是否对莱布尼茨有影响的研究可以说是硕果累累了。①

莱布尼茨在形成自身哲学的过程中，曾多次接触朱子学的基本文献"四书"。其中较为人所知的是，他通读了柏应理（Philippe Couplet, 1623—1693）等人所译的《中国哲学家孔子》②，他论及《论语·子罕》并用法语做了翻译。③而且在此还可追溯到 20 年前，我们证实通过斯比塞尔的《中国文史评析》，莱布尼茨已经间接地接触过它所收录的卫匡国拉丁文《大学》译本和罗明坚所译的《大学》。④这在他 1670 年给斯比塞尔的信中提到过，表明他已熟读了斯比塞尔的这本书。⑤

以下是关于斯比塞尔《中国文史评析》所录《大学》拉丁译文的特征。

---

① 五来欣造:《儒教の独逸政治思想に及ぼせる影响》第二编第四章（早稻田大学出版部，1927 年）；E. R. Hughes: *The Great Learning and the Mean in Action*, New York: E. P. Dutton and Company, 1943；堀池信夫:《中国哲学とヨーロッパの哲学者·下》第七章第三节，明治书院，1996、2002 年；胡阳、李长铎:《莱布尼茨二进制与伏羲八卦图考》，上海人民出版社，2006 年；孙小礼:《莱布尼茨与中国》，首都师范大学出版社，2006 年；Rita Widmaier, *Die Rolle der chinesischen Schrift in Leibniz' Zeichentheorie*, Studia Leibnitana Supplementa 24, Wiesbaden, 1983。

② Intorcetta, Prospero, Philippe Couplet et al, *Confucius Sinarum Philosophus*, Paris, 1687.

③ Virgile Pinot, *La Chine et la formation de l'esprit philosophique en France*(1640 - 1749), Paris, Slatkine Reprints, Genève, 1971, p. 334; David E., Mungello, *Curious Land*, pp. 287 - 288；拙著:《宋学の西迁—近代启蒙への道》，第 498 页。

④ David Mungello, "Leibniz and Neo-Confucianism", *Philosophy East and West*, vol. 21, no. 1, University of Hawaii Press, 1977, p. 1.

⑤ "Leibniz an Gottlieb Spitzel 17 April 1670", *Sämtliche Schriften und Briefe*, Zweite Reihe, Erster Band, Academie Verlag, 2006, p. 65.

三、卫匡国译《大学》

斯比塞尔认为,表明中国哲学拥有完全性和先天而来的自然法则,以及人生目的的最佳文献,是《大学》的开篇部分,即朱子《大学章句》经第一章。①

斯比塞尔所介绍的是《大学》八条目:

> 古之欲明明德于天下者,先治其国;欲治其国者,先齐其家;欲齐其家者,先修其身;欲修其身者,先正其心;欲正其心者,先诚其意;欲诚其意者,先致其知;致知在格物。(《大学章句》经第一章)

就是说,想要在天下弘扬光明正大品德的人,应先治理(好)国家;想要治理国家的人,应先整顿好家庭;想要整顿家庭的人,应先修养自身的品性;想要修治自身的人,应先端正自己的心态。要想端正自己的心态的人,应先使自己的意念真诚;要想使自己的意念真诚,应先使自己获取知识,获取知识的途径,就在于接近万事万物的真相。朱子对诚意的前提"致知""格物"的注解是:"致,推极也。知,犹识也。推极吾之知识,欲其所知无不尽也。格,至也。物,犹事也。穷至事物之理,欲其极处无不到也。"也就是说朱子认为,人应该把知识的作用推至极限,这特别具有理性的倾向。

卫匡国介绍了当时清朝正统的以朱子理论为基础的中国哲学基本论点,其内容如下:

---

① Knud Lundback, "The First Translation from a Confucian Classic in the West", *China Mission Studies* (1550 – 1800) *Bulletin*, 1, 1979, pp.2 – 11. 此书对本论文论及的罗明坚、卫匡国等《大学》的早期欧洲译本进行了详细分析。

所谓自我完善需要完成以下的几件事。每个人应该把自然[本性]的光(Lumen Naturale)在自己之内燃烧[点火],发光[明明德],这样做就使人无法从自然之法(Lex Naturae)和与生来具有的规定[命令](praecepta a natura insita)中脱离。因为如果没有对诸事物的真正认识(vera rerum cognitio)和知识[学](scienta),[格物]就不能成立。因此,要有哲学的勤奋——因为通过哲学我们能够得知什么事应该做,而什么事应该避免[致知]。有了这些知识,我们就会引领明智[思量](consilia)。这样我们就可使意志完成[诚意]。也就是说除了合乎理性的事情外,只要什么也不感知[判断],无欲无求,这样就能完成[从善和弃恶]两者选其一的行为。在那里它还存在着身体与诸感情的完善,还有好像从母胎出来一样,从善心[精神](bona mens)生长起来的[正心]的所有外在行为与德性连接[合适]的规制(constitutio)。

这段译文改变了原本的说明顺序,把能完善自我的自然之光,或者完全发展理解能力作为目的,与作为最终条件的对事物自然本性的认知连接在一起;还认为我们通过事物的阐明,或者哲学运用获得知识,由此明智及其意志就可以在道德方面得到完善,培养善的精神,甚至在外在行为上也可以与德性相呼应。之所以用这样的顺序说明,或许是与在"八条目"原文后紧接着的"物格而后知至,知至而后意诚,意诚而后心正,心正而后身修,身修而后家齐,家齐而后国治,国治而后天下平"(《大学章句》经第一章)总结性文句相关。

四、罗明坚译《大学》

与此相对应的罗明坚译文如下:

(中国人这么说)从前想要看清自然之光[理性][明明德](dispicere Naturae lumen)的人们,需先(prius)治理王国(Regnum)[治国]。而要想用最善的命令与法律(optimae institutiones et leges)[稳和地]来统治(temperare)人们,需先正确管理了自己的家庭。要想正确管理自己家庭的人们,需按照理性的规律(rationis praecepta)塑造(formare)自身[修身]。还有迫切地希望将自己的生命(sua vita)彻底地与理性相一致[合适]的人们,他们会以最大的努力引导自己内在最深处的东西,即心和精神的状态[正心]。渴望与所有罪恶都不相关的人们,不论对某件事物欢迎抑或回避,他内心的欲望与努力总是相一致(consentire cupiditatem et studium ordinare)[诚意]。总之为了在这方面脱颖而出,他们努力认识到各种事情的原因和性质(cujusque rei causas, et naturas noscere studere)[致知在格物]。

罗明坚把"认识到事物的原因和本质"作为"诚意"的先决条件介绍给欧洲读者。欧洲读者可能会认为,中国人认定从自我到他人以至于世界的完善的最终条件,是提高理性和扩展知识。可以说,这则译文在此明确基于朱子的解释。

莱布尼茨在 20 岁左右时,也就是发表论文《论组合术》(1666)写作前后,阅读了《中国文史评析》(1660),甚至在 1670 年,他还与斯比塞尔本人有信件来往。[1]

斯比塞尔在《中国文史评析》记载的内容,包括在东亚作为普遍符号的书写体系"汉字"的图解。而且,在莱布尼茨通过与白晋交换信件(1703)而初次得到易图信息前,上面就已经刊登阴阳二卦、八卦的图解,并将《易经》这种(从阴阳二卦)到六十四卦的数理性世界

---

[1] "Leibniz an Gottlieb Spitzel 17 April 1670", *Sämtliche Schriften und Briefe*, Zweite Reihe, Erster Band, Academie Verlag, 2006, p.65.

展开,将其解释为二元乘法 *binarium multiplicationis*(二进乘算)。甚至还可以看到莱布尼茨哲学的重要用语"monade"(单子),当时那只不过是表示中国计算工具的算盘珠。但要考虑到宣扬理性的普遍性的《大学》世界观,有必要进一步阐明中国哲学对莱布尼茨哲学的影响。①

五、克里斯蒂安·沃尔夫

引导欧洲重视理性的启蒙主义派哲学家克里斯蒂安·沃尔夫(Christian Wolff,1679—1754),1703年在莱比锡大学提交了博士毕业论文《普遍实践哲学》②而获得了学位。他后来向欧洲称赞中国哲学的优秀性,还说它与自己的哲学有相似之处。他的学位论文内容大致如下。

(一)《普遍实践哲学》

沃尔夫将"普遍实践哲学"定义为:"普遍实践哲学是通过最普遍的规则来达到最高的目的,指导人类自由行为的实践性学问[知识](*Scientia affectiva practica*)。"(《普遍实践哲学》定义1)也就是说,人类有最高的"目的",而要达成它,应通过一定规则的自由行为。关于那个"目的",沃尔夫认为人类的"幸福"享受,由"有理性的行为者"(*agens rationalis*)来实现。为了获得目的,要有人类行为主体的精神和理性的发挥。理性式行为的结果,不只是由单一的行为,而是由诸多媒介(*media*)作用的行为来达成的。关于此事,沃

---

① Theophil Spizel, *De re literaria sinensium commentarius*, pp.130-131.
② Q. D. B. V. *Philosophia practica universalis*, *Mathematica methodo conscripta*, indultuque Superiorum A. O. R. MDCCIII. d. 12 Januarii Placidae Eruditorum disquisitioni submissa a M. Christiano Wolfio, Vratislaviensi, et Respondente Laurentio Davide Bollhagen, Starg. Pom, Leipzig, 1703.

尔夫认为人类的"德性"是:"引导自己的行为达成自然法则(*lex naturalis*)所规定的目的(*finis*)的能力(*potentia*)。"它只有通过人类本性才能获得。他把作为目的的"善"规定为:"(自然本性的)善,就是保护事物的自然本性,而使其完善的东西。"(命题15,定理9,证明)接着沃尔夫说,为了达到我们所期望的目的或幸福状态所要通过的诸多媒介作用的行为,是人类的自由意志,而且这些行为应立足于理性。人类的种种行为,都应该有时间性先后顺序的因果关系,即"必然的联结"。"人类的诸行为有必然的联结。学习这些诸行为的结合(关系,*cohaesio*)的人,无疑会发现受目的引导的中介手段。实际上,要完全学得诸行为的结合,还要(完全学得)理智(*intellectus*)和意志(*voluntas*)之间的关系、精神(*mens*)和身体(*corpus*)之间需要认识到合一(一致,*unio*)的存在。"(《普遍实践哲学》命题7,定理5,注解)

沃尔夫对达成目的、完善自身,还加以说明道:"人类,有时把精神,也就是说把理智与意志,有时是把身体,使它尽可能地完善。"(《普遍实践哲学》命题14,定理8)。他认为人类的完善,要通过从理智和意志达成的精神之完善,以及与此相关联的身体完善才可能实现。沃尔夫以如下形式做了证明:"神使人类实行辉耀自己的活动(行为),而不做(与此)相反的(活动)。是故(它)要求理智履行神性的认识和辉耀自己荣光的活动,就是认识真理(*cognitio veritatis*)的义务,意志被要求履行有义务做的意志,最后要求身体履行这种行动的义务。但为了身体履行如此的行动,应该保持自身的健康与纯洁。从而人类又被要求保持身体的健康与纯洁的义务。因此,(人类)被要求履行对所有为了完善(*perficere*)自己本性的义务。"(《普遍实践哲学》命题14,定理8,证明)

此外,他还认为把自己内在和外在的本性完善,就是"公共善"的实现:"人类发展'公共善'的时候,应该寻求本性的完善。这就是说人类应该同对待自己一样,寻求为了作为生命的他人的自然本性和状态的完善化,作自己本性的完善。"(《普遍实践哲学》命题15,定理9)在这里,因为人的本质是社会性的存在,所以应该寻求与我共存的他者也完善本性和状态,来作为更高的目的。

沃尔夫对此命题的证明非常明确:"只有自己一个人是不够实现这个本性和条件的完善化,因为每个人都需要不止一个行为,如果每个人尽自己的可能,同对待自己一样为了具有生命的他人的保护和完善而奉献自己,那么结果不仅每个人得到了保护和完善化,促成了公共善,所有的人也因此获得了自己本性的完善化。"(《普遍实践哲学》命题15,定理9,证明)他认为为了人类本性和人类条件的完善化,必须由多人协力合作。每个人除非通过促进公共利益,否则是不可能实现自己的。

要实现人类的目的,前提是需要做什么样的事呢?沃尔夫认为,这就在智力的提升:"你要做洞察终极目标与身边任意对象的人……应该有时理解(nosse)所有事物的样式(genera rerum omnium),有时理解公共的,或者私人的善的样式。因为无论发生什么事都是由自然赋予的自然本性——个别样式的本性——而发生的。……所以我们要把精神的敏锐(mentis acies)提升到能洞察终极目标与身边任意对象的联结的阶段。"(《普遍实践哲学》命题19,问题10,证明)沃尔夫认为:我们要理解通过以任意的对象关联到公共善的做法,则需要"精察""探索""研究""理解"该对象。

对个人来说,要完善作用于真理的认识能力、理智,以及应当做某事情的意志,还要完善个人的身体及其在家庭中的行为。作为"种"的人类来说,要保全、完善其本性与状态。在这意义上,幸福的实现应该出于自他协作的公共善而得到促进,其前提是能够看透这些事物的实践关系,以及观察它们构成的万物本性。

(二)《中国实践哲学演讲》

沃尔夫获得学位之后,指导教授猛可赏识他的才能,推荐他成为当时欧洲的学术杂志《学术纪事》(Acta Eruditorum)编辑,该杂志由门克与莱布尼茨创办。借此机会,沃尔夫和莱布尼茨可以直接面谈或书信往来,他们的学术交流一直延续到莱布尼兹逝世。1707年,沃尔夫由莱布尼茨推荐,成为莱比锡大学教授,开讲数学、物理学课程。1711年,评论了耶稣会士卫方济(François Noël,1651—1729)的《对印度、中国的数学、物理观察》并给予称赞。1712年,他匿名发表了对《中华帝国六经》(1711)的书评。

随后,沃尔夫升任哈雷大学的校长。1721年,在校长工作交接时的惯例讲演中,沃尔夫发表《有关中国人的实践哲学的演讲》(以下称《中国实践哲学演讲》)。在那里,沃尔夫立足于卫方济的《中华帝国六经》,主张中国哲学是世界上最古老的哲学,并且赞扬孔子,认为他继承了古代智德的传统,为实现人民的福祉而努力奋斗,是一位可与耶稣比肩的人物。1726年,他出版《中国实践哲学讲演》,对演讲原稿加以本文四倍的注解来论证自己理论的正当性。①

在那时,沃尔夫大量引用的是耶稣会士柏应理等译的《中国哲学家孔子》(1687)。沃尔夫说,是他的弟子比尔芬格(Georg Bernhard Bilfinger,1694—1750)告诉他有柏应理《中国哲学家孔子》这一本书的存在。②

沃尔夫在《中国实践哲学演讲》中说,中国古代圣贤实践哲学的智慧原理与他自己的"世界实践哲学"一致。其后特别论及《大学》自个人以至世界的完善化,说:人要通过洞察万物所有的理由[根据],尽可能完善理智和提高理性,改变其原有意图,然后使所有行为都与理性达到最高程度的一致,并且可以控制欲望。他还说,得到自立的主体者,要努力帮助他者也能获得智德,由此规制行动,即致力于他者的完善化。他并强调道:"顺便说一下,这是中国人对自己的严格命令:人在专注改善自己和他人的场合,如果没有达到最高的完善(summa perfectio),就绝不可停步——因为到达完善是不

---

① Christian Wolff, *Oratio de Sinarum philosophia practica*, eingeleitet und herausgegeben von Michael Albrecht, Hamburg: F.Meiner, 1985.

② Michael Albrecht, Christian Wolff, *Oratio de Sinarum philosophia practica*, LIX.

可能的。倒不如自己和他人,为了取得进步,我们应该持续每天提升到更高的水平。所以,中国人把自己的一切行动与自他的最高完善相联结,作为终极目的。在这个指导方针之下,包含所有自然法的要点。其实不管自然法还是其他什么命名,其实质包含着一切值得我们赞扬的行为——这很久以前曾论证过。"(《中国实践哲学演讲》"中国的终极目的")。

由此,沃尔夫认为,他所介绍的中国哲学的理想世界观,和他的学位论文《普遍实践哲学》的世界观有非常相似的地方。

以下指出沃尔夫所参照的卫方济与柏应理翻译的《大学》开始部分,以供比较分析。

六、卫方济的《大学》译文

如上面说过,沃尔夫说自己第一次接触的《大学》是卫方济的译文,该译文如下。另外,该译文在《学术纪事》里还有沃尔夫的匿名书评,作为编辑者的莱布尼茨也可能知道其概要。

因此,古代君王要想使全中华帝国与其中诸国已被罪过和恶念遮蔽的理性能力重生出最初的光辉,首先就要努力正确地治理自己(帝国内的)的一个国家。然而要想使自己所有的国家都被正确地统治的人们,就先要努力以规律的秩序,和平与调和地把自家的一切都治理得井井有条。然而要想以规律的秩序,和平与调和地把自家的一切都治理得井井有条的人们,就先要努力正确地规整自己的生活习惯。然而要想正确地规整自己的生活习惯的人们,就首先要迫切地摆正自己的心。然而要迫切地摆正自己的心的人们,就首先要努力确立对善的真实爱与对恶的真实恶。然而要想确立对善的真实爱与对恶的真实恶,就首先要努力通过精神的理性认识来了解善恶的全部概念。最后,要想了解到善恶的全部概念的方法就是,钻研事物的本性(natura)和其缘由[根据]。说的就是,成立于哲学探究的[致知在格物]。(卫方济《中华帝国六经·大学》)

七、柏应理《中国哲学家孔子》

莱布尼茨和沃尔夫所看到的柏应理译文如下:

古人要想在帝国中锤炼自己的理性式本性(natura rationalis)[明明德于天下],也就是说要让全国人民提高理性本性,先要正确地管理他们各自的王国[治国],让自己成为人民的典范。……要想正确管理自己的国家,妥善地教导国人,同样要先引导自己的家族[齐家]。就是说要持有能够妥善地教导、统治国人的理念(idea)。也就是说正确管理王国的根元(radix),或者说根源性的东西(principale),就是正确地引导家族。因此,作为统治者事先努力进行这种引导是必要的。进一步说想要正确地引导自己的家族,就须先要让自己形成端正的身体(corpus)(请将此处称之为[身体]的部分理解为人格,persona),作为妥善引导自己家族的规范或范例。……因为所谓正确引导家族的根元,或者说根源性的东西,就是正确形成的,由伦理[道德](mores)而改善的固有人格(propria persona)[修身]。想要正确形成自己的身体,即人格的所有外在的习惯(habitus),就要抑制情动(affectiones)和欲求(appetitus),因为这些会让心[魂](animus)远离真的正确的东西,让它倾向并陷入某种恶德。正确控制,就可以提前纠正心[魂][正心]。因为,外在的也就是被整顿好的身体形成的正确根元,或者根源性的东西,应该首先考虑的是对心[魂]的情动和欲求的正确的控制。所以,要保持自己人格的外在形成者,应先控制心[魂]。而[又是他们]意欲纠正自己的心[魂],先把意图[意思・意向](intentio),即意志(voluntas)作为真实的东西。就是说要让意图成为真实的,诚实的,要避免所有的虚伪和虚构。……因此纠正心[魂]的根元,或者说根源性的,应该最先担心的,就是我们这个意图的真实性[诚意]。……进一步意欲让自己的意图成为真实的,就要预先完善自己的理智[知性](intellectus),即理智的能力(potentia intellectiva),并尽可能将之引导到最高顶点。这是让那种能力不至于不能洞察[事物][致知]。因此,那种理智的终极性洞察是将我们的意图作为真实的东西,又将意志(voluntas)确立为真理的根元,乃至根源性的东西。接着以此为由,完善自己的理智能力(vis intellectiva),即引导至最高的顶点。这在于渗透或汲尽所有的事物,即所有事物的理由[根据](rationes)。(《中国哲学家孔子・大学》)

可以看出,无论哪个译文都同样借助追求事物、事象的真理、本性,来使自己内外的完善与他人世界的完善化互相关联起来。

两种翻译之中,特别是柏应理的《中国哲学家孔子・大学》,不只是译语方面,而且结构方面也和沃尔夫的学位论文有类似性。

如前所述,沃尔夫在撰写论文前,《大学》译文已出版。所以,这些先行信息影响他形成哲学思想的可能性,不能说完全没有。此外,因为还有法译、英译的《中国哲学家孔子》,因此可以推测沃尔夫有机会看到两次的文献资料。虽然能推断他在1703年执笔学位论文以前,还没有看过这些译文,但在1703年后,从他参与编辑工作到《中国实践哲学演讲》的18年间,要是说他没注意到《学术纪事》的以下书评应该不太可能:"由拉丁文解说的[《大学》《中庸》《论语》]第一卷是由曾子发表的。里面还提到被称为伟大的智慧《大学》的作者(孔子)首先向从属的人民,诸国的君主还有大臣,推荐里面的学说。其原因是,孔子在其书(大学)里谈到,君主要想良好、幸福地统治,首先应该用全部精神从修养出发,接着通过对自己国内的家族和对朝廷大臣正确的教导来管理王国,最后走向全帝国的管理。"①如果被后世称为"中国迷"的沃尔夫没注意到这篇紧接着《中国哲学家孔子》出版后的1688年发表的书评,那他就太粗心了。

从出版时间的先后顺序来看,中国哲学对初期沃尔夫影响的可能性也未必没有。可以肯定的是,在沃尔夫的论文发表之前,能够对他产生共鸣的中国哲学信息,事实上不止一处。而且在演讲时,他向欧洲极力赞扬中国哲学也是不可否定的事实。

结　　语

被誉为中国哲学精粹的"四书"经由耶稣会传教士研究和翻译而被介绍到欧洲。这本来只是在华传教士希望欧洲了解他们的传教对象,以便获得对在华传播天主教的相关支持,但是传到欧洲后,有些欧洲人违背了传教士的意图,从他们的介绍中获得对自己有益的信息。其代表性人物就是莱布尼茨和沃尔夫。对他们来讲,中国哲学是支持他们理论的素材,因而高度赞扬它。这一判断也是以往多数人的理解。然而,通过追溯文献在时间上的前后关系,我们可以探讨到另一种可能性。也就是说,中国哲学对欧洲哲学的影响,或许会以某种方式显现出来。本篇文章试图达到这一目的。

---

① *Acta Eruditorum*, 1688, Lipsiae, p.263.

试论日本明治初期西化思潮形成的远因

——以近世知识人对西方的认识为中心

中山大学历史学系 朱坤容

一、引 言

众所周知,明治初期的大规模西化是这一时期的主要思潮("文明开化")。与江户幕府的锁国相比,这也是西学在日本得以堂而皇之传播的代表性阶段。西化成为潮流无疑是"黑船来航"直到倒幕维新等现实军事、政治事件的重要成果之一,而"黑船来航"在国内外史学界也被公认为是发生改变的决定性一幕。这是日本之后正式从官方层面改变锁国姿态,转为全方位地接受和引入西学的契机。1853年和1854年的两次"黑船来航",使得日本的锁国体制面临前所未有之变局,乃至"人心之骚动"。从当时幕府的应对来看,显然是在不情愿的情况下签订了城下之盟。所以,这一认识西方大门的打开,无疑是被动且暴力的,与其说西学的引入,不如说西力的侵入。所以,"西学"背后的"西力"这一外因使得日本从近世到近代的转型中,在表象上显示出了"被动性"一面。就此后的历史进程而言,国门随之打开,不平等条约的签订等对日本近代之路产生了重大影响。那么,日本是否真的直到美舰兵临城下才意识到自身的危机,才开始"睁眼看世界"呢?

从思想史上来看,明治维新前后以福泽谕吉(1835—1901)为代表的启蒙思想家们及其社团("明六社")对西方文化思想的推介和引入可谓不遗余力。这当然是最为突出的文化移植现象,目前的研究也多倾向于这一方面;不过从对西方这一他者的认识过程来看,可以说在明治之前的近世即江户中后期,他们对外来世界的认识和对自身现实的思考已经有了一个微妙的演变过程。所以,就明治社会所呈现出价值观巨变的成因而言,其远因或者内因值得做进一步的考察。

本文拟以日本近世对西学的认识与接受为中心,从思想史的角度来考察明治时代西化潮流的成因。具体来说,转折点追溯至江户中后期的禁书令这一契机,通过论述若干代表性知识人及其团体活动,分析与探讨这一进程中官方(幕府与明治政府)及民间各自扮演的角色。通过对认识姿态演变的梳理,来说明在面对西方(外部世界)这一新事物上发生激变的深层原因或远因,从而试图阐明明治之后社会迅速转向西化,政策的推动固然是一强行力量,但更重要的是在江户中后期已经开始了长时间的思想准备。其中诸如新井白石(1657—1725)、杉田玄白(1733—1817)、高野长英(1804—1850)和渡边华山(1793—1841)等人,他们的知识行动从一个侧面映照出官方和民间两股力量在西学东渐浪潮中或独自前行或联动汇流的演进特征。

二、锁国体制中的西方认知:
新井白石与闯入的外来者

考察日本近世到近代等诸多特征的演变,显而易见的一条大脉络即从锁国走向开国,即日本对待外面世界的态度。这也是近代日本知识人潜心努力的世界史坐标,即确立日本在世界史中的地位及意义。江户时代实行的是封建的幕藩体制及"四民"身份制度,故而这里的武士阶层作为最初的知识阶层可谓既是官方的代表,同时也构成了民间舆论的主导力量。

幕府的锁国令(1633—1854)是近世日本对外面世界的一种姿态,这一姿态的形成也是因为对外面世界的恐惧(主要以天主教在日本的传教为典型,天主教及其教徒在当时统称为"切支丹"或"切利支丹"①)而催生,从织田信长、丰臣秀吉到德川家康一再严令,他们把外来者切支丹的影响预设为不利政权的邪恶力量,坚决予以禁止。宽永十六年(1639)将军德川家光发布锁国令后,长崎出岛的荷兰商馆成为对西交流的唯一渠道(另有三处对亚洲的中国、琉球和朝鲜半岛)。不过,对外面世界所展示的现实利益,他们并没有完全拒绝,这就是商品贸易,所以两百多年锁国社会最终走向崩溃,一开始可谓已经萌芽于其中。享保改革后,因修历的迫切性,幕府放宽了禁书令(1720),除了教义书外允许西洋科学书籍输入,这使得与航海技术相关的西方科技进入日本。西方医师随着商船来到日本,他们不同于汉土医学的诊疗方式和医学知识,使当时的日本人感到好奇。兰学的发展可谓与医学关系重大。代表性的著作就有荷兰人库尔姆斯(J. A. Kulmus, 1687—1745)的著作《解剖学图谱》(*Anatomische Tabellen*)。所以,医学可说是西方技术在日本获得传播许可的重要推手,此书日文版《解体新书》的译成(1774年完成)是兰学史上的一大重要事件。②兰学,最初也叫"蛮学"(早期来到日本和东南亚一带的葡萄牙人等西方人被称为"南蛮")。因为传播的不只是荷兰一国的思想文化,还包括了西方学问的全部成果,所以也成为西方学问的代名词,通常也称为"洋学"。

兰学(阿兰陀,Olanda)的勃兴是在18世纪末,但六代将军德川家宣和七代将军德川家继的幕臣新井白石(1657—1725)却被洋学

---

① 切支丹或吉利支丹(Christão),天主教的葡萄牙语译音,片假名表记为キリシタン,音为 kirishitan;16 世纪中期(天文初年)进入日本,为近世初期的天主教及信徒。

② 参见杉田玄白著,徐克伟译:《兰学事始》序一,《或问》杂志 2014 年第 23 号。以下玄白引文出自同号杂志。

家大槻玄泽视为兰学的草创者。这并非是说他创立了兰学,倒不如说他对外部世界的好奇和高于同时代人的视野认知,令其在西学东渐中占据了近似先驱者的位置。新井白石,字君美,是一位同情大名与百姓的谏士,因为受到将军的信任和重用,他参与了幕府与周边地区的外交活动。1709 年,他与意大利传教士西多蒂①的对谈《西洋纪闻》集中体现了他对西方世界的理解。虽然该书在德川时代写就,但因为涉及的问题敏感,并没有马上在世间流布,而是秘藏多年,只有零星内容透露了出来。在对谈中,他记下了这位传教士的回答和疑问,记录了当时的西方情况,同时予以评述。这些评述可以说反映了当时日本知识人对西方的认识。他一方面感慨对方知识的广博,"博闻强记",天文、地理无所不知,另一方面又用自己的朱子学与之辩驳,认为其道理有不通之处。比如他对天主教天主创世、善者升天堂、恶者下地狱这些教义的理解是,天主和道家的上帝相似,修行法和佛教相似。同时他以尧、舜、周、孔之书中的理与西多蒂所说的教理进行参照理解,结论是此教并非圣人之法。因圣人之法不讲神人降临人间、降下福祸诸如此类的内容。再如,他对西多蒂所讲的西方地理、天文知识虽然感佩,但认为"彼方之学,只知精于其形与器事,为所谓形而下者,形而上者,尚未闻与"②。这一赞扬技术的倾向与稍后佐久间象山的"东洋道德、西洋艺术"思想有内在的相似性,与之类同的还有桥本左内(1834—1859)的"器械、艺术取于彼,仁义忠孝存于我"。当然,他对西多蒂提到的西方事物,提出了一些在当时幕府的锁国态度下看起来尚属较为宽容的建言,比如对天主教禁教不可防范过度,应"以夷制夷"。但这些都建立在对周边警觉的基础之上。

---

① 西多蒂(1668—1714),原名 Juan Bapista Sidotti。在宽永五年(1708)11 月从萨摩的一个海岛——屋久岛——化装成武士偷渡到日本,试图传教,但最后被俘,时年 40 岁;后被关在江户小石川,正德五年(1714)对谈完成,时年 47 岁。

② 《西洋纪闻》,村冈典嗣校订本,岩波书店,1936 年,第 24 页。

新井白石在当时表现出这一态度也由来有自。例如在幕府出于吉利的考虑打算更改年号时,新井白石以自己对海外国家情况的了解予以驳斥。他说:"当倭汉古代无所谓年号时,天下治乱、人寿长短,亦无世无之。余遇意大利、荷兰等国人,曾详询各国之事,用年号之国不过二三,其余自天地开辟已经几千几百几十年来,无所谓年号之事。自二十余年前以来,西洋欧罗巴诸国,其君死后因继嗣问题而国乱者不少。据云去冬今春战死者不少,此又因何为祟而致然乎? 由此可见,虽无年号,苟天运有衰,人事有失,亦难免于乱亡也。"①可见,他并不是一个完全以自我中心为本位的政治家,周边的世界依然是他重要的参考。对此见识,周一良先生曾赞道:"在十八世纪初年的东亚,有如此程度的世界各国知识,有如此高明之见解,白石之外恐怕很难找出第二人吧?"②

不过,处于锁国体制下的幕臣,新井白石仍然主张限制市场一体,尤其是限制商业贸易。在 18 世纪初开始,他曾提议限制长崎贸易③,且严令禁止私自贸易,理由是日本的铜钱流入国外大半:"五金之类则似骨骼,不复重生。五谷地尚有肥瘠,年尚有丰歉。五金则产地不多,开采常不得。……自古以来,我国从不借助外国。今除药材以外,他无需求之物。"④对于外国人不按既定海陆,出没于近

---

① 新井白石著,周一良译:《折焚柴记》,北京大学出版社,1998 年,第 143 页。
② 《折焚柴记》代序。
③ 据新井白石所言,1601 年后,外国船来通商尚无定所。宽永年间(1624—1643)允许外国船通商,荷兰船只停泊于平户,宽永末年移到长崎。新井白石认为,商人因为冒着风浪远道而来,不能接受乏利而归,"故无论如何欲谋求售出载来之货物。对我国货物,亦务求购满定额份内之货,如因纳商税之类费用多而获利少,则无论如何力求购得可以载回之货物,因而私贩之事逐年增多"(《折焚柴记》,第 174 页)。葡萄牙船只在 1550 年来到平户岛上的平户市(现长崎县平户市),但当时并没有在港口停泊,直到 1571 年开始在平户港停泊,该地成为贸易的中心。后长崎因为发展而取代了平户岛。江户幕府后,1605 年长崎成为天领,1616 年限中国船只只能入长崎和平户;1636 年建成出岛,葡萄牙人被集中于出岛。1639 年因为锁国令,葡萄牙人被驱逐出境。两年后,荷兰商馆从平户迁到出岛,荷兰人被予以隔离,不得离开岛,而除了日本公职人,一般人不能上岛,之后出岛也成为限定中国人居住的地方。
④ 《折焚柴记》,第 134 页。

海,走私贩卖,新井白石认为这是元禄以来一再示弱怀柔政策的缘故,决定采取强令严肃措施,随即起草指令:"外国人出没近海,及登陆或离岸者,焚其船,斩其人。我国船有靠近外国船者,即行逮捕。"①

所以,新井白石的时代仍然是锁国时代的保守性,而他同样也不能避免这一时代特性,在治理上显现出自给自足、故步自封的态度。

三、对外面世界的探索与民间舆论的育成:兰学的滥觞及勃兴

虽然洋学的改革只是限制在技术科学上,萨摩、长州等西南雄藩因为清国鸦片战争的失败感到危机而转向于西方炮术等军事科技。可以说,他们已经决定改变学习的方向了,现实层面即提升兵力如航海技术。在那个时代里,新井白石死后不久出生的杉田玄白(1733—1871)可谓真正开启了兰学在日本的传播时代。如果说新井白石的时代还只是认识到西方世界不同于日本这样一个东方儒家社会,那么杉田玄白则开始了将兰学用实践(医学)的方式引入到儒学汉医等体系中。杉田玄白出身医家,其父曾经拜师于南蛮船通词(翻译)和阿兰陀通词门下,而这位通词修习的正是南蛮和阿兰陀的医术。其学问高明,后来成为官医。所以,杉田玄白自幼已与兰学颇有渊源。他曾经将兰学中的疡科与汉土的外科进行比较,然后著成《疡科大成》,创立了日本的外科。他发现兰学书籍中关于人体结构五脏六腑与汉籍书籍的不同,"肺脏、筋脉颇异于汉说,疑之";又在一个偶然机会下得以观察尸体解剖,从而得到印证,感到惊叹和佩服,从而"发奋事洋书翻译之业,首唱此学"。②正是从这种怀疑的精神出发,他逐渐吸收了西医的特点。其弟子大槻玄泽称杉田玄

---

① 《拆焚柴记》,第173页。

② 《兰学事始》序一。

白等人的努力为"大江户兰学之滥觞",鼓吹西洋文明论的福泽谕吉也曾豪言正是这些知识人的行动造就了日后日本发达的胚胎:"东洋一国之大日本,百数十年前,学者社团既有西洋文明之胚胎,今日之进步,实非偶然。"①从杉田玄白所述《解体新书》的翻译过程,以及学人们对兰学的热诚而言,不难发现,他们的动力是一种对知识的追求,或者说一种理性的表达,"实测究理之能"。

杉田玄白晚年口述的回忆录《兰学事始》完成于83岁,其于两年后辞世。他口述此书时,兰学已经传入日本50年。50年内,兰学中的医学已经很昌盛,向学者甚众;从其37岁时就有"兰学肇始之举"算起,他为兰学在日本的传播可以说努力了近半个世纪,而在这半个世纪里,日本由锁国到逐渐接受和学习西方的医学知识,知识结构和对世界的理解已有了极大的不同。《兰学事始》所勾勒的50年前的努力,可以一窥幕末时代对西学的受容,以及早期决定开眼看世界的下层武士的勇气和魄力。当然,其主要体现为突破各种知识障碍的决心与不懈。他们将"医道发明"在"有益于我邦"的动力下,不畏艰辛,促使兰学发轫,成就前世未有之业,综合起来可以概括为三个因素:第一,学问传世的弘道热情和不畏艰难的决心。聚集而来的爱好者并非闻风而动、随声附和的浮华之辈,也并非面对重重壁障、倦怠而废之徒,而是一群不畏"创业之迂远""坚如磐石、矢志不渝"的志士。第二,为国事努力、为生民济世的国家情怀。他们始终希望获得以益于本邦、利于医道的启迪发明,以令世人获益的学问为根本,所以出发点并非是为了一己的学问,在行动上也非常重视如何相互学习,"切磋砥砺,亦可共同进步"。就在《解体新书》得以发行,兰学蔚然成风之后,杉田玄白除了不惜重金收藏兰书之外,还悉心培育了不少弟子。他深知有志青年乏于书籍之苦,为此愿意借书给"有志之人",甚至朝思暮盼能遇到"志笃青年","以女妻之,认作养子,令成此业,补缀我等不足及未尽之处,广济天下黎

---

① 《兰学事始》序三。

民疾苦"。第三,世风及统治者上层(藩主)对兰学的宽容,一方面是出于好奇,另一方面也源于对人才的尊重和爱护。例如,一些人弹劾这些武士的"不务正业",藩主等人仍然以"其所好终为天下后世生民"为由予以放任,使得他们能潜心专研。所以,一方面,在锁国体制下,"因种种西洋事情,严禁一切涉外之往来",一切外来学问必须要在幕府的同意下才可以学习。比如不可私自携带兰书,学习横文字(西洋文字横写)等,都需陈情获准后方能学习。当时虽然距"兰人来航已达百余载",但在书稿完成之后即将付梓之际,仍然担忧是否会遭到禁绝。另一方面,虽然有禁令,但民间学习的氛围比较活跃,而且也获得识才的藩国上层统治者的认可,比如有些兰学爱好者甚至得到了藩主的财力支持,也出现了效命于幕府的官医,为"阿兰陀医事御用之始"。

到了杉田玄白的徒孙辈时,兰学在社会上蔚然成风,玄白曾感慨:"有今之隆兴,实我等所未料及也。"其间固然是兰学志趣者的推动,但与当时知识社团的活动也不无关联,尤其是鸣泷塾的影响。1823年西博尔特①(Philipp Franz von Siebold, 1796—1866)在东印度总督的推荐下来到日本的出岛,担任荷兰商馆的医师。他在长崎郊外设立鸣泷塾,培育了很多兰学弟子。很多来自各地的二三十岁的年轻人聚集在一起,接受西方的科学知识,包括医学、植物学、动物学、人类学,等等。西博尔特在回忆中也提道:"鸣泷塾成为信奉欧洲学术的日本人的集合场所……科学的发展的新光明也从一小片地方发散到四方……"(转引自《日本的思想·高野长英》)他自己所进行的博物学研究,也对日本的民俗学与民族志具有重要的史料意义。在近海外国船只频繁出没的情势下,这个社团中的一些年轻人如渡边华山(1804—1850)和高野长英(1793—1841),开始将目光移向自然科学及军事海防等经世学问的研究。从当时的学术派别

---

① 1828年西博尔特回国时,因被发现带走了禁制的日本地图而被禁止入境1年;1858年,日兰相互通商条约签订后,禁制令解除,他以幕府外交顾问的身份被聘请,但没有发挥太大的作用,1862年回国。

来看,他们都是偏向兰学的儒学者,即非正统的儒家。他们组织了洋学(蛮学)研究的社团"尚齿会",撰写救荒书籍,同时交流学问。初期,他们曾就幕府下属各藩的殖产兴业政策担任顾问性质的角色,不久对幕府的盲目排外决策表示出怀疑和不满。"蛮社之狱"也因之而起。事件的起因是1837年的莫里森事件。①渡边华山和高野长英分别就此发表了批评锁国的《慎机论》和介绍英国国情的《戊戌梦物语》,对幕府在莫里森事件上的不当决策表达了不同于幕府的看法,以及对日本应该如何面对当时群雄环伺的局势提出警言。例如在高野长英对英国的描述中,除了国情、地理、风物的内容外,还特地阐述了自己对西方人精神品质的理解。"在西方诸国,尊重生命和救助生命,被视为最高的善行。"他认为,在这件送回漂流民的事件上,英国也只是按照一贯的处事方式行事。因为"对英国而言,日本并非敌国,换言之,只不过是一个没有交往的国家,所以现在因为同情日本的漂流民,以仁义为名,特地送回"。所以,他开始担心因为炮轰而引发国情危机。但是,不管他们抱着何种疑虑,这两部书终究被视为对幕府的不敬,最终引来杀身之祸,社团也被镇压。两年后兴起了"蛮社之狱",渡边华山入狱,高野长英后逃出但最终自杀。虽然两人的努力并没有成功,但他们对西方的认识与一开始为知识本身而产生兴趣的倾向已经有了不同,更多的是救济时世、未雨绸缪的考虑。

不管杉田玄白也好,渡边华山也好,他们虽然积极提倡和学习西学,希望幕府积极开眼看世界,停止作茧自缚的锁国政策,积极探求新知,鼓励西学的传播,但在意识上无不忧虑和警惕西方的侵入。"西洋商船,渐次驶抵我西鄙,明称贸易,暗图下欲。"(参见《兰学事始》)渡边华山也在《慎机论》中指出必须警惕西方的贪婪。所以,此

---

① "莫里森事件"(Morrison Incident),也叫"一号事件"。七名日本海上遇难者由精通汉学的莫里森带领,乘坐并由美国商船"莫里森"号护送回日,同时要求传教和通商,但在浦贺洋面和鹿儿岛港口遭到炮击,通商未成而撤退。幕府的判定依据就是"外国船炮击驱逐令"。

时的姿态更多的是以现实利益为考虑,这也佐证了近代民族国家意识在一开始就已经潜伏于新知的启蒙过程中。

结语:东西大交通与世界的联动

综上所述,在对待西方的认识和接受上,从江户中期到明治维新,日本经历了一个从被动到主动,传播方向由民间到官方,最后由上而下推动的演变过程。在江户时期,代表官方的幕府无疑是被动地接受了西力,但在民间则展开了主动接触乃至学习的潮流,直到这股潮流随着幕政结束、新政开始而进入了主动。对此,我们不妨可以说这是在对西方认识的变化中的"主动性"一面。概括而言,从江户中后期的禁书令放宽,技术型洋书进入开始,幕府官方和武士阶层之间出现了对外面世界的不同态度,而这一态度随着现实政治的局势变动而显出急剧分化的趋势。幕臣新井白石虽然具有对外面世界的好奇,通过外来传教士之口记录下《西洋纪闻》,但就介绍的性质而言,与后世福泽谕吉远赴海外所记的《西洋事情》类似,都属于时人对外面世界的忠实记录及独特理解。就此意义来说,其可谓认识西方世界的先驱者。不过,囿于时代,作为先驱者的新井白石本人虽然接受这样的外部世界,但并没有予以完全的认可,尤其是"形而上"部分。他始终坚持锁国的立场,并坚定对外部世界的警惕,所以这一时期可谓官方处于一种被动的认识阶段。真正接受且认可的是民间范围内的酝酿与推动,其典型人物无疑是以杉田玄白为代表的兰学家们的毕生努力。从晚年自传《兰学事始》中可以看到兰学在日本从萌芽到被广泛接受的巨大变化,包括西学社团鸣泷塾对年轻知识青年的世界观的影响,其佼佼者如高野长英和渡边华山。这是西学在民间得到主动推进的时期。在幕末"黑船来航"和明治"文明开化"之前,西方力量所扮演的具有与国运演变密切相关的契机则可以说是"莫里森事件"及其引发的"蛮社之狱"。这里,西学从不同于汉学知识体系、形而下的技术手段层面,转变为一种世界观的催化剂。归根来说,西学在官方和民间的如此变动,正体现了日本在如何"面对和进入世界"这一课题上的姿态转变。这里的"世界"显然是大航海之后的东西大交通世界,呈现"朝向同一个世界"(和辻哲郎语)演变的大势。

所以,一方面,就当时日本开国的具体情况而言,固然"黑船"抵境是出于美国通商贸易的需求,但从世界大势而言,通商乃至开国正是当时东西大交通后资本寻求自由流动的结果。例如,"黑船来航"时所携带的美国总统的书信中就如是说:"世界形势已有变更,若干新政权已经成立;随着时代的进展而制定一些新的法律,似乎是明智的。"(1853)反过来,从日本的角度来看,当时江户时代"町人"与肯定商业(铃木正三、石田梅岩等)思想本身有很大的发展,所谓"町人伦理"正是其中之一。在四民身份制度下,町人虽然政治地位不高,但奉行勤俭节约的合理生活美德,积累了大量的财富。所以,合理性成为一种思考的方式。从启蒙意味着相信理性的角度而言,学者将18世纪视为日本的第一次启蒙时代,而杉田玄白也被列于其中(源了圆)。在说明江户的资本经济与世界大势相呼应的问题上,已经有不少研究,思想史学者也一再将之与西方资本社会及其商人的特性做类比,甚至概括出了这群"启蒙思想家"的一项特征是普遍主义,即不将本国视为中心,而这一视角与资本的流动乃至拓建海外市场也不无连接点。总的来说,东西大交通所引发的东西交流可以说仍然是外部冲击的结果,一般所言的"攘夷倒幕"乃至明治的欧化主义可以作为一个例证。

另一方面,如果我们从日本江户时期自身发展的特性来看,其最终是否也有可能出现开国或走向世界呢?也许17世纪的新井白石可以给我们另一种可能的启示。"圣人之道是人道,所以不出人间日用常行之外。何谓人,说的是君臣父子夫妇兄弟和朋友,指的是天侯、卿大夫和士庶人。何谓道,指的是孝德、忠信、礼仪、廉耻、理世、安民,等等。"将思考的问题从高远的圣境回落到平实的日用,其中的实学特征是否是一种庶民性、世俗性或者人间性的体现呢？以极度的理性强调经世济民，这是他给后人的印象，这与高野长英所警惕的像中国明代当时因"高明空虚之学兴盛，最终光明蔽障，自身落入井底之蛙之境而不自知"恰是相反的立场。如果理性属于启蒙的特征之一的话，那么他的"世界人气象"（宫崎道生）更凸显出那个时代"心怀天下"者的独特之处。作为将军的顾问阁僚，他在实务上参与了与清朝、朝鲜、琉球等方面的外交关系。注重实学、理性，以及"进入世界"的姿态，这是否与大交通时代的大势暗合呢？就新井白石而言，始终承认他者世界的存在，同时以好奇心去认识和探索，这可以说锁国体制下一种进入世界的态度吧！近代以后三十年代的"世界史意义"则又展现出另外的意图，这就另当别论了。

综上可见，西学在日本的传播最初主要是为幕府服务的，目的是改善幕政，所以通常限制在技术层面。为后人所称道的开风气之先，是西南雄藩在海防技术上的改进。这一军事改良对后来政局的改变产生了直接影响，较为突出的例子就是幕府联军第二次长州征讨的失败。不过，西学在发展过程中所产生的对幕藩体制的批判和背离则超出了幕府最初的设想。最后，随着西南雄藩的领导人成为新政府的元勋，近代科技实业得以在近代日本迅速推动，从某个程度来说西学至少是在技术上成功传播了。

此后到日俄战争结束的四十年间，日本国民处在文明开化及进步的使命感中。在西风东渐的潮流下，日本社会的价值也日趋处于同构中。"从明治时代开始，'文明阶梯'此一虚构物，对日本国民的想象力始终发挥着重大的作用。"①虽然福泽谕吉的《西洋事情》与新井白石的《西洋纪闻》类似，都是对海外世界样貌的记录，中村正直所译之《西国立志说》与高野长英之《梦物语》也都是关于英国道德风物的介绍，但命运已经截然不同，而日本国民所受风气之感召也可谓大相径庭了。

---

① 鹤见俊辅著，邱振瑞译：《战争时期日本精神史：1931—1945》，台北行人文化出版社，2008年，第13页。

卢梭"革命观"之东传：
中江兆民汉译《民约论》及其
上海重印本的解读

南开大学哲学学院　范广欣

前　　言

　　卢梭在近代中国一直以革命思想家的面目出现。直到今天，许多中国知识分子，包括卢梭《社会契约论》最权威中文译本的作者何兆武，还是认为人民有革命的权利是社会契约论的核心思想。①然而，目前西方学术界的共识是：尽管卢梭《社会契约论》，尤其是其中"公意"（general will）和"人民主权"（popular sovereignty）的观念，对所有现存政权的合法性构成挑战②，卢梭原文并不支持诉

---

　　①　何兆武在"译者前言"中指出《社会契约论》的中心思想包括"人民有革命的权利"；在"修订第三版前言"指出卢梭所要论证的基本道理包括"人民有权废除一个违反自己意愿、剥夺了自己自由的政府"。参见卢梭著，何兆武译：《社会契约论》，商务印书馆，2003年。

　　②　卢梭《社会契约论》一书最核心的观念包括社会契约、公意和人民主权。卢梭认为人与人之间必须相互定约，将对自己身体和权利的支配权转移给大家（即全体人民），以寻求对自身权益的更好保障，才能从自然状态进入社会，这个过程称为社会契约；在社会契约的基础上才能进一步制定法律、建立政府；立法权必须始终掌握在人民全体手中，法律必须体现人民的共同利益和集体意志（即所谓公意）；政府必须根据人民通过的法律管理公共事务，不得侵犯人民的自由，这就是人民主权。

诸暴力解决社会政治问题。换言之,没有证据表明《社会契约论》是一本鼓吹革命的著作。①综观《社会契约论》,最倾向"革命"(revolution)的语言见于第二卷第八章:卢梭认为"革命"带来的暴力和战乱,在特定国家的特定时刻可以帮助国家去除不健康因素,从而克服危机,实现自我更新。但是,他随即指出这样的时机千载难逢,大部分情况下,"革命"只会破坏社会的凝聚力,导致国家分崩离析。因此,卢梭明确反对用暴力挑战根深蒂固的政治体制。②那么,近代以来中国人是怎样通过阅读《社会契约论》发现了革命呢?

本文认为,中国人对《社会契约论》的革命性解读可以追溯到该书最初的汉译本及其传播,何兆武等当代知识分子坚持《社会契约论》鼓吹革命其实是秉承了中国人阅读卢梭的传统。具体而言,最早通过汉译《社会契约论》将现代革命观念介绍给中国人的是中江兆民(1847—1901)。中江兆民,原名笃介,是日本明治时期著名的学者和政治家,同时以"法兰西学"和"汉学"的造诣闻名。③一方面他曾经留学法国,回日本以后积极宣传卢梭思想,成为自由民权运动

---

① 参见 James Miller, *Rousseau: Dreamer of Democracy*, New Haven: Yale University Press, 1984, pp.139 - 140, 159 - 160; Patrick Riley, *Rousseau in Will and Political Legitimacy*, Cambridge: Harvard University Press, 1982, p.117; Andrew Levine, *General Will: Rousseau, Marx, Communism*, Cambridge: Cambridge University Press, 1993, pp.16, 75 - 76; Judith Shklar, *Men and Citizens: A Study of Rousseau's Social Theory*, Cambridge: Cambridge University Press, 1969, xvi - xvii, 2, pp.168, 198, 208 - 211; J.B.Schneewind, *Invention of Autonomy*, Cambridge: Cambridge University Press, 1989, pp.479 - 480; Nicholas Dent, *Rousseau*, London & New York: Routledge, 2005, p.216; Keith Michael Baker, *Inventing the French Revolution*, Cambridge: Cambridge University Press, 1990, pp. 235 - 237, 244; David W. Bates, *Enlightenment Aberrations: Error and Revolution in France*, Ithaca & London: Cornell University Press, 2002, pp.77 - 78, 98 - 99, 120 - 122.

② Rousseau, *Of the Social Contract*, rpt. in The Social Contract and Other Later Political Writings, ed. and trans. by Victor Gourevitch, Cambridge: Cambridge University Press, 1997, pp.72 - 73.

③ 中江兆民:《兆民文集》,文化资料调查会,1965 年,引言第 1 页。

的号角,因此被称为"东洋卢梭"。①另一方面,他出身武士家庭,受过良好的儒学教育和汉文训练,念念不忘通过著译以沟通儒家经史传统和欧洲政治哲学。1882—1883年他将《社会契约论》自开篇"前言"至第二卷第六章"论法律"译为古汉语,并加以注解,取名《民约译解》,分期在《政理丛谈》杂志上连载,并于1882年10月出版了其中第一卷的单行本。②《民约译解》(下称《译解》)不仅是对卢梭思想的介绍,而且是中江本人对儒家反暴君论述的继承和反思,其对君主制的否定甚至超越了卢梭。1898年戊戌变法前夕,上海大同译书局根据单行本翻刻了《民约译解》第一卷,改名《民约通义》,并增加了中国编者所写的序言。1910年和1914年孙中山领导的革命党人又两次重刊《民约译解》第一卷,作为宣传民主革命的利器。③下文集中讨论1882年出版的第一卷单行本,考察中江兆民的翻译和注解如何通过介绍卢梭理论倡导民主革命,也尝试分析1898年上海重

---

① 中江兆民1877年将《社会契约论》从前言至第二卷第六章译成日文,并于1879年出版,1882—1883年又将这部分内容译成古汉语,在杂志上分期连载,其中第一卷单行本出版于1882年10月。参见吴雅凌:《卢梭〈社会契约论〉的汉译及其影响》,《现代哲学》2009年第3期。自由民权运动是日本19世纪70年代兴起的以开设国会、制定宪法为目的的民主运动。

② 幸德秋水:《中江兆民略年谱》,中江兆民编:《兆民文集》,文化资料调查会,1965年,第639—640页;吴雅凌:《卢梭〈社会契约论〉的汉译及其影响》,第85页。

③ 1910年《民报》最后一期刊登了中江兆民所译《社会契约论》第一卷,题为《民约论译解》,1914年老资格的革命党人田桐又重刊《民约译解》,改题为《共和原理民约论:民约一名原政》。参见吴雅凌:《卢梭〈社会契约论〉的汉译及其影响》。卢梭《社会契约论》第一个汉文全译本为留日学生杨廷栋所译,1902年由文明书局刻印,开明书店和作新社联合发行。笔者在威斯康星大学完成的博士论文中讨论《社约论》19世纪末至20世纪初在中国的接受和诠释,其中第二章专门解读杨廷栋全译本,分析全译本问世以后,为何中国革命党人总体而言仍然对中江译本青睐有加,唯有刘师培能够欣赏杨廷栋译本,并在其基础上写作《中国民约精义》。参见Fan Guangxin, "Contesting the Truth of Revolution, Democracy and Good Governance in the Land of Confucius. The Chinese Reception of Rousseau's The Social Contract, 1898-1906", Ph.D. dissertation, University of Wisconsin Madison, 2014。

印本和1882年单行本的差异,以探讨中国人最初如何回应中江译本所传递的革命观。

一、中江兆民翻译《社会契约论》:从反暴君到民主

本文认为,中江兆民的翻译之所以在日本和中国都受到广泛重视,是因为他对卢梭社会契约论的介绍和发挥可以协助受儒家传统浸润的人完成从民本到民主的跨越。《译解》一方面延续儒家传统,反对暴君虐民、反对强权、反对以君主权位谋取私利;另一方面通过彰显暴君与自由的对立,突破民本传统的限制,指出所有君主都是潜在的暴君,君主制的根本在剥夺人民的自由,因此,根除暴君的办法,不是恢复三代旧制,不是君臣共治,而是建立议会民主制,还人民以自由。

卢梭《社会契约论》有两组概念可以翻译成汉文"暴君",分别是tyrant/tyranny 和 despot/despotism。对于卢梭来说,第一组概念首先意味着对"合法王权"的篡夺,第二组概念则强调凌驾于法律之上的专制权力,篡夺者未必拥有不受制约的权力,但是拥有这样权力的人都是篡夺者(因为合法王权必须受法律制约)。①卢梭比较注

---

① Rousseau, *Of The Social Contract*, p.108. tyrant/tyranny 是古希腊以来西方政治哲学中的传统观念,一般指合法最高政治权力的篡夺者,尤其指通过颠覆民主政体而夺取最高权力的人。亚里士多德认为 tyrant 和 king(国王)都是个人掌握最高权力,但是前者为自己的私利而统治,后者为人民的利益而统治。两者之间的分野比较接近儒家传统"家天下"与"公天下",乃至暴君与圣王的差别。卢梭不同意这个观点,他认为如果依照亚里士多德的区分,有史以来所有的国王都是 tyrant。相比之下,despot/despotism 在西方政治哲学传统中比较边缘,古希腊人用来形容亚洲(比如波斯)君主,认为他们拥有不受法律制约的绝对权力,而他们的臣民完全没有自由,他们与臣民的关系像主奴关系。直到近代,这个观念才被用来讨论西方本身的政治制度,尤其与近代兴起的专制王权(absolute monarchy)联系起来。参见 Philip P. Wiener, *Dictionary of the History of Ideas*, New York: Charles Scribner's Sons, 1973, vol.II, pp.1-13。

重第二组概念,因为此书的主要目的是驳斥为君主专制辩护的卫道士,阐述合理政治秩序的基本原则。在第一卷中第一组概念出现的机会尤其少。①

但是,不能因此得出如下的结论:tyrant/tyranny 这组西方政治哲学传统概念对中江兆民的影响不重要,或《译解》中出现的"暴君"主要是对 despot/despotism 的翻译。恰恰相反,《译解》中出现的"暴君"或其他相关词汇,如"独夫""奸雄"主要不是对 despot/despotism 的翻译,而是儒家传统对于"暴君"的批判和古希腊以来西方对 tyrant/tyranny 的反思,通过中江兆民的思考和写作,融合到一起的产物。②之所以如此,有三个理由:第一,鉴于卢梭认为专制权力来自对合法权威的篡夺,《译解》中即使明确针对 despot/despotism(专制君主/专制主义)的讨论,也不可避免受到西方传统对 tyrant/tyranny(今译为僭主/僭政,其核心含义是对合法权威的篡夺)理解的渗透。第二,中江译文本身,不完全是对卢梭原文的直译,而是有增有删,重在建立沟通不同政治、文化传统的桥梁,并不拘泥于字句。《译解》批判暴君、反思君主制的内容不少见于中江兆民增加的文字。第三,《译解》包括翻译和"解"两部分内容,如果觉得因为文化差异或文字艰深,读者理解某段原文有困难,中江兆民便在翻译这段原文之后加以解释,基于对原著全文乃至卢梭其他著作的宏观把握,阐述对相关文字的体会和发挥,也会加入他个人的政治主张。这些"解"往往是反暴君言论最集中的地方,也是中江兆民发挥个人见解最自由、最充分的地方,反映了他融会东西方学术对暴君、暴政的深刻反思。

---

① 以名词形式只出现过一次,还有一次是以形容词形式出现,参见 Rousseau, *Of the Social Contract*, pp.42, 53。

② 暴君和 tyrant 之间的联系,不是中江兆民一个人的发现(尽管他的反思特别深刻),而是一种时代的共识。1889 年出版的一本解释当时日文中所用汉语的英文辞典便把"暴君"译为"a tyrant"。参见 John Harington Gubbins ed, *A Dictionary of Chinese-Japanese Words in the Japanese Language*, Trübner & co., 1889, vol.I, p.29。

《译解》用"暴君""独夫"这些词汇翻译卢梭对君主专制的批判,一方面继承了从孟子到明清之际儒家反暴君的传统,另一方面又逐渐超越这一传统而与现代民主革命的观念接榫。《译解》对暴君虐民的批判与儒家传统最为接近,却仍然包含若干重要突破。比如《译解》指出,不能依靠发掘、培养君主对人民的爱心来防止暴政,因为这样的爱没有根据,既然不能依靠对君主的道德教育,那么可以依靠的便只有制度改革。同样重要的是,《译解》正面肯定了人民自己起来反抗暴政的权利,而儒家对汤武革命最激进的解释也仍然坚持人民必须追随圣王才能反抗暴君。以上两点,下文再做具体讨论。接下来重点讨论中江的翻译如何超越儒家传统,彰显暴君与自由的对立。

卢梭通过《社会契约论》第一卷集中批判维护君主专制的两个主要理论依据:一、专制权力来自父权;二、专制权力来自征服者的权利和由此衍生的奴隶制。受儒家传统熏陶的人,很难接受所谓征服者的权利,《译解》便批评以此立论的亘鲁士(Hugo Grotius,1583—1645,今译格劳修斯)助桀为虐。①这个批评显然可以放在反暴君论的框架中理解,因为桀正是儒家认定的夏代暴君。卢梭当然不知道谁是夏桀,"助桀为虐"对应的原文,如果直译是"对暴君们(tyrants)有利",这样在《译解》中儒家传统中的"暴君"观念便和西方传统观念联系起来。②

但是,儒家对父权与君权的联系却相当暧昧。一方面,忠和孝是儒家伦理中两个最基本的价值,对于一般人来说,孝顺父母更为根本。另一方面,所谓"君父"的称呼,说明皇帝也分享一部分父亲的权威。《西铭》宣扬民胞物与,天下一家,虽然认为只有天拥有父权,却认为君王的权力来自其作为天之嫡长子的地位,这便间接承认了君权来自父权。更为关键的是,儒家传统认为君主有责任抚养和教育人民,就像父母对子女一样。君主应该对人民怀有爱心。

---

① 中江兆民:《民约译解》,井田雄也编:《中江兆民全集》第1册,岩波书店,1983年,第78页。

② Rousseau, *Of the Social Contract*, p.42.

《译解》第一卷第二章"家族"首先驳斥君权与父权相似的观点，指出父子之间有亲情维系，"至于君则不然，初非有爱民之心，而其据尊莅下，特欲作威福而已，岂能有益于民哉？"①这句话，到"岂能有益于民哉"之前，基本是对卢梭原文的直译，只是原文描述事实，情感色彩并不明显，而译文语气则包含贬损；原文的判断适用于所有政治领袖，译文则直指君主。这样，对一般政治现象的描述，就转变成中江兆民不能忘怀的对君主制的讨论。②"岂能有益于民哉"是中江兆民的发挥，强调君主既然无爱民之心，当然也不能奢望他为人民谋福利。这样的引申并不符合卢梭的原意，因为政治领袖或君主，虽然没有爱民之心，却仍然可以出于私心做益民之事，以增加他的威信，巩固他的权位。更值得注意的是，从这句引文看，中江兆民似乎忽略了仁主和暴君的差别，如果承认所有君主均无爱民之心，均不能有益于民，儒家对理想君主（圣王）的想象便不能维持下去。③

中江兆民完全意识到他可能因此被谴责为离经叛道，更可能得罪明治政府，所以他在《政理丛谈》连载这段内容时，紧接着上述引文，加了一个"解"："汉土尧舜禹文、罗马末屈奥列、佛兰西路易第九，及就中我历代圣主，皆至仁深慈，视民如伤，不啻父母于子，此所言君，特斥暴君，读者勿以辞害意可，下多此类，不一一指摘。"④联系这个注解，我们就可以把上述引文理解为延续儒家传统批判暴君无爱民之心，祸害百姓，暴君的存在不足以否定君主制的理想，因为从古到今，从东到西，都有仁君勤政爱民，其典范不容否认。

---

① 中江兆民：《民约译解》，井田雄也编：《中江兆民全集》第1册，第77页。

② Rousseau, *Of the Social Contract*, p.42.这句话，何兆武译为："在国家之中，首领对于他的人民既没有这种爱，于是发号施令的乐趣就取而代之。"参见卢梭著，何兆武译：《社会契约论》，第10页。中江兆民可能是有意，也可能是无意地将读者的注意力转到君主制上来，因为根据儒家的传统观念，只有君主才是国家的首领。

③ 如果强调引文中的"初"字，可以将引文解释为："君主本来没有爱民之心，顺着他的本心，不能做有益于民的事，但是适当的启发和教育却可以培养他的爱民之心，引导他做益民之事。"这样的解释也许较为接近儒家传统的信念。

④ 中江兆民：《民约译解》，井田雄也编：《中江兆民全集》第1册，第103页。

有趣的是，出单行本时，中江兆民删去了这处"解"。他为什么这么做呢？有两种可能。第一种可能是，他虽然真心相信"解"的内容，却觉得卢梭原文不包括这个意思，所以不必过多干涉读者的阅读。第二种可能是，他接受（他所理解的）卢梭的观点，认为君主都不可能爱民、益民，连载时因为担心政府审查，所以发表违心之论，到出单行本时就再不愿或觉得不必这么做了。①如果第一种可能属实，中江兆民反对的是虐民的暴君，如果第二种属实，他反对的则是君主制本身。

结合下文，我觉得第二种可能性较高。第二章最后一段卢梭原文进一步否定君权来自父权，指出即使亚当和诺亚（原文作"诺噎"）这样的人类先祖曾经统治世界，也不能证明当代的君主对人民拥有绝对支配权。《译解》在翻译本段原文之前加了一句："由此观之，人主之虐民，民之屈人主，为胥失于道也，明矣。"结合下面一句（原文第一句）"独亚当、诺噎，是二帝者，余殊不愿讥议"，所传达的意思是：人主虐民，虽然不合于道，却是历史上的普遍现象，鲜有例外；或者竟是绝无例外。因为按照卢梭的看法，亚当和诺亚没有人民可以统治，并不是真正意义上的君主。②单行本出版时，这句话只字未改，说明中江兆民对这个说法颇为自信，认为无须修改。

儒家传统对君民关系的定位，在《译解》中逐渐受到挑战。第二章批评格劳修斯时，乘机提出质疑："生民果为属于帝王耶，将帝王属于生民也？"《译解》指出格劳修斯和霍布斯都认为生民属于帝王，尽管并未立刻就君民之间的从属关系表明态度，其基本倾向却不言而喻：帝王属于生民。③第四章"奴隶"驳斥君臣关系是主奴关系，人

---

① 中江兆民认为不必保留这处"解"，可能是因为政府对单行本的审查相对放松，少一两处解释问题不大。有关部门会觉得既然杂志上的连载已经通过审查，对单行本的审查便不必太认真。

② 中江兆民：《民约译解》，井田雄也编：《中江兆民全集》第 1 册，第 79 页。原文见 Rousseau, *Of the Social Contract*, p.43。

③ 中江兆民：《民约译解》，井田雄也编：《中江兆民全集》第 1 册，第 78 页。这个问题在原文中是格劳修斯的问题，而不是卢梭的：对于后者来说这原本不应该是一个问题，少数人在政治社会中当然应该从属于大多数人。参见 Rousseau, *Of the Social Contract*, p.42。

民投靠君主就像穷人卖身为奴,明确指出:"夫君者也,养于臣者也,非能养臣也。"这一句是对卢梭原文的直译,强调的不是劳心和劳力的分工(如孟子所说:"治于人者食人,治人者食于人。"),而是君主(king)完全靠人民供养,却对人民的生计毫无贡献。紧接着一段指出,专制君主(despot)虽然提供了秩序,但却是一个坏秩序,伴随而来的战争和剥削给人民带来深重的苦难,超过没有秩序时人民相互冲突对彼此造成的伤害。①

简单比较传统儒家与中江兆民《译解》对君民关系的看法:传统儒家认为君主应该为人民谋福利,但是不能接受《译解》君主从属于人民的说法,因为君主对人民的统治权威不容置疑,归根结底,君主服从的只是天命。传统儒家承认君主受人民供养,但是坚持君主可以提供合理秩序、良好制度和公共服务,君主对人民安居乐业可以做出不可取代的贡献,所以不能接受《译解》否定君主"养民"的看法。

孟子以来的儒家传统一样对暴君通过战争和剥削残害人民深恶痛绝。但是,儒家传统从来没有正面肯定人民自己起来反抗暴君的权利。在他们看来,如果没有体制中其他权威的支持和领导,人民的反抗会导致全部秩序的崩溃。②一个不合理的秩序也胜于动乱,值得他们用生命去捍卫。③

《译解》则为推翻不合理的旧秩序提供了理论支持:无论如何,人民不会因此受到更多伤害。既然君主和人民之间没有情感的纽

---

① 中江兆民:《民约译解》,井田雄也编:《中江兆民全集》第 1 册,第 83 页。原文见 Rousseau, *Of the Social Contract*, p.45。

② 传统儒家这方面的看法接近加尔文。后者认为人民对暴君(tyrant)只能服从和忍受,只有在体制中有权位的人(popular magistrates)才可以抵抗暴君。Calvin, "On Civil Government", in Harro Höpfl ed. and trans., *Luther and Calvin on Secular Authority*, Cambridge: Cambridge University Press, 1991, pp.82 - 83。

③ 刘蓉和罗泽南便是突出的例子。在太平军兴起之前,他们或者激烈批判清朝统治的崩坏,或者从理论上清算暴君污吏,但是太平军一进入湖南,他们便迅速组建湘军,与太平军进行生死搏斗。

带,既然君主的作用并非不可缺少,那么除了强权便没有什么东西可以阻止人民的反抗。通过将父权与王权剥离,中江兆民否定了王权的伦理基础和功能意义,从而为人民起来反抗暴君的压迫扫除心理障碍。

第三章"强者之权"反复论证强权不能转变为合法性之后,中江兆民在"解"中反问读者:"夫暴君污吏,藉势威以虐我者,疾疫之类耳,贼之类耳,何不可抗之有?"①他还在章末加上一句:"帝云王云,其权苟不合于道,无须听从也。"②这句引文不仅是儒家"道尊于君"宗旨的重申,因为引文中的"道"有特殊含义。结合《译解》的主旨,我认为中江兆民期望用来衡量、监督君权的是蕴涵在社会契约(民约)中的自由之道。对他来说,暴君的对立面不是仁主,而是人民的自由。他在《译解》第二章指出人主虐民是历史上的普遍现象之后,便在"解"中立即提出根除暴政(《译解》称为"祸乱")的办法唯有"依约立政"。③"依约立政"包括订立社会契约、建立法制和政府两个步骤。其中社会契约是关于政治社会的基本原则,法制和政府则是对基本原则的实践。

关于政治社会的基本原则,中江兆民与卢梭都认为是自由和法治,即《译解》第一章第一个"解"中所谓"人义之自由",即在政治社会中受法律保障和限制的自由。以下主要依据这段"解"分析中江兆民的看法。与"人义之自由"相对的概念是"天命之自由"(natural freedom)。人类在进入政治社会之前享有"天命之自由",可以为所欲为,不受任何人为规范的限制,但是一旦进入社会,就不得不放弃这一自由,而受到国家法律的约束。在理想的情况下,"天命之自由"被"人义之自由"取代,这一过程中江兆民概括如下:"民相共约,建邦国,设法度,兴自治之制,斯以得各遂其生,长其利,杂乎人者

---

① 儒家也把暴君、污吏比作独夫、民贼,但是传统强调的是圣贤君子为民讨贼,而不是人民自己武装起来与盗贼搏斗。
② 中江兆民:《民约译解》,井田雄也编:《中江兆民全集》第1册,第82页。
③ 中江兆民:《民约译解》,井田雄也编:《中江兆民全集》第1册,第80页。

也。"也就是说,人们彼此订立社会契约建立国家,创设法律制度,保障大家参政议政、共同管理公共事务的自由,这样才能各得其所,既追求自己的权益,又能和他人和睦相处。

中江兆民也介绍了其他可能性:"若不然,豪猾之徒,见我之相争不已,不能自怀其生,因逞其诈力,胁制于我,而我从奉之君之,就听命焉。"①中江兆民对豪猾之徒的描述,很容易使人联想起古希腊史书中记载的 tyrant。他们利用欺骗和武力篡取政权,剥夺了人民的自由。问题是,他描述的到底是暴君的起源,还是君主制的起源呢?还是这样的分别并不重要,对他来说,所有君主都是(潜在的)暴君,都是人民自由和权利的剥夺者?

《译解》第八章"人世"更具体地讨论人们进入政治社会以后的遭遇。一方面,如果订立并遵守社会契约(民约),便奠定了长治久安的基础;另一方面他们也面临着空前的危险:"不幸一旦趣向失宜,于是乎变诈相靡,诡谲相荡,浇离败坏之极,无能复自振厉,而其末也,至相踵为奸雄所压服而后已,而自由之权扫地而尽矣。"②人们在新的环境中争权夺利,尔虞我诈,终于先后被"奸雄"制服,而丧失自由。很明显,这里的"奸雄"就是上文的"豪猾之徒",他们是剥夺人民自由的暴君,也是君主制的开创者。必须指出,这个意思不见于卢梭原文,而完全是中江兆民的演绎。根据儒家传统,君主制的开创者是古代圣王,他们从洪水猛兽的威胁中拯救人民,兢兢业业,勤勤恳恳,为天下兴利除害。这一点,即使黄宗羲的《原君》也不敢质疑。"奸雄"则指富于欺诈的野心家,善于利用乱世,篡夺合法权威,其实比较接近古希腊 tyrant 的含义。现在,中江兆民却将君主制的开创者定位为"奸雄",不能不说是对儒家传统的颠覆。

就法制和政府形式而言,作为自由民权运动的理论家,中江兆

---

① 以上引文参见中江兆民:《民约译解》,井田雄也编:《中江兆民全集》第 1 册,第 75 页。

② 中江兆民:《民约译解》,井田雄也编:《中江兆民全集》第 1 册,第 96—97 页。

民在译者"叙"中指出防止暴政带来的"祸乱",最好的办法是建立代议制政府,由人民选举的代表讨论决定国家的各项大政方针。①

《译解》第五章"终不可以不以约为国本"否定君主专制,指出应该由(议会通过的)法律而非君主掌握的强权统治国家。奠基于强权的统治,其本质不是君民关系,而是主奴关系。接下来解释其中的缘由:"何者?彼藉威御众,不分人以利,不分人以利者,何以为君?是人也,席卷宇内,包举四海,不免为独夫。其所利,非众所利耶,私利也,彼挟其私利以临众,非独夫而何?"②卢梭原文这段话针对的是 despotism,同时也体现出亚里士多德对 tyrant 的理解:国王(king)和 tyrant 的本质区别在于前者为人民的利益而统治,后者只为自己的私利。中江兆民用"独夫"翻译卢梭原文"private individual",进一步显示儒家对暴君的理解和古希腊以来 tyrant 及 despot 两个西方传统观念在《译解》中的融合。至此,《译解》还没有脱离反暴君的轨道,中江兆民所期望的代议制政府,读者还可以理解作一个君主立宪政府。然而,在第五章末的"解"中,中江兆民却直接对君主制存在的必要性提出质疑:"民约一立,人人坚守条规,立君之事,必不为也。"③在他看来,人们在民约的基础上,自己制定法律,并遵守法律,便可实现完全的自治,那么便不需要以君主为代表的外在的强制权力来维持秩序。这样《译解》一步步从反对暴君,反对君主专制,发展到反对君主制本身。

综上所述,无论从基本政治原则出发,还是从法制和政府形式考虑,中江兆民都得出结论:暴政的根源是君主制,否定暴君就必须否定君主制,代之以民主共和国;按照这个逻辑,反抗暴君的斗争必须发展为以推翻君主制为目的的民主革命。至此,已经不难理解:为什么晚清民初的中国革命党人会觉得中江兆民对卢梭的翻译特别有吸引力。

---

① 中江兆民:《民约译解》,井田雄也编:《中江兆民全集》第1册,第67页。
② 中江兆民:《民约译解》,井田雄也编:《中江兆民全集》第1册,第88页。
③ 中江兆民:《民约译解》,井田雄也编:《中江兆民全集》第1册,第89页。

为什么中江兆民没有直接倡导民主革命,而是小心翼翼地引导读者得出结论呢?原因显而易见:《译解》从连载到出单行本都得接受明治政府的审查。上文几番指出,中江氏在最初连载译文和改订单行本的整个过程中一直充分意识到审查的问题。无论是为了个人的安危,还是为了自由民权运动的前景,他都不能挑战政府的底线。也许同等重要的是,他也必须采取比较迂回的战略,说服深受忠君思想教育的武士阶层接受民主政治。他用汉文重新翻译《民约论》,正是为了与这些传统文化的精英对话。①

然而,中江氏对《民约论》的介绍、翻译和注解的过程中,还是不时透露出对革命和民主的期待。他的叙尤其耐人寻味,一方面摆出与明治政府合作的姿态,在结尾强调无意用外国习俗破坏本国忠厚之人心,一方面却暗示当下日本的维新还没有触及泰西制度渊源:他介绍卢梭民约论正是要做启蒙的工作,以推进变革。他告诉读者,卢梭等启蒙思想家的理论在欧洲法、英、德等国深入人心,无论读书人,还是老百姓,"咸知改易风俗、更革官制之不可欠于时,挺身出力,万死不顾,斯以一洗曩日之陋习,而古今之间凿一大鸿沟矣"②。这句话可圈可点,至少包含三层含义:其一,对一场真正的变革而言,不仅要改革官僚制度,还要改造风俗人心,改造人,后者更为关键;其二,这样的变革不能依靠自上而下的推动,而要依靠上上下下广泛的动员、奋斗和牺牲;其三,变革必须彻底,必须创造一个与过去彻底断裂的新世界,不能有丝毫的妥协。这样的变革,不是明治政府所主导的改良,而是革命。以法、英、德三国为例,他所描述的变革不能不令人想起风起云涌的法国大革命,以及 19 世纪法

---

① 中江兆民 1874 年曾经用日文翻译了《民约论》第一卷,虽然并未正式出版,却在民权运动的领导者中流传,受到植木枝盛和板垣退助等人的欣赏。请参见 Margaret Beckerman Dardess, "The Thought and Politics of Nakae Chomin(1847-1901)", Ph.D. dissertation, Columbia University, 1973, pp.39-40, 54-55。

② 中江兆民:《民约译解》叙,井田雄也编:《中江兆民全集》第 1 册,第 67—68 页。

国发生的一系列革命、德国1848年革命和英国贯穿于整个19世纪的国会改革运动。即使在素称保守的英国,受到欧洲大陆革命的影响,争取男性普选权的民主运动也获得了广泛的群众支持,激进者多次与军警发生流血冲突,国家几度处于革命的边缘。①虽然没有出现"革命"的字样,但中江氏对剧烈变革的期待跃然纸上。

为更明确地提醒读者变革的根本目的是建立民主政治,中江兆民还特别引入两个不见于卢梭第一卷原文的概念,即"自治"和"民主国"。他在叙中指出,卢梭思想的宗旨在于"令民自修治,而勿为官所抑制也"②。也就是说人民要当家作主,不受外在于人民的国家机器的压制。他在其他地方则进一步强调法国启蒙思想家卢梭、孟德斯鸠和伏尔泰等人都主张人民的自治,用卢梭自己的观念表达,"自治"就是"人义之自由"(其中不可或缺的包括政治自由)。③他在正文和注解中还多次提到民主国,一再强调通过缔结民约而创建的政治社会是一个民主国家,尽管这一点并不完全符合卢梭的原意。④比如,他用"民主国"而非"自由国"翻译卢梭所说的"free state",并在随后的注解中指出:"民主国者,谓民相共为政主国,不别置尊也。"也就是说,民主国家的特色在于人民联合起来共同管理国家的公共事务(即自治),而不需要高于人民、外在于人民的统治者。中江兆民还说,卢梭本来是瑞士人,瑞士"夙循民主之制,有合

---

① Eric Evans, "A British Revolution in the 19th Century?", *BBC-History-British history*, Late updated: 2011/02/17, http://www.bbc.co.uk/history/british/empire_seapower/revolution_01.shtml, accessed on June 23, 2014; Stephen Roberts, "The Chartist Movement 1838 – 1848", *BBC-History-British history*, Late updated: 2011/06/20, http://www.bbc.co.uk/history/british/victorians/chartist_01.shtml, accessed on June 23, 2014.
② 中江兆民:《民约译解》叙,井田雄也编:《中江兆民全集》第1册,第68页。
③ 中江兆民:《民约译解》译者绪言,井田雄也编:《中江兆民全集》第1册,第69、75页。
④ 中江兆民:《民约译解》,井田雄也编:《中江兆民全集》第1册,第73—74、101页。卢梭的理想政治社会是一个由选举产生的贵族领导的共和国,一方面人民直接参与立法,另一方面选举产生的少数精英则根据人民制定的法律处理行政。

此书所旨"。①其实，卢梭时代的瑞士还不是一个民主国家，18世纪末开始瑞士先后经历革命、动荡和内战才最终确立民主制度。卢梭为之骄傲的是日内瓦的自由而非民主，因为民主在他的时代意味着雅典式的古典民主，从古希腊到18世纪一向被政治哲学家认为是多数的暴政而不受推崇，也与现代自由民主有相当大的差异。然而，中江兆民此处着重的不是具体的政府形式（forms of government），而是民主国家的立国精神，即人民自治和人民主权。从这个意义上说，他并没有曲解卢梭，因为后者正是人民主权观念最重要的阐发者之一。

除了呼唤与过去决裂的激进变革，彰显自治与民主的政治原则，中江兆民更直接主张将君主在传统社会所享有的最高权位移交给人民。《译解》第七章"君"反复强调，应以人民全体取代君主的地位。②第九章讨论土地所有权，更明确指出君权必须由人民选举的议院掌握。③这是不是意味着中江兆民此时已经彻底放弃了儒者的立场，而变成现代西方意义上的民主主义者呢？我的理解是：他强调人民全体或人民代表取代世袭君主掌握最高权位有双重意义，一方面是拥抱民主共和的理想，另一方面是希望把儒家的君臣伦理在新的政治环境中保存下来，继续规范国家和个人的关系：作为人民全体利益代表的民主国家，必须承担儒家规定的君主职责，爱护、抚养、教育每一个公民，相应地，每一个公民也需要服从、保卫、贡献国家。因此，新国家的指导原则，更接近西方政治传统中的集体主义和共和主义，而非个人主义和自由主义。也许，我们应重新考虑中江兆民将君权和父权彻底剥离的观点。当人民全体而非某一家族

---

① 中江兆民:《民约译解》，井田雄也编:《中江兆民全集》第1册，第73—74页。
② 中江兆民:《民约译解》，井田雄也编:《中江兆民全集》第1册，第93—96页。
③ 参见中江兆民:《民约译解》，井田雄也编:《中江兆民全集》第1册，第102页"解"。

或个人掌握君权时,君权和父权好像重新连接起来。而中江兆民沿用儒家君臣伦理描述现代国家与公民的关系,与中、日两国的现代发展轨迹,恐怕有深刻的关系。

中江兆民的结论与卢梭的想法既有承袭关系,也有相当距离。首先,卢梭从来不信任代议制,他坚持的主权在民(popular sovereignty)强调的是人民自己参政议政。①与本文主题更为相关的是,卢梭虽然旗帜鲜明地反对专制君主(despot),认为他们是人民自由和权利的篡夺者(tyrant),但是他并未完全否定君主制存在的合理性。对他来说,根除暴政的关键,在于立法权和行政权分离,只要人民掌握立法权,根据公共利益制定法律,政府依法行政,即使实行君主制也可以称为共和国。②卢梭还指出,讨论民主、贵族和君主哪种政府形式最好不是很有意义,因为其中每种政府形式在一定情况下都可以是最好的,而在另一种情况下又可以是最坏的。③他赞同孟德斯鸠的观点,认为每一种政府形式都有适应它的气候和其他自然条件。④君主制更适合富饶的大国。⑤

检查《波兰政府论》,可以帮我们了解卢梭心目中可以接受的君主制。这篇文章是卢梭应波兰贵族请求,而为波兰拟定的政改建议。当时统治波兰的是封建贵族,由他们选举产生的国王没有实权,政治不稳定,面对俄国和其他君主专制国家的侵略无力自保。

---

① Rousseau, *Of the Social Contract*, p.114. 关于卢梭对代议制的批判,可参见 Andrew Levine, *The General Will: Rousseau, Marx, Communism*, Cambridge: Cambridge University Press, 1993, pp.76-78。

② Rousseau, *Of the Social Contract*, p.67. 这个观点见原文第二卷第六章"律例"。中江兆民在《政理丛谈》连载的《译解》恰好结束于该章,只是他将"republic"译成"自治之国",而不是现在通行的"共和国"。可是,因为《译解》单行本只包括第一卷,《中江兆民文集》也只收入第一卷,卢梭这一观点在当时流传不广,恐怕只有为数不多的中国人接触到。

③ Rousseau, *Of the Social Contract*, p.90. 译文参考了卢梭著,何兆武译:《社会契约论》,第87页。

④ Rousseau, *Of the Social Contract*, p.100.

⑤ Rousseau, *Of the Social Contract*, pp.90, 96, 101.

卢梭认为既要保障国家的独立,更要保障人民的自由,必须防范对人民主权(立法权)的篡夺,而对人民主权造成威胁的首先是国王。因此,他坚决反对部分波兰贵族和西方知识分子将波兰改造成另一个君主专制国家的企图。尽管卢梭认为国王作为终身任职的行政首长对统治波兰这样的大国必不可少,他强烈反对世袭制,甚至认为必须通过法律,禁止前任国王的儿子以任何形式(包括选举)登上王位。因为世袭君主,虽然可以带来稳定,却必然把家族利益置于人民的自由之上。他也强烈反对国王任用亲信,代行其职责。根据卢梭的建议,由选举产生的国王并不直接掌握多少行政权力和武装力量,也不过问具体事务,却享有崇高的地位,负责监察各级官员是否尽忠职守,政府运作是否从公共利益出发。国王应该是国家的第一公民。①

如果就此得出结论,即中江兆民否定君主制是对卢梭的误读,未免失之简单。他们的距离很大程度上源于东西方君主制含义、地位和形态的差异。卢梭所能容忍的君主,是通过选举产生的终身制行政首长,其权力小于许多现代国家的总统,不符合中江兆民对君主的想象。在东亚,君主制是历史上存在的唯一政府形式。根据儒家传统,君主是国家最高政治权威,是人间所有秩序(包括政治、社会、宗教和伦理)的核心。君主世袭是最高政治权力和平转移的基本途径。在欧洲,君主制只是三种主要政府形式中的一种。正如卢梭指出,这三种形式往往还互相渗透,互相混合。②贵族选举君主,君主受到议会的制衡,在历史上都曾长期存在。因此,《波兰政府论》设想的君主制不是没有历史和制度的依据,而对中江兆民来说却意味着对东亚传统君主制的彻底否定。中江兆民对卢梭的翻译和接受,就像所有文化交流一样,不能不受本土的问题(反对暴君)和传统资源(儒家对君主制的理解、记忆和观察)的影响。

---

① Rousseau, *Consideration on the Government of Poland*, rpt. in *The Social Contract and Other Later Political Writings*, ed. and trans. by Victor Gourevitch, Cambridge: Cambridge University Press, 1997, pp.211 - 215.

② Rousseau, *Of the Social Contract*, pp.99 - 100.

二、关于革命暴力和革命政党

上文指出《译解》通过介绍卢梭理论倡导以民主共和国取代君主制。其实,中江兆民不仅关心政府形式的改变,而且对促成改变的方式也有所考虑。《译解》对革命武力的肯定和革命政党的期待便反映了他对变革方式的思考。卢梭认为如果有人不服从公意,人们便可以"迫使他自由"(be forced to be free)。长期以来对"迫使他自由"主要有两种解读:一种批评卢梭是极权主义者,他描述的是极权主义政权所依赖的过度暴力;另一种是自由主义的解读,认为卢梭描述的是健康政治社会得以维系的合法武力,比如警察。《译解》却揭示了第三种可能性,即革命过程中的革命武装或群众为推翻旧政权和旧秩序而使用的暴力。尽管人们对通过社会契约构建的政治社会的性质众说纷纭,《译解》却有意识将其解释为一个内部平等、纪律严明而且拥有强制力的政党。此类政党显然更适合于领导革命或大规模群众运动,而非议会政治。

我认为卢梭"迫使他自由"的论点,的确可以诠释为赞同革命暴力。卢梭原文见第一卷第七章"论主权者"(Of the Sovereign),其英译为:

> For the social compact not be an empty formula, it tacitly includes the following engagement which alone can give force to the rest, that whoever refuses to obey the general will shall be constrained to do so by the entire body: which means nothing other than that he shall be forced to be free... this alone legitimizes civil engagement, which without it, would be absurd, tyrannical and liable to the most enormous abuses.①

---

① 参见 Rousseau, *Of the Social Contract*, p.53。我对英译稍作调整,以与汉译更好对照。

以上文字,何兆武译为:

> 为了使社会公约不至于成为一纸空文,它就默契地包含着这样一种规定——唯有这一规定才能使得其他规定具有力量——即任何人拒不服从公意的,全体就要迫使他服从公意。这恰好就是说,人们要迫使他自由……没有这一条件;社会规约便会是荒谬的、暴政的,并且会遭到最严重的滥用。①

"任何人拒不服从公意的"显然包括那些政府中的掌权者:官员、贵族和君主。如果他们统治国家以谋求私利,人民有权利迫使他们服从公意,或改变政策,或离职而去。如果人民不能通过合法渠道达到目的,他们便有权利采取直接行动,乃至诉诸武力。我们可以用洛克的理论解释引文:当国王觊觎专制权力时,他便不再是国王,而和人民进入战争状态。这种情形下,挑起战争的不是人民,而是因违背社会契约而丧失合法权威的暴君。②这样的解释的确得到上下文支持。引文最后一句卢梭所做的小结值得反复咀嚼:"没有这一条件;社会规约便会是荒谬的、暴政的,并且会遭到最严重的滥用。"③所谓"荒谬的"(absurd)当然可以指,如果国家缺乏合法武力,个人便会本能地将私利置于公益之上,这样社会契约就变成一纸空文。这个形容词不一定是专指对行政权力的滥用。但我们怎么解释"暴政的"(tyrannical)一词呢? 这个词难道不是最适合用来描述强人篡夺人民主权吗?

《译解》不仅保存而且加强了这种解读可能性。"迫使他自由"的论点在《译解》中表述为:"是故欲防民约之或坠空文,必当有一项插在

---

① 卢梭著,何兆武译:《社会契约论》,第 24—25 页。

② Locke, *Two Treatises of Government*, Cambridge: Cambridge University Press, 1988, pp.172-173, 205, 239.

③ Rousseau, *Of the Social Contract*, p.53;卢梭著,何兆武译:《社会契约论》,第 25 页。

其中,曰:若有人不肯循法令,众共出力,必使循而后止。曰:若是则,无乃害于人之自由权乎?曰:不然,正强令人保自由权云尔。何也?凡民约之本旨,在令人人奉众之命令,而无蒙人之抑制。"①中江兆民将"公意"译为"法令"或"众之命令"。后者和"众共出力,必使循而后止"这样的措辞结合起来,表明"公意"不仅见诸由国家权力机构保证实施的法律和行政命令,还表现于人民在现有法制渠道之外对政治的直接干预,包括对不尊重人民主权的政治精英的制裁,可以是大规模的集会示威、公民抗命,也不能不包括暴力抗争和革命。

对最后一句小结的翻译,可以说明在中江兆民看来,"迫使他自由"所涉及的暴力,不是合法武力,而与人民对政治的直接干预联系在一起。《译解》指出:"而无此则,凡官之所令,皆不免为悖慢与暴恣,而其弊必有不可胜言者矣。"②中江兆民用"官之所令"翻译"社会规约"[civil engagement,或可直译为"公民(对政治社会的)承诺"]并不精确,意在强调政府的管治可能与人民的意志(众之命令)并不相符,如果两者不相符,政府的管治便没有合法性。③他用"悖慢"译

---

① 中江兆民:《民约译解》,井田雄也编:《中江兆民全集》第 1 册,第 95 页。断句跟随《中江兆民全集》,承蒙是书编辑先生指出,"若是则,无乃害于人之自由权乎"亦可断作"若是,则无乃害于人之自由权乎";两种断法结合上下文,均可解读,故不做取舍,供读者参考。

② 中江兆民:《民约译解》,井田雄也编:《中江兆民全集》第 1 册,第 96 页。

③ 《译解》中的"官"有两层含义。其一是作为官府的传统含义,也可以理解为这个观念的现实含义,因为在用民约的精神成功改造现存的国家机器之前,人们在日常生活中打交道的"官"就是与人民的意志和利益分离而作为统治者的官府。中江兆民在前叙中提到卢梭理论的宗旨"在于令民自修治,而勿为官所抑制也",彰显官民对立,就是从这个含义上讲(见《译解》叙,第 68 页)。其二是指通过民约建构的公共权力,用来翻译 republic、body politic、state 乃至 community,所有这些用法都反映了"官"的理想含义:在缔结民约以后,虽然政府依然存在,其性质却发生了根本变化,从统治者变成了人民贯彻自己意志的工具(见《译解》,第 92、94、101 页;*Of the Social Contract*, pp. 51, 52, 56)。从这层意义出发,"官"的确是"合众人之意"的产物。那么"官之所令"中"官"到底是体现了其现实含义,还是理想含义呢? 我觉得是更接近其现实含义。因为引文描述的不是民约落实以后的理想状态,而是缺失了关键一环(即众人强迫无视公意的个人服从社会规约,或公民对政治社会的承诺使其回归自由之路)(转下页)

"荒谬"(absurd)耐人寻味。"悖慢"这个词在中国史籍中,经常用来形容匈奴、突厥、吐蕃等外族领袖或其他有权势、有武力的人违逆不敬、"背理傲慢",凸显他们粗野无礼。①显然,他描述的对象不是普通人,而是掌握强权的不合理的势力。简而言之,根据《译解》,卢梭原文"荒谬的"(absurd)和"暴政的"(tyrannical)两个词都用以批评违背人民的共同利益和集体意志的统治精英,必要时人民必须反抗、制裁甚至推翻他们。

除了赞成人民直接干预政治,中江兆民似乎相信为保障人民直接干预有效而纯净,在直译卢梭原文之外,必须引入一个新的概念。这个概念就是"政党"。他将第一卷第二章和第六章所有与人类群体生活相关的概念,比如 society、aggregation、association、community 和 union,都译成一个汉字"党"。②尽管"党"在传统中国政治语境中通常包含结党营私、党派之争之类的负面含义,但这个概念在明治时期的日本却获得了现代政党这样中性或者偏向正面的含义。③中江兆

(接上页)而形成的不完善状态。再者,如果"官"是指"合众人之意",那么还有必要区分"官之所令"和"众之命令"吗?如果"官之所令"的确反映了众人之意,那又怎么会"不免为悖慢与暴恣"呢?我希望将来有机会就中江《译解》中"官"字的用法做更细致的讨论,现在限于篇幅只能做一些大枝大叶的勾勒,有讹误之处,还望就正于方家。

① 如《后汉书·南匈奴列传第七十九》:"而单于骄踞,自比冒顿,对使者辞语悖慢,帝待之如初。"见范晔:《后汉书》第 10 册第 89 卷,中华书局,1971 年,第 2940 页。又如《新唐书·吐蕃上》:"帝曰:'赞普向上书悖慢,朕必灭之,毋议和!'"见欧阳修:《新唐书》第 19 册第 216 卷上,中华书局,1975 年,第 6084 页。

② Rousseau, *Of the Social Contract*, pp.42, 49-50;中江兆民:《民约译解》,井田雄也编:《中江兆民全集》第 1 册,第 77、90—91 页。

③ 自由民权运动时期,日本政党政治开始发展。1874 年成立了爱国公党。1881 年成立了自由党,1882 又成立了立宪改进党,后两者已经是组织形态比较完善的现代政党。与政党政治相关的词汇也流行起来。前注提到 1889 年出版的一部关于日文中"汉语"的辞典,虽然对"党"字的解释既有中性也有负面,但是"党"字开头的 12 个词条中,有 10 个其英文解释与现代政党(political party)相关,包括"党派""党规""党魁""党势""党首""党则"等,主要与"党"字传统意义相关的词条只有两个,即"党类"和"党与"。参见 John H. Gubbins(eds.), *A Dictionary of Chinese-Japanese Words in the Japanese Language*, vol.III, pp.1021-1022。

民对这个概念的使用明显是超越了传统中国政治语境,而受到明治日本新发展的影响。考虑到中江氏一贯主张尽量用儒家经史中的词汇翻译西方理论,而对各种新名词颇为抗拒,他的破例的确耐人寻味。①

《译解》引入现代政党观念翻译《社会契约论》,以第一卷第六章最为集中。这一章首先阐明社会契约的功能:"若欲捍患御灾以自保,非相倚为党,共合其力,然后率之令出于一,无别法可求。"也就是说,订立社会契约的目的是创建一个共同体,集合所有成员的力量,并且令行禁止,以有效保卫共同利益。接下来介绍社会契约(民约)的基本原则,在不长的篇幅中,先后用了九个"党"字:

> 所谓民约之条目,虽多端,然合之则成一:曰党人咸皆举其权,尽纳之于党是也。党人咸皆举其权,纳之于党,而无一人自异,如是然后得分利均矣。分利均,然后自利害人之心无由生也。党人尽纳其权,而无所遗,如是然后得相纽结也周,而无亏隙可求,而无有一人诉屈者矣。不尔,若党人各有保守,而不肯尽纳,则无以为党也。何者?党本无共主,一旦我与党有争,而我据我所保之权以抵拒,则谁复决之者?②

这段话读起来很像出自一个政党的党纲,阐述其建党的组织原则。通过这样的翻译,中江兆民传递的意思是:根据社会契约创造的第一个合法政治社会(legitimate political society)是一个政党,或者创建一个由意志坚强、勇于行动的骨干分子所组成的政党是创建真正民主社会的第一步。这样的政党贯彻人人平等的原则,因为每

---

① See Rinjiro Sodei, "'Rousseau of the Orient'? The Meaning of Nakae Chomin in Early Meiji Japan", Master thesis, University of California, 1965, p.43.

② 中江兆民:《民约译解》,井田雄也编:《中江兆民全集》第1册,第90—92页。罗尔斯(John Rawls)认为根据卢梭社会契约创建的是独立个人的自由结盟,参见 John Rawls, *Lectures on the History of Political Philosophy*, Cambridge: Belknap Press of Harvard University Press, 2007, pp.230, 235, 240, 244。

个成员都将所有力量和资源贡献给党,无一例外;再由党对利益进行平均分配,确保每个人都受到公平对待,这样人与人之间便不会为了私利而恶性竞争;每个成员都将所有力量和资源贡献给党,也促使大家紧密团结在一起,形成坚强集体,可以休戚与共。同样重要的是,中江兆民心中的现代政党,不是霍布斯(Hobbes)的利维坦(leviathan),因为党内没有凌驾于集体的个人权威可以垄断武力、裁判是非,所有权威属于大家,只能依靠大家贡献集体的力量对违纪者予以制裁。最后必须指出,这样的政党不是个人的联盟(confederation of individuals),而是纪律严明、关系紧密、拥有强制力的政治组织,不然,不可能令行禁止,有效保卫公共利益。

有趣的是,中江兆民在翻译《社会契约论》第二卷时猛烈攻击议会中的政党政治,并延续儒家传统将其看作结党营私。① 显然,他寄予厚望的不是选举党、议会党,而是全心全意为创建合法政治社会而奋斗的革命党,他认为只有这样的党才能贯彻平等、公平原则,坚持集体领导,并且在此基础上建立坚强的组织,发挥强大的战斗力。在他看来,选举党、议会党将私利和权力置于公意之上,革命党才是公意的体现,才能大公无私、兢兢业业为争取民主的群众性反对运动或暴力革命提供领导。用法国大革命时期的政论家西耶斯(Emmanuel Sieyès,1748—1836)的话说,革命党的成员是人民的"非常代表"(extraordinary representatives),他们不是由人民通过正常法律机制选举出来的代表,因为这样的机制还不存在,必须经过他们的努力才能得以创建。②

至此可以得出结论,中江译本不仅否定君主制,而且明确倡导民主转型。至于变革如何可能?《译解》传递的意思是,人民的直接干预,不管通过和平方式,还是暴力抗争,对于创建一个合法政治社

---

① 中江兆民:《民约译解》,井田雄也编:《中江兆民全集》第 1 册,第 112—113、125 页。

② Emmanuel Sieyes, *Political Writings*, ed. and trans. by Michael Sonenscher, Indianapolis: Hackett Publishing Company, 2003, pp.139-141.

会(即民主共和国)都必不可少。更重要的是,这样的干预最好由一个大公无私的革命政党来组织和领导。当中国人1898年在上海重印中江译本时,他们对这些颠覆性的观念如何反应呢?下文比较1882年单行本和1898年上海重印本,探讨《译解》哪些内容被中国人立即接受,哪些内容则被拒绝?

三、戊戌变法前夕中国人对中江译本的反应

1898年以前,早期赴日留学生完全可能已经通过单行本或《政理丛谈》的连载接触到《译解》,但是暂时还没有文献依据讨论他们的读后感。这样我们讨论中国人对中江译本反应,只能从1898年的上海重印本开始。上海重印本,一方面删去《译解》中有关基督教和反父权的言辞,一方面却完全保留了中江兆民对君主制的否定,对政治自由的渴望,和对革命政党的呼唤。换言之,这个版本,尽管在文化和伦理议题上更为保守,作为中国国内读者所能接触到的第一个《社会契约论》汉译本,却完全接受了中江兆民政治革命的观念。

戊戌变法前夕,上海大同译书局重印了《译解》的单行本,并改名为《民约通义》,新版本删去了卢梭的"前言"(Notice)和中江兆民的叙,并代之以中国编者所写的新叙。①大同译书局由梁启超(1873—

---

① 由于我在上海图书馆和台湾"中研院"近代史研究所找到的《民约通义》均无版权页,所以找不到出版社的资料。出版时间则由新叙落款推断。根据马君武和吴雅凌的说法,《民约通义》由同文译书局出版。参见卢梭著,马君武译:《民约论》,莫世祥编:《马君武集》,华东师范大学出版社,2011年,第300页;吴雅凌:《卢梭〈社会契约论〉的汉译及其影响》,第87页。可是,关于同文译书局的资料无从核实。我怀疑由于马君武是在1916年,即《民约通义》出版18年以后,为他本人的汉译《社会契约论》作叙时提及此事,他的记忆可能有不确之处。而吴雅凌接受了马君武的观点。当时上海有两家出版社的名称与"同文译书局"接近,一是大同译书局,一是同文书局。前者与维新派关系密切,后者主要出版古籍,更与朝廷有商业来往。显然,大同译书局更可能是《民约通义》的出版者。

1929)创办,而由康有为之弟康广仁(1867—1898)担任经理,后者数月以后在慈禧太后发动的政变中遇害,是著名的六君子之一。我们无法证明到底是谁负责重印中江译本,因为为重印本封面题字和写作新叙者,都没有提供他们的真实姓名。前者署名"人境楼主人",也许他是资深外交官和改良运动的发起人之一黄遵宪(1848—1905),因为黄氏把自己的住所定名为"人境庐"。后者题名"东莞咽血咙胡子"。东莞当时是广东省的一个县,梁启超1893—1894年曾在那里讲学,提倡改良,因此在当地有许多追随者。重印本的编者,很可能是梁启超从东莞带到上海的追随者之一。其实梁氏在戊戌变法前两年渐趋激进,开始宣讲大众参与和民主政治。①他的转变可能影响其门人弟子,包括重印本的编者,接受更激进的理论。重印本的负责人之所以不肯表明真实身份,是因为他们害怕会受到清政府的政治迫害。下文检查重印本所作删改,以及新旧叙言的差异,以探讨中国人对《译解》的最初回应。

重印本有意识地删改中江译文,有几方面原因,有些是为了使译文更加符合中国人的阅读习惯,有些是把日本人通用的译名调整为中国人通用的译名,也有一些是出于误解。就本文关心的问题而言,最重要的删改是由于中国编者觉得译解的内容不合适或完全不可接受。这些删改集中在第二章"家族"(卢梭原题为"Of the First Society")。中国编者尽管不反对中江兆民的政治主张,却觉得必须改动《译解》中反父权和基督教的言辞,他也不习惯将政治关系完全理解为利益关系。

具体而言,尽管中国编者能够容忍中江兆民对君权的攻击,以及切断君权和父权联系的主张,却无论如何不能接受他对父权的直接挑战。实际上,中江兆民对父权的批判比卢梭更激烈。卢梭指出子女对父亲的物质需求一旦停止,"自然的联系"也就不复存在。当

---

① Hao Chang, *Liang Chi'-ch'ao and Intellectual Transition in China, 1890 - 1907*, Cambridge: Harvard University Press, 1971, pp.103 - 107.

他们解除对父亲"应有的服从",而父亲也解除了对孩子"应有的照顾"以后,双方便彼此独立了。①《译解》将以上内容译为:"及其年长,不复须属于父,而天然之羁纽解矣。于是为父者,不必为子操作,而为子者,亦不必承受于父。"其译文弱化了卢梭原文承认的父子之间的自然情感纽带,而强调子女成人之前对父亲的人身依附。②重印本将中江译文修改为:"及其年长,三明以锔之,百艺以磨之,则力当自养矣。于是为父者,不必婴视其子,为子者,亦不容待食于父。"其坚持父亲的义务并未随着子女成人而完结,他还必须教育子女使他们能够自食其力。当子女能够自立的时候,父亲便不可以把子女当成小孩,子女也不能再靠父亲供养。③重印本强调的是父亲对子女的责任包括抚养和教育两个方面,而成年子女有自食其力的义务,却不认为后者可以完全自作主张。

对卢梭来说,子女在长大成人之前需要服从父亲。有趣的是中江兆民并未将"服从"一词翻译出来,而上海重印本则暗示即使子女可以自食其力,他们还要尊重乃至服从父亲,因为他们自立的能力也是来自父亲。重印本和《译解》在这个问题上的区别还体现于它们对父子关系性质的不同理解。《译解》强调父权黑暗的一面,子女受到父亲的控制和束缚,而重印本则强调成年子女自食其力的责任,以及父子之间的温情。④中江兆民将父子关系理解成一种对抗关系和政治斗争,而中国编者则试图把父子关系由中江兆民描述的政治斗争重新转化为家庭中比较温情的互动。其用词暗示:父亲即使在子女成人以后也可以劝说子女改变决定;而子女出于自愿,也可以因应父亲的考虑,对自己的决定做出调整。⑤

---

① Rousseau, *Of the Social Contract*, p.42;译文参考卢梭著,何兆武译:《社会契约论》,第5页。
② 中江兆民:《民约译解》,井田雄也编:《中江兆民全集》第1册,第77页。
③ 东莞咽血咙唎子编:《民约通义》,大同译书局,1898年,第3—4页。
④⑤ 中江兆民:《民约译解》,井田雄也编:《中江兆民全集》第1册,第77页;东莞咽血咙唎子编:《民约通义》,第4页。

简言之，中国编者不接受家庭革命，他希望即使推翻君主制，也可以继续保持父子之间的亲密关系及父亲的道德权威，减少家庭内部的争斗。因为孝道是中国社会的核心价值，一旦它受到挑战，整个伦理和社会秩序便会动摇。中国编者期望在没有文化和道德剧变的前提下，推动政治革命。

其实，卢梭对家庭和父子关系的看法远比中江兆民温和，而与中国编者有若干符节之处。他认为家庭并不是一个政治社会，而是"唯一自然的社会"。他承认子女成年前要服从父亲。他也不否认即使子女有能力自立，也可以自愿选择与父亲的"继续联合"。他想强调的不是父与子的对抗，而是家庭和政治社会的基本区别：家庭不完全是利益的结合，情感的纽带真实而自然。①也许卢梭可以同意合法的政治社会能够与经过革新的儒家家庭并存：子女在考虑私人问题时，自愿尊重父亲的权威，聆听他的建议，并做出调整，却不是无条件地服从父权。

除了父子关系，中国编者也不接受中江兆民关于政治社会的基础是实用和利益计算的说法。中江译文指出："君之与民，本各有自主之权，无有优劣，独为相为益，而君莅乎上，民奉乎下，而邦国斯立矣。"也就是说，君王和臣民本来是独立而平等的个人，他们为了共同的利益，才接受对建立国家来说必不可少的等级关系。中国编者将引文中的"独为相为益"改为"独名之所系"。他想强调的是，维系政治社会长治久安，除了利益驱动还必须有道德承担，每个人在他的特定位置上都有义务做正确的事，才能维持整个社会秩序的正常运转，即使其选择并不符合乃至损害其个人利益。②相比之下，中江译文突出的是平等互利的契约精神。而中国编者在思考这个问题上，显然更受到儒家"义利之辨"说的影响。

---

① Rousseau, *Of the Social Contract*, p.42.

② 中江兆民：《民约译解》，井田雄也编：《中江兆民全集》第 1 册，第 77 页；东莞咽血咙唰子编：《民约通义》，第 4 页。从字面上看，中江译文似乎更接近卢梭的意思。参见 Rousseau, *Of the Social Contract*, p.42.

第二章最后几处重要的改动,表明中国编者抗拒采用基督教语言讨论政治。其实,他对译文和注解的态度还是有所区分。他并未改动译文中涉及《圣经》和希腊神话的文字,因为译文代表卢梭的声音,所以使用这些文字可以容忍,无法否认卢梭原文本来是为西方读者而写。但是,他希望注解能够与译文拉开距离,而给中国读者充当负责任的向导。他尤其希望提醒读者接受政治革命并不需要以接受基督教和其他西方文化的特性为前提,政治变革并不需要否定传统文化。因此,他将注解中亚当、诺亚的名字一律删去,而使有关文字符合中国传统宗教的观念。①

最后让我们考察重印本叙言和中江原叙的差别。中江原叙有三个重点:一、必须变革;二、必须学习欧美的政治模式和政治理论;三、他的翻译可以服务于明治政府正在进行的改革。他指出与时俱进、遵从民意是儒家的基本精神,按照欧美的模式改革政治实现代议制民主,符合儒家的传统。在他看来,为了深入学习欧美的政治模式必须阅读西方思想家,包括卢梭、洛克、边沁等人的理论。最后,他还表明其翻译工作是响应明治政府学习西方政治的国策,并无意以外国风俗破坏本国的忠厚人心。②

重印本叙言与原叙侧重点不同,情绪也激烈得多。中国编者认为:儒家的基本精神不是变革,而是平等。他猛烈攻击中国的专制君主,对从秦始皇以来人民在专制统治下的苦痛表示同情。他的理论依据很明显来自宋明理学,尤其是《西铭》"民胞物与"的精神。除了道德批判以外,中国编者还从政治上和战略上批判君主专制。他认为君主专制削弱了人民的力量,动摇了国家的根基,另一方面,统治者的压迫也迫使人民起来反抗。两者都导致统治者自取灭亡。专制主义给人民带来痛苦,欲赋予革命以正当性。中江兆民在写作

---

① 中江兆民:《民约译解》,井田雄也编:《中江兆民全集》第1册,第80页;东莞咽血咙嘲子编:《民约通义》,第6页。

② 中江兆民:《民约译解》,井田雄也编:《中江兆民全集》第1册,第67—68页。

叙言时小心翼翼避免刺激审查官,中国编者却担心如果言语不够激烈,便不足以激励读者为捍卫平等、反抗暴君揭竿而起。(从维新派的立场出发,也许他更关心的是刺激统治者改弦更张,实施改革?)

总而言之,中江原叙措辞温和,在政治上倾向改良,尽管《译解》的内容其实要激进得多,而重印本的叙言却彻底否定君主专制,承认革命的正当性。一方面中江兆民对儒学的诠释强调变革的必要性,另一方面他也承认世袭君主制的历史合理性,中国编者对这一点特别不能容忍。他们的差异也许是因为中江兆民要提防政治迫害,而中国编者在租界出书并且没有暴露身份,所以可以大胆直言。

然而,中国编者在文化上却要保守得多。他并不像中江兆民那样表露对西方政治制度和理论的崇拜。对他来说,卢梭的智慧和孔孟之道并不冲突。他想提醒中国读者,政治革命并不一定要依靠西方的榜样和理论。政治的真理早已为儒家的圣贤所发明,卢梭的理论恰好证明了儒学的普世价值。本质上,革命不是创新,而是对三代的回归。①

中江兆民和中国编者都承认儒学对于政治变革的贡献,理由却不同。前者认为儒学之所以有价值,是因为儒学从理论上支持变革和向西方学习,尽管其政治学说并不能为变革提供具体的指引。相比之下,后者却认为儒学之所以有价值,是因为包含普遍真理,其尊重民意、人人平等的政治原则与当下政治直接相关。西方理论,包括卢梭,正因为符合儒学的政治原则而值得注意。

结　　论

1898 年中国国内的读者通过上海重印本而接触到的中江译文,是一份民主革命的宣言。它告诉人们,革命的暴力可以帮助中国人

---

① 以上参见东莞咽血咙嘲子编:《民约通义》,序。

推翻君主制,建立民主共和国,尽管这样的意思并不见于卢梭原文和中江兆民的其他论述。中江译本通过创造性地解读卢梭,向中国读者传播革命和民主的意识。具体而言,译文强调卢梭的社会契约论支持以共和国取代君主制,从反暴君开始,《译解》最终否定了君主制作为一种政府形式的合法性;从强调自由是人民不可剥夺的权利开始,《译解》最终认定代议制民主作为实现政治自由的唯一途径。

至于促成变革的手段,尽管卢梭的"迫使他自由"的观点被理解为或者与极权主义的过度暴力相关,或者是指维护法治的必要武力,《译解》提醒我们这个论点可以用来支持革命的暴力。尽管人们对由社会契约生成的政治社会的性质众说纷纭,《译解》有意将其解释为人人平等、纪律严明而拥有强制力的政党;这样的党更适合革命的行动而非议会政治。也许关于革命党的观念,是中江译文最吸引中国革命者的因素。这些革命主张,在上海重印本中原封不动地保存下来,作为中国读者所能接触到的第一份《社会契约论》译文,重印本尽管对文化和道德问题相对保守,却原原本本地接受了中江兆民的政治革命论。

东亚近现代语境下的《论语》诠释*

中山大学哲学系　廖钦彬

一、前　　言

在日本的近代化过程中,汉学扮演何种角色,历经何种蜕变,一直是当代日本哲学思想界致力阐明的一个显题。此研究课题不仅牵涉日本如何辨别自我与他者这一自我认知系统的转变,亦和其如何思索和东亚汉学圈之间关系的未来课题有紧密的关联。若按传统的单向思维来看,被贴上文明落后标签的汉学,随着西方势力(政治、经济、军事、科技等)入侵,被迫面临转型的危机。台湾进入日本殖民统治后,随其近代化脚步以被动的姿态全面与西欧的近代化接轨。台湾的汉学被迫从以传统中国知识系统为主的局面转向面对世界的格局。中国大陆处于内忧外患,面临西欧及日本侵略的情况下,亦无法抵挡外部的近代化浪潮。

中国大陆、台湾与日本的传统学问,在急速西学东渐的压境下,纷纷走向"救图存亡""迎接新局"的道路。属于汉学体系之一的儒

---

* 本文曾刊载于《孔子研究》2017年第6期,以及周春健编:《〈四书〉系统下的儒家经学与政教秩序》(巴蜀书社,2019年)。本文第五节为新增部分,第一节(前言)、第二节到第四节以及第六节(结论)随之有所修正与增补。这些增补于2020年3月完成。论文题目因应这些增补修改为《东亚近现代语境下的〈论语〉诠释》。本文受广州市人文社会科学重点研究基地广州与中外文化交流研究中心资助。

学,在中国大陆、台湾与日本的近代化命运,显然有很大不同。朱子学在江户幕府时代,虽成为官学,但在武人(执政者)的世界里,却无法取得举足轻重的地位。民间儒学家(如中江藤树,1608—1648;山崎闇斋,1618—1682;熊泽蕃山,1619—1691;山鹿素行,1622—1685;伊藤仁斋,1627—1705;伊藤东涯,1670—1736;石田梅岩,1685—1744等)的出现,显示出包含朱子学与阳明学在内的儒家思想或广泛的汉学在江户时代的百家争鸣状况。儒家思想与中国大陆、台湾的中华民族意识或自我认同息息相关,与日本人的自我认同却无法画上等号。然而儒家思想却在日本人如何辨别自我与他者这一自我认知系统的建构上,起了莫大的作用。

如沟口雄三(1932—2010)的"作为方法的中国"一样,"作为方法的《论语》研究"无论是在伊藤仁斋的古义学,还是在荻生徂徕(1666—1728)的古文辞学,都能见其踪影。不仅如此,就连处在进入现代化国家体制的明治日本,"作为方法的《论语》研究"亦不曾因文明落后的标签而有所动摇。本论文在此将探讨武内义雄(1886—1966)、和辻哲郎(1889—1960)、白川静(1910—2006)这三位近现代日本哲学思想家的《论语》研究,以及中国台湾的文艺与政治运动家张深切(1904—1965)的《孔子哲学评论》(1947年观点成形、1954年出版),借以思考东亚近现代语境下的《论语》诠释面貌与意义。

二、原典批判下的《论语》:武内义雄

近年中国关于武内义雄的《论语之研究》(岩波书店,1939)之探讨首推刘萍的《武内义雄与〈论语之研究〉》[①],此文是其《津田左右吉研究》(中华书局,2004)的延伸与发展。刘萍在此已将武内义雄的个人简介,以及《论语之研究》进行了缜密的分析与探讨,并在结论

---

① 刘萍:《〈论语〉与近代日本》,中国青年出版社,2015年,第53—73页。

得出《论语》并非传统学问的经典,而是作为武内义雄揭示日本精神史的思想史材料来被阅读的。换言之,《论语》的研究只是近代日本人显露自我精神的一种方法或手段而已。此一精辟的见解不仅道出汉学发展在日本的境遇,亦指出中国汉学所应接受的异域汉学之挑战。

武内义雄的《论语之研究》始于《〈论语〉原始》①,经十年的深思熟虑后问世。武内义雄研究古典的方法,如其自身所言,既不是以语言学解释字句、掌握其意的训诂学,也不是以读者自身思想为基础,在无任何矛盾的情况下来说明古典的宋明理学家之态度,而是考察书物变迁、探究其源流,并阐明"原始"意义的批判态度。②武内称此方法为原典批判。武内义雄的治学方法分别受到狩野直喜(1868—1947)的汉唐训诂学与清朝考据学、内藤湖南(1866—1934)的文化历史观或思想史观的直接影响,因此在中日的文献考据学(训诂学、目录校堪学、原典批判)以及以其文献考据学为基础的中国思想史学上具有举足轻重的地位。③

上述武内义雄的研究方法显示出文献考据学与中国思想史学,亦即哲学与思想史(历史)之间的张力关系。笔者认为此一立足于哲学与思想史(历史)之间的中国学研究方式,启发了和辻哲郎处理"伦理""伦理思想""伦理学"这三个概念的思考。和辻哲郎将此三者区分如下。"伦理"是个人同时也是社会中之人的存在法则。"伦

---

① 载日本支那学社编:《支那学》,京都弘文堂,1929年,第19—63页。武内义雄在此已对孔子的"亲口话"进行分析,并以思想史的方法来检视孔子思想的原型。

② 参见武内义雄:《论语之研究》,第254页。

③ 参见刘萍:《〈论语〉与近代日本》(第64—70页)、吴鹏:《武内义雄的中国思想史学》(《文化环境研究》2009年第3号)。刘萍参考《中国思想史》(岩波书店,1936年)、《论语之研究》、《儒教的精神》(岩波书店,1939年)认为武内义雄的治学方法将传统中国哲学的研究方式转向思想史的研究方式有其独特性与贡献,吴鹏则以其晚年的《支那学研究法》(岩波书店,1949年;又载《武内义雄全集》第9卷,角川书店,1979年)为准,说明武内义雄援用文献考据学与中国思想史学来打造自身的中国学。

理思想"则是人类存在的法则("伦理"),在其实现的过程中(亦即以特定的社会结构为媒介的表现)被人以理性的自觉所规定的特殊行为模式。"伦理学",即对伦理思想产生怀疑,并经过不断的理性根据之追究,所产生的普遍性学问。简言之,和辻哲郎所欲建构的伦理学便是"伦理""伦理思想""伦理学"这三个概念的综合体。①

武内义雄的《论语之研究》除了可见其文献考据学的本领外,亦可见其思想史学的立场。②其《中国思想史》与《儒教的精神》皆以孔子的思想为中国哲学的开端,恰好可作为探讨《论语之研究》的参考文献。《中国思想史》与《儒教的精神》的出版时间相差三年,后者的出版又和《论语之研究》只相差一个月,因此可视为同时期的思想产物。《中国思想史》与《儒教的精神》在解释孔子之前的思想史变迁上,皆以一种文明进步史观的方式来叙述。例如相对于殷代祭政一致的政治体制,周代则逐渐摆脱带有迷信的祭祀习俗。武内义雄借由解释《周书·康诰》篇"呜呼!小子封,恫瘝乃身,敬哉!天畏棐忱;民情大可见,小人难保。往尽乃心,无康好逸豫,乃其乂民"的这一段话,来解释天命虽潜藏在人心之中,人却可透过内省自身、无自欺的方式,来直觉到天命。武内义雄认为殷代人以龟卜窥知天命或预示行动方针或准则的迷信方式,尚属人智未开的阶段;到了周代,人们已经无法满足此种充满宗教仪式的世界观,开始以合理的方式来说明世界。

---

① 参见《和辻哲郎全集》第12卷,岩波书店,1977年,第7—11页,以下引用该全集以"W卷数·页数"来标示。另见拙论《近代日本哲学中的江户儒学伦理观:以和辻哲郎的日本伦理思想史为例》,蔡振丰等编:《日本伦理观与传统儒学》,《东亚文明研究丛书》,台湾大学出版中心,2017年,第181—204页。
② 武内义雄的《论语之研究》虽参考了何晏的《论语集解》(训诂学立场)及朱熹的《论语集注》(义理学立场),却不满足于此二人的方法,另援用伊藤仁斋的《论语古义》与山井昆仑的《七经孟子考文》,以及王充的《论衡》王说篇与崔述的《洙泗考信录》(见《论语之研究》,第201—216页)对《论语》的结构进行分判。关于武内义雄的文献考据学立场,刘萍已指出其仍不出"中国传统经学体制内的自我补充与调适"(《〈论语〉与近代日本》,第72页)。本文不再探讨此部分,将焦点放在武内义雄的《论语》古层说及其思想史立场之间的关联。

关于这种文明进步史观或理性主义观点下的思想史解释,正如加地伸行(1936—)在白川静《孔子传》(东京中央公论社,1972年)的"解说"所指出,属于明治时代学术界的主流思维。他如此说道:

> 明治时代开始开办的大学里,要谈起中国哲学史都会模仿先走一步的西欧的那一套说法,以西欧哲学史作为一般哲学史的标准,并以此来建构所谓的近代化的中国哲学史系统,或者可以说就是盲目地追随。况且,貌似充满希望和活力的花样一般的现代,都是以标榜人类的进步和合理思维的自然科学为中心的。为此,所谓淫祠邪教之类都被称作落后和迷信而招到故意的抹杀。……因为这样,所以,都在努力让儒教定位在一个合理的位置上。东京大学自明治时期建校到昭和二十年代的将近八十年里,经过不懈努力得出结论:儒教就是伦理道德,是与死亡无关的一种理性思考。这一观念几乎成了定论,可以说,这是建立在以大学的权威为背景的基础上的。①

加地伸行的见解,指出白川静和武内义雄、和辻哲郎这两位明治期哲学思想家在解释孔子思想上的差异。

武内义雄对《论语》结构的重新判释,借重许多前人的研究成果(多达四五百种《论语》文献)与治学方法,不仅发挥了其文献考据学的本领,甚至借重内藤湖南的史学方法与富永仲基(1715—1746)的"加上说"②来判别《论语》整体的构成结构。不同于木村英一(1906—

---

① 白川静著,吴守钢译:《孔子传》,人民出版社,2014年,第255页。本文以下的《孔子传》引用皆依据此书。

② 关于富永仲基处理佛教经典的学问方法"加上说",武内义雄于《支那学研究法》中有所检讨:"所谓加上法,则是指一切思想学说皆是在之前的思想之上加上一些东西而发展出来的。……也就是说,思想或学说是自然发展的,若没有发展,思想学说的主张就不会发生。若有主张,必定是从前说汲取特异点,并反驳其劣处。"他在说明"加上说"之前也述说了自己只遵守清朝考据学这一学问方法上的瓶颈,在受内藤湖南演讲"大阪町人学者富永仲基"的启发,开始探讨富永的"加上说"及其中国思想的研究。参见《武内义雄全集》第9卷,第46—55页。

1981)对武内义雄与津田左右吉(1873—1961)的批判①,笔者认为最关键的是如何看待武内义雄立足在何种基础来判定《论语》最古层的部分,也就是最原始的孔子语录。

如前所述,武内义雄在《中国思想史》与《儒教的精神》的开头处,便先铺陈商、周时代的世界观之演变(从迷信、非合理的转向自我反省、理智的态度),目的在于为孔子的思想进行一种历史式的诠释。这种为思想演变的历史进行合理性诠释的基础,则全然来自武内义雄这位具西方合理性思维的明治人之抉择。而此一抉择透过检视和辻哲郎与白川静的《论语》或孔子思想诠释之后,便可一目了然。演绎一下加地伸行的说法,其中最大的不同,来源于《论语》或孔子思想是否能和中国古代宗教信仰(某种神秘主义思想)进行完整的切割? 也就是说,是否要以西方理性主义的思维来解释《论语》或孔子思想? 站在必须跟随西方脚步立场来解释《论语》结构或孔子思想的,无疑是武内义雄与和辻哲郎。②相对于此,白川静则主张殷商以来的中国古代宗教信仰经周朝统治,虽不再是主流,但其后裔却流散在中国各地影响了春秋时代的思想家,孔子

---

① 木村英一在《孔子与论语》(东京创文社,1971年)第二篇"论语的成立"第一章"关于论语成立的序说"中,分别对武内义雄以"文献的原形究明"(意味着《论语》的解构)为目标与津田左右吉以"《论语》的语言究竟传达了多少孔子语言的真实性"为目标的《论语》研究立场进行批判。他认为前者缺乏更精密的文献考证,对原典的解读因其思想性而造成肆意的诠释,后者分解《论语》的每一个文字,不重视《论语》成形的整体性、一贯性、统一性及其成立的自律性,同时也忽视了语录在传承上出现的自然变化。这些都是批判《论语》不可忽视的点。参见《孔子与论语》,第163—195页。

② 和辻哲郎赞同西方社会学、人类学或地政学的反帝国主义立场或西方理性主义价值观下的产物(参见《风土》。另参见子安宣邦:《阅读和辻伦理学:另一个"近代的超克"》,东京青土社,2010年)。事实上,此赞同态度其来有自。和辻哲郎试图提升日本文化、思想的合理性地位、打造属于日本人的伦理学,借以和西方的伦理学较劲。而这种西方理性主义思维的态度,自然也引导和辻哲郎在撰写《孔子》(岩波书店,1938年;又载《和辻哲郎全集》第6卷)时将孔子与古代宗教信仰(迷信)进行完全的切割,将其理性主义化。关于此论述将在下节展开。

亦不例外。①

在说明武内义雄原典批判态度下的《论语》结构之前,有必要论及在《中国思想史》与《儒教的精神》中孔子之前的思想与孔子思想之间的关联。此二书皆指出《周书·康诰》中"人的罪恶当中最大的罪恶是不孝不友"的一段话②,说明人类道德的根本是孝与友。此二者既是人类社会的伦理,亦是上天赋予人的本性,只要认知到人内在的天命,时时借由自我省察来掌握并实践它即可。此种主张的代表人物便是周公(当然这和当时的政治统治有很大的关联)。③孝与友正是武内所强调的孔子思想之源流,也是定调《论语》最古层的基准点。

武内义雄承继伊藤仁斋《论语》上下论之分判框架,认为《论语》的最古层为属于上论的河间七篇本(《雍也》《公冶长》《为政》《八佾》《里仁》《述而》《泰伯》),此为以鲁人曾子为中心的《论语》,曾子、孟子学派所传的孔子语录。齐论语七篇(《先进》《颜渊》《子路》《宪问》《卫灵公》《子张》《尧曰》)属于下论部分,为以子贡为中心的《论语》,应为齐人所传孔子语录。齐鲁二篇本(《学而》《乡党》)则为齐鲁的儒学,即折中子贡派与曾子派的学派之集成,应为孟子游齐后的产物。《季氏》《阳货》《微子》《子张问》《子罕》为后人依据各种材料、收集孔子语录、进行补遗工作所产生的作品,内容驳杂,年代不一,最

---

① 参见杉本宪司《白川静的中国古代史论》、高木智见《殷周革命》(加地伸行编:《白川静的世界 Ⅲ思想·历史》,平凡社,2010年,第90—120、148—170页)。白川静在《孔子传》"稷下学派"的最后写下"思想原本就是来自败北"。这句话说明殷周革命时,多数殷氏族被分散赐予到各地(庶殷),因而造就了诸子思想成形于宋;而依殷礼下葬的孔子,为亡殷后的宋人,因此其思想可说是改造击败巫史社会的天命思想之结果。

② "元恶大憝,矧惟不孝不友。子弗祗服厥父事,大伤厥考心;于父不能字厥子,乃疾厥子。于弟弗念天显,乃弗克恭厥兄;兄亦不念鞠子哀,大不友于弟。惟吊兹,不于我政人得罪,天惟与我民彝大泯乱。"

③ 参见武内义雄:《中国思想史》,第9—11页;武内义雄:《儒教的精神》,第5—8页。

新部分甚至到战国末期才出现。①

武内义雄认为上述篇章的顺序是儒家思想的中心随着时代推移的结果。河间七篇本显示出孔子的理想在于复兴周公的礼乐,此复兴并不在礼乐的形式,而是其精神的显扬与实践。孔子虽提倡仁,但仁必须奠基在实践忠、恕之道上。《论语之研究》的结论处并没有重申孝、友在其中的位置,之所以未论及是为了阐述在那之后的儒家思想之发展。武内义雄指出相对于河间七篇本强调仁与忠、恕,齐论语七篇则着重在恕,比前者更重视礼的形式。而齐鲁二篇本为前两者的折中。但若回到该书第三章"河间七篇本的思想"便可找到孝、悌(友)与忠、恕、仁之间关联的详细论述。

武内义雄最重视的是《为政》《八佾》《里仁》,此三篇同时也是最古层的思想。《为政》篇的重点是孔子的主张在于家庭内的道德"孝",并将其推广到社会整体,透过该篇第1、5、6、7、8、21、22章内容的解读,说明所谓政治便是打造出以孝道为中心的道德社会。而要将孝推广到社会,必须要以人与人之间的互信为基础。到了《八佾》篇所说的礼,则变成了将孝推广到社会的手段。该篇第1—5章在感叹周礼的式微;第7—10章谈的是三代礼制的变化,其中孔子所尊重的是周礼;第11—21章谈论的是周朝礼制的各种礼;第22—24章谈论的是乐;第25—26章谈礼的精神之重要性及礼的基础是仁。整篇虽谈论礼,但最后还是强调礼的精神是仁。这种解读恰好连接到《里仁》篇,此篇前半部都是仁的论述,此处所说的孔子之道便是仁道,而能实践它的唯有忠恕一法。武内解释忠即反省自心而无欺瞒,恕即己欲立而立人、己欲达而达人,忠恕乃实践仁的方法。除此之外,武内义雄指出该篇第18—21章中的孝来支撑"仁的具体行动从孝开始"这个理念。针对《述而》篇第24

---

① 参见武内义雄:《论语之研究》,第256—258页。关于武内义雄如何分判《论语》的结构,刘萍:《武内义雄与〈论语之研究〉》一文已有详细说明,在此不再赘述。本文关心的是河间七篇本何以是《论语》的最古层。

章的"子以四教,文行忠信",武内义雄则说明第二的"行"即孝悌,亦是周公所说的孝友。①

综上可知,武内义雄所说的《论语》古层思想,亦即孔子思想承自《周书·康诰》中周公所推崇的人类社会伦理(孝友)。人只要能认知上天赋予人的这种本性(孝友),并时时借由自我省察来掌握并实践它即可。这种天命(孝友)由人自觉、反省,并推广到社会整体的思维,正好成为武内分判《论语》结构的根据。这反映在所谓《论语》古层思想中,则变成孝、悌经由忠、恕、信、礼而达到仁,范围也从天、个人内在、家庭、社会到国家政治。"从思想的源流来看思想的各种演变"这种思想史的治学方式,似乎有超越文献考据学的嫌疑。当这种西方的文明进化史观引导武内去寻找思想的源流时,必会产生"什么是源流?该如何界定?"的疑问。②针对此问题,笔者想透过探讨和辻哲郎与白川静的《论语》研究,来寻找相应的思考材料。

三、和辻的伦理学与其《论语》观

日本近代伦理学家和辻哲郎撰写《孔子》(岩波书店,1938年)一书,正好是其自身在建构伦理学的时期。其一连串的宗教及伦理学著作为我们提供了解读其孔子传的思考材料。③《孔子》一书的内容结构如下:"序""一、人类的导师""二、人类导师的传记""三、《论语》

---

① 参见武内义雄:《论语之研究》,第111—148页。
② 若说孝友思想来自周公的政治思想,那么武内义雄所谓源流,恰是出自期望有何种好的政治体制这种愿望。当然这也可能是武内自身的理性趋向所致。或可思考为他对当时日本军国主义者利用孔子与《论语》所提倡的忠君爱国之口号的抵抗。另参见张士杰:《学术思潮与日本近代伦语学》,北京语言大学出版社,2015年,第170页。
③ 比如有《原始基督教的文化史意义》(岩波书店,1926年)、《原始佛教的实践哲学》(岩波书店,1927年)、《作为人间之学的伦理学》(岩波书店,1934年)、《风土:人间学的考察》(岩波书店,1935年)、《伦理学》(岩波书店,1937—1949年)。

的原典批判""四、孔子的传记及语录的特征""附录：武内博士的《论语之研究》"。

如和辻哲郎在序中所言，其所用的《论语》主要参考武内义雄校订、译著的《论语》（岩波书店，1933年）。和辻哲郎在第三章的原典批判里，提及自身对《论语》结构的分判，来自武内义雄的演讲内容。①按照和辻哲郎的记忆，武内义雄根据何晏的《论语集解》与王充《论衡》的正说篇，将齐鲁二篇（《学而》《乡党》，与河间七篇有重复）与河间七篇（《为政》《八佾》《里仁》《公冶长》《雍也》《述而》《子罕》，彼此无重复字句）归类在《论语》的上论。和辻哲郎认为即使《学而》（孔子与弟子之言）与《乡党》（孔子之行）不是武内义雄所说的齐鲁二论，这两篇也是现存《论语》的古老部分，很明显带有一个统一性，并说明《论语》的编纂并不是随意的（参见 W6·306—311）。

在进入和辻哲郎的原典批判之前，先说明一下他解读《论语》的立场。他在第一二章将世界的四圣人孔子、释迦牟尼、苏格拉底、耶稣放在一起谈论，称这些圣人为"人类的导师"，并如此定义："实际上，人类导师所说的主要是人伦的道或法，而不是人伦社会外的境地之消息。他们之所以是人类导师，是因为无论何时何种社会的人，都能接受他们的教导。事实上他们所教导的人，或许被限制在狭小的地方，但作为一种可能性，能得以教导所有人。这可说是作为人类导师的资格。此处所说的人类，并非指事实上的什么，而是指在地方及历史上作为一种可能的任何人。因此人类不是一个事实，而是一个理念。"（W6·264—265）

孔子在世除了52—55岁这四年的从政之外，皆处于在野与外游，晚年回鲁国后的境遇亦不能算好。因此和辻哲郎才定义人类导师的境遇都是生前被冷遇、不被认可，甚至是被妖魔化。这些人都是在死后经弟子、再传弟子及其后学的宣扬与努力，才得以成为具

---

① 和辻哲郎的《孔子》虽参考武内义雄学说，但出版却先于武内义雄的《论语之研究》。后者相应地也参考了前者的研究成果。

普遍性的人类导师。孔子与《论语》的关系便是如此。从这里我们可以看到和辻哲郎强调共同体的意义所在。孔子在中国能流传到现代,在于汉字文化于不同时代发展的结果。在这层意义上,鲁国的一夫子孔子借由中国的历史演变,得以获得作为人类导师的普遍性(参见 W6·265—276)。

据上可知,和辻哲郎评价孔子与《论语》的普遍性价值,并不是因为孔子个人,而是因为孔子与当时及其后的学派或教团(共同体)。从和辻伦理学的观点来看,可以如此解释:儒家思想之所以具普遍性,在于孔子个人及其学派(或后学)的相互运动,而不是孔子个人的言行。对和辻哲郎而言,落实伦理学(儒学:笔者所添加)的主体包含个人及其赖以生活的社会共同体。伦理学(儒学:笔者所添加)并不是作为认知的概念,而是带有社会性的实践哲学。它既不是精神自我认知的理论,也不是忽略人与人之间的行为或实践关系的学问,更不是实现人类欲望与物质生活的理论(参见《作为人间之学的伦理学》)。①

和辻哲郎认为从人们现实生活与行为中掌握共同态规范,也就是"作为共同态的行为相关模式"的伦理学,正是"人间"(日语:指人与其社会共同体)的学问。因为"人间"建立在显现人类彼此交互作用的"关系"(间柄:日语)上。此为和辻哲郎定义"伦理学"为"人间学问"的理由。探讨"人间"为何的"人间学问",即掌握"人间"的行为准则(即共同态规范)的伦理学(参见《伦理学》上卷)。和辻哲郎在解释"朝闻道,夕死可矣"(《里仁》·8)时,认为其道是人伦之道,非天道、神道或悟道。孔子要兴起的是以人为中心的立场,其道是人道,也就是道德(W6·343—345)。这种将孔子与《论语》的思想视为未具任何神秘色彩的伦理思想(思考人与人、人与社会国家的人伦之道),正与上述的和辻哲郎伦理学不谋而合。和辻哲郎伦理

---

① 究竟是中国学影响了和辻哲郎的伦理学,还是他以自己的伦理学体系来解释孔子与《论语》?笔者认为无法将两者进行切割。

学的建构与其《论语》观有着密不可分的关系。

若比较武内义雄与和辻哲郎分判的《论语》结构,可知两者的最古层有显著的差异。

武内的上论:齐鲁二篇＋河间七篇[最古层]＋《子罕》;下论:齐论语七篇＋《季氏》《阳货》《微子》《子张问》四篇。

和辻的上论:齐鲁二篇[最古层]＋河间七篇＋《泰伯》;下论:十篇。(参见 W6·322—323、333)

差异就在于前者以思想史角度出发,思考的是商周→孔子→曾子·孟子学派、子贡学派这一思想的传承与变化。后者以哲学角度出发,思考的是孔子学派中作为人类导师的孔子形象及其道德伦理思想。和辻哲郎的文献考据显然无法和武内义雄的相比,但若从其对齐鲁二篇的解说来看,可了解其作为《论语》最古层的意义何在。和辻哲郎表示《学而》传达的是孔子及其弟子(孔子学派)的智慧,并整理出此学派的三纲领:一、学问的喜悦(1—11);二、学问中的共同体的喜悦(12—14);三、学问修养的自我目的性(15—16)。紧接着出现的《乡党》,和辻哲郎认为是描绘孔子公、私生活的行为类型,以示学派弟子所见的孔子日常形象。这里并没有所谓具异常或非凡能力的孔子形象。和辻哲郎将齐鲁二篇视为最古层的哲学动机显而易见,因为在他的伦理学体系里,个人必须是在集体的个人,不会有一个超越共同体的个人,孔子作为人类导师的资格也在于此,人类的导师并非具有特异功能或超能力的存在(此点和武内观点相通,也可对应到本文第五节张深切的孔子观上)。这里并没有武内义雄分判的《论语》古层思想,即从孝、悌经由忠、恕、信、礼而达到仁,范围也从天、个人内在、家庭、社会到国家政治这种思想史的想法。

接下来的河间七篇是孔子学派因应再传弟子们要求所增加的孔子言行录,和《乡党》有类似之处,但相较之下,此七篇更像是在传达孔子思想。像《学而》那样记录弟子们思想的内容,除一例外(《里仁》26),却不见于同七篇内容之中。相对于武内义雄以此七篇为最古层,并将《为政》里的孝作为孔子思想的根干,和辻哲郎却认为《八佾》《里仁》《公冶长》《雍也》《述而》《子罕》这六篇皆各有其主题,唯有《为政》没有特定主题,虽有四章关于孝的问答,但整篇内容和前六篇皆有关联,因此可说是总论(参见 W6·323—324)。显然孝的思想并没有受到和辻哲郎的重视。

　　关于《论语》中的孝,和辻哲郎在解释最古层的《学而》篇时,先举出第 2 章。(有子曰:"其为人也孝弟,而好犯上者,鲜矣。不好犯上,而好作乱者,未之有也。君子务本,本立而道生。孝弟也者,其为仁之本与?")和辻哲郎认为这是有子而不是孔子的话,再者这是给弟子的学派纲领,亦是孔子给青年弟子们的教导。在此和辻哲郎并没有强调孔子思想的根源是孝,反而是他在解说第 5—7 章时,将人伦之道、治国放在第一位,淡化孝悌在孔子学派的重要性。因为和辻哲郎认为人伦之道首重治国,而不是家庭内的孝。孔子重视的是信与爱在人伦之道的中心位置,而不是单纯谈论家庭道德(孝)。第 7 章的子夏之语更是谈论接近五伦的思想。和辻哲郎之所以将家族内部(私领域)的道德淡化,提升家族以外(公领域)的道德,自然是要强调作为国家的人伦组织之实现,必须依靠信与爱,孝悌则被包含在内。这种包摄私的公(包摄孝悌的信与爱)可说是和辻伦理学的核心思想。当然这和当时日本的全体主义,以及将天皇视为父、日本国民(臣民)视为子,"国民对天皇尽忠"等于是"子女对父亲尽孝"的逻辑,有不言而喻的一致性。①

　　在此姑且不谈那些问题,若回到"什么是源流? 该如何界定?"

---

　　① 关口すみ子指出,臣民要"如同对父母尽孝一样",尽忠于天皇,以"如同尽孝于父母那样尽忠于统治者"这种形式,将天皇与国民规定为亲子关系的一种,像这样的教育被落实于当时。也就是说,天皇与国民既是君臣又是亲子,因此非得尽忠和尽孝不可。参见《国民道德与男女差别(gender)》,东京大学出版会,2007 年,第 115 页以降。

的问题时,可发现和辻哲郎在说明何谓《论语》最古层的思想时,是以孔子及其弟子,亦即孔子学派(即使是所谓作为人类导师的孔子亦不能脱离孔子教团)作为其界定准则的。此处透露出对思想的最古层、源流之探讨,代表着研究者各自以某种立场来进行的信息,也意味着任何一种客观的文献研究或实证研究,始终摆脱不了各自研究立场的主观性。此外,无论是武内义雄还是和辻哲郎对孔子或《论语》的思想之研究,不免带有加地伸行所指出的那种浓厚的西方理性主义色彩。此立场在和辻对《论语》中有关生死、天命、怪力乱神等主题的合理性解释中极为显著(参见 W6·337—351)。

四、白川静的《论语》观与孔子形象

相对于武内义雄和和辻哲郎西方理性主义立场下的孔子形象,白川静文字学下的孔子形象显然带有些许的宗教神秘色彩。[①]在武内义雄思想史立场下的孔子承先启后,成为儒教的创始人。而和辻哲郎伦理学(哲学)立场下的孔子成为人类精神的导师,孔子的伟大在于其学派、后学,以及汉字文化的存在。孔子一方面因武内义雄的《论语》分判工作,而凸显出个人的精神特质,另一方面因和辻哲郎的《伦语》分判工作,而显示出关系(共同体、共同文化圈)底下的个人精神特质。白川静透过探讨儒的源流与孔子的出生、成长、与阳虎的对立、流亡、梦周公、晚年的言论等,呈现出孔子的神秘主义倾向。其《论语》分判的工作奠基在孔子的神秘主义思想,以及其两次的出游(第一次阳虎专政、第二次政变失败)体验上。

如加地伸行所指出的,白川静《孔子传》的成形恰好处于日本 20

---

① 白川静擅长于从甲骨文与金文的研究,也就是从文字的研究来看中国古代社会文化及其变迁。他在《孔子传》后记谈到自己的《狂字论》(载《文字游心》,平凡社,1990 年)是《孔子传》的延伸。在此因篇幅关系,无法进行白川静文字学与其孔子思想之间关联的检讨。

世纪 60 年代以后的学运。这是个主体性与解构思潮会随着时代氛围渲染到校园及学术研究上的年代。白川静的孔子及儒家印象,亦因其试图解构明治期以来带西方理性主义色彩的孔子与《论语》研究而带有反叛的意味。①但白川静的此种学术(学说)革命和学运不同,是经过中国古代文字(甲骨文、金文)、文学(诗经)、神话、文化、民俗、社会、政治等的体系性研究后所产生的必然结果。在刻画孔子的一生及其思想时,白川静尤重在孔子出生、成长背景、出游,以及与周公、阳虎、弟子们之间的关联。其借由体制内(现实世界、从政)与体制外(理念世界、追求道)的观点,来解释孔子思想的转变及孔子思想的核心。白川静虽然认为《论语》和《圣经》一样,须进行严密的原典批判,而这类研究也不少,但整体来说,因缺乏可信赖的方法,因此都不太具有说服力。②白川静根据上述自身的几个观察点,思考了《论语》的原始资料问题。他将数据类型分成八类。

第一类,《论语》中的孔子言行,包括孔子教团开始政治活动之后、与阳虎之间的对立期、两次流亡期及晚年归国后的言行。重点在流亡期间的思想成形,此期间和弟子们(子路、颜回、子贡、冉有)之间的对话也很重要。第二类,《论语》中和子贡有关的三十多条记录(子贡为孔子守丧六年期间整理的记录。此时已有学派派别出现)。第三类,子游、子夏、子张的语录(孔子逝世后,三派的对立持续到荀子时代)。第四类,《论语》中曾子学派的东西(有子与曾子的对立到孟子时代还持续着,最终曾子学派胜出,孟子学派也加入其中)。第五类,《乡党》篇(孔子形象的规范化。这类记录能与《礼记》的《曲礼》《檀弓》相匹敌)。第六类,季氏篇(稷下之学加工而成的齐学,出自齐国儒家)及其他含齐语的篇章。第七、八类,以古帝

---

① 与此一解构理性主义思潮有关的,还有以井筒俊彦(1914—1993)、上田闲照(1926—2019)从神秘主义、意识哲学、禅体验的立场来对抗理性主义的脉流以及,中村雄二郎(1925—2017)、汤浅泰雄(1925—2005)以身体性来对抗理性主义的脉流。

② 白川静著,吴守刚译:《孔子传》,第 223—224 页。

王(尧、舜、禹等)与逸民的记载(大多出自南方儒家与庄周学派有关)为主。①

显然武内义雄的最古层思想(河间七篇本)属于第四类,和辻哲郎的最古层思想(齐鲁二篇本的乡党)属于第五类。和辻哲郎从人类精神的导师、共同体中的孔子形象来判定《论语》的最古层思想(《学而》),在某种程度来说,和白川静的第一类有共通之处(如白川静认为《学而》是孔子晚年及弟子们的语录)。不同的是和辻哲郎认为这是学派纲领(共同体的规章、准则),白川静却反对这种说法,主张这里显示出孔子已成为一个卷怀者(第1、16章)。② 关于卷怀者,可从以下一段叙述窥知:

> 俗世为了塑造出一个伟人,便会屡屡不惜牺牲众多的东西。不过,反过来我们可以从《乡党》篇里看到世间为了把一个人树立成伟人的努力,是一个如何滑稽的过程。一般地来说,孔子比较多地是由这样的虚像造就的。晚年的孔子成了一个卷怀之人。想接近这样一个卷怀者的是《微子》篇里的那些传承者。他们大概属于南方之儒,与庄周学派也有接触,他们完全否定政治,否定法则化的社会。虽然他们从这一立场来批判孔子在政治上的彷徨,但是,这与其说是在否定孔子的那种生活方式,不如说是对这位在彷徨之极变成了一个卷怀者的孔子抱着同感。所以,《微子》篇这一篇收入进《论语》中了。但是,孔子的这一政治性的彷徨对树立孔子的精神来说是绝对必要的。从一开始就作为一个卷怀者出现是不可能的,在处于极限的状态下,只有通过解决内心所累积起来的纠葛,人才会得到成长,变得伟大。一开始就看破红尘的人,不过是一个犬儒而已。孔子晚年的高徒们之所以不太容易接近孔子那高尚的精神,其原因在于他们未

---

① 白川静著,吴守刚译:《孔子传》,第224—225页。
② 白川静著,吴守刚译:《孔子传》,第130—131页。

曾尝过亡命漂泊的苦难,不仅少年得志,一帆风顺,还身处社会普遍尊重的地位。具有良好修养的这些人,成了法则性社会的指导者。只要有法则性的社会存在,他们就不得不是一个贱儒,不得不是一个犬儒。这榜样就是孟子、曾子学派。①

白川静在此除了孔子出生、成长和阳虎的对立外,大致已说明了自己的孔子形象。②这里的孔子既不是武内思想史方法下的孔子,也不是和辻哲郎伦理学立场下的孔子,其与后学派(曾子、孟子学派)思想中的"孔子"迥然不同,是一个超凡脱俗的隐居者(比如《泰伯》第13章:"笃信好学,守死善道。危邦不入,乱邦不居。天下有道则见,无道则隐。")。孔子俨然成了抗拒法制化时代的哲人(比如《公冶长》第7章:"道不行,乘桴浮于海。")。孔子的仁道思想显然与现实(法制)世界是背道而驰的。在唯一思想继承人颜渊过世时,痛哭自己没有继承人的孔子,直到颜儒后学庄子的出现,才得以延续其思想的生命力。③

若回顾上述白川静将《论语》的原始资料分成八类的构想可知,第一类和第八类的距离相反地却透露出孔子思想与颜儒后学庄子思想之间的无限亲近性。此处重点就在于作为脱离或超越体制的卷怀者孔子14年的流亡及归国的思想转变。白川静指出孔子归国后,不再梦见周公,以隐居者自居,并致力于《诗》《礼》《乐》的整理与修订,试图将这些东西流传下去。④

---

① 白川静著,吴守刚译:《孔子传》,第242—243页。
② 吉永慎二朗在《白川静的孔子论》中整理白川静笔下的孔子一生之经历。(巫女之子:笔者加)巫祝社会→师儒(反体制者、一群不逞之人)→参与国政→失败→流亡[→归国(卷怀者):笔者加],参见加地伸行编:《白川静的世界Ⅲ思想·历史》,第47页。
③ 庄子(卷怀者)为颜儒后学的说法,是白川静受郭沫若《庄子的批判》(载《十批判书》,群益出版社,1945年)一文的影响。关于庄生传颜氏之儒或庄子即儒家的议题,参见杨海文:《"庄生传颜氏之儒":庄生传颜氏之儒或"庄子即儒家"》,《文史哲》2017年第2期。
④ 白川静著,吴守刚译:《孔子传》,第131页。

对白川静而言,孔子在流亡(极限状态)期间会梦见周公、知天命,是因为孔子及其少数弟子在流亡后,反而能让自身主体恢复其自由,即体制外的大自在。在此情况下跨越体制及其流亡困境的动力来源便是梦周公与知天命,亦即听神、至上命令者的声音。①这种说法正是白川静试图连接晚年作为求道者、卷怀者的孔子和年少、青年时期作为巫女之子、师儒(巫史之徒)的孔子之证明。②这里的孔子并非所谓后世认识的"儒教"创始人,因为那些都是其后学派所营造出来的孔子形象(制造教主)。而真正的孔子并无意迎合法制、规范社会,也不是制度规范的创始人,反而是追求仁道的隐居道人(《里仁》第8章:"朝闻道,夕死可矣。")。针对和辻哲郎认为孔子(不语怪力乱神、未知生焉知死、天非信仰对象或人格神)是一个理性主义者或伦理学家的说法,白川静提出反对意见。这里可看出加地伸行所说的西方理性主义立场与解构主义立场的对立面。当然,白川静并非解构主义者亦非神秘主义者,而是主张中国古代文字(甲骨文、金文)的成立过程不能和宗教、巫术的要素进行分割。而此种立场,亦即援引西方社会学、人类学来加持自身以象形来解释甲骨文或金文的立场也受到同时代的日本汉学家之批判(加藤常贤,1894—1978;吉川幸次郎,1904—1980;藤堂明保,1915—1985)。

关于周公与孔子的关系,白川静做出如下的整理:孔子是巫女之子,是被选中的人,其一生都在做梦,常梦见周公但却不曾说出和周公谈论什么,或许是因为周公(至上的命令者)用命令的语气叫他"勿丧斯文",因此他才能安心谈论天命,否则就是亵渎天命。孔子一生都和阳虎(和孔子一样都是师儒)形成对立,在此过程中,周公

---

① 白川静著,吴守刚译:《孔子传》,第4、80、126页。白川静将孔子梦周公比拟为苏格拉底聆听德尔斐神谕。

② 参见白川静《孔子传》的第一章"东西南北之人"。白川静先探讨了孔子的出生(巫女之子)、成长背景(巫祝社会),接着谈影响其一生的两个人物:阳虎与周公。前者和孔子一样,是师儒;后者是孔子想象出来的神或至上命令者。孔子晚年归国已不再为这两个人物所困扰,走的是自己的仁道。本文因篇幅关系,只针对孔子与周公的部分进行检讨。

始终是他没有放弃的理想形象。这一组影子(实际人物、坏榜样)与声音(幻想人物、好形象)直到晚年归国才逐一退去。①与周公有关的确切文献,仅《周书》的数篇。孔子以周公为理想,应该是他开始研究《周书》时,但在《论语》里却看不到和《顾命》《大诰》《召诰》相关的消息。事实上,托付周公是儒家的政治手法,是要把实际存在的常规秩序作为古代圣王所制定的秩序固定下来,即所谓"托古改制"。孔子的立场亦属于此。②

白川静试图将一个现实与理想、法制社会与理念社会交织的张力置放在孔子身上。其前者的言论倾向或后者的言论倾向,分别在不同时间、空间出现,而且也因对话的人而不同,因此导致其后学派或各派儒家各取其所需、加以发挥,似乎也是不争的事实。后者情况往往容易衍生出理想或理念的神秘主义色彩。这固然更能发挥出商周宗教因素与孔子及其后儒家在思想上的演绎。白川静将"孔子→颜儒→庄周→老子"连在一线,恰好证明了孔子的思想是中国两大思想的来源。姑且不论其神秘主义思想的内核为何。白川静的孔子形象虽带神秘主义色彩,但其方法却是建立在严密的文字学研究基础上的。而其《论语》研究恰好为其建构中国古代社会文化的工作带来合理的解释。因为在白川静笔下,作为商、周文化的继承人孔子为其后的中国世界打开了两个(儒家与庄老)不同的思想脉络。

五、重探孔子哲学的当代意义:
台湾日据时期到战后的过渡

相对于上述三位日本思想家的《论语》诠释带有方法论色彩,此

---

① 白川静著,吴守刚译:《孔子传》,第41—47页。
② 白川静著,吴守刚译:《孔子传》,第80—81页。

节讨论的张深切之孔学诠释则带有浓厚的中华民族主义色彩。关于张深切的生平、著作等请参阅《张深切全集》(台北文经社,1998年)的附录,在此不再赘述。根据黄英哲在全集第三卷的总论《张深切的政治与文学》,可知其留日背景、中国大陆经验(旅居上海、广州)、文艺与政治运动等。"戏剧与政治运动、文学与政治运动"一直是张深切台湾日据时代推动民族主义运动、抗日运动的主要标杆口号。和左派文学家杨逵(1906—1985)的社会主义主张"阶级造成社会不公"的立场不同,张深切站在民族主义立场反抗日本帝国的压迫甚至是第二次世界大战后的台湾当局。①这也是造就张深切日后以批判的方式重新诠释孔子思想的远因。更直言来说,张深切的中华民族意识的萌芽,是奠定他《孔子哲学评论》诞生、推动中国文化革新的基础。

林义正在《张深切的孔子哲学研究》中整理张深切治学的三个方法,即辩证、比较与批判,指出:"他(张深切)透过对儒派(孟、荀、董)与反儒派(老、墨、杨、庄、韩)的'孔学评论'的批判,目的在检讨儒学的功过、孔学的价值。"②"张深切撰写《孔子哲学评论》是有他的现实对治感的,他要解答当今的中国为何成为科学落伍的国家。根据他的研究,由于西汉以后帝王独尊儒术,排斥异端的关系,若再往前追溯,孟荀就有问题,他们把孔子的大乘学说弄成小乘,其中孟子是个关键。所以,此书目的其就在检讨儒学(以孔子为代表的儒家)在历史传承中的功与过,检讨孔子哲学的真实价值,并由此提出中国文化的自救方针。"③

根据上述的评论及张深切自身的中国哲学(儒学)认知,可明确掌握到张深切一方面高举孔学的基础在《论语》,意在回归孔子的思想本身,另一方面透过对儒派与反儒派的孔学评论进行批判,意在

---

① 陈芳明等编:《张深切全集》第3卷,台北文经社,1998年,第27—45页。
② 林义正:《张深切的孔子哲学研究》,洪子伟编:《存在交涉:日治时期的台湾哲学》,台北联经出版公司,2015年,第179页。()中内容为笔者注。
③ 林义正:《张深切的孔子哲学研究》,第185页。

从批判当中重塑孔子本人的思想。因为他认为:"研究孔子哲学的基本资料只有《论语》一书比较可靠。"①"老、孔两学派,仿若冰炭不能相容,背道而驰;其实未必尽然。因为道、儒的哲学路线虽不相同,其道却是并行而不相悖。况且老、孔俱出于儒,而只因为两人的天性不同,故其感受性亦不同,从而其思想与创作态度亦不同而已。"②

这一"回归《论语》或孔子"本人言论、思想的学术观点,在武内义雄的孔子研究中就能窥见,而儒学包含孔、老两派主张的看法,亦可在白川静的"庄、老源于孔子"的主张看到踪迹,只是张深切并不主张"庄、老源于孔子",而是假设孔、老之前有一个包含两者的"道"存在。虽然张深切与白川静的孔、老观有差异,但两者将孔子的从政期与亡命(漂泊)、隐居期的思想区分进行思考有相通处,不同的是张深切并无透露出孔子为师儒的说法,只说其出身低阶以至于更能透彻人性。如后所述,张深切以康德式的理性主义立场阐释孔学,不把孔子视为超越者或神秘主义者。此立场和武内与和辻同调,和白川静显然不同。笔者认为这和他阅读日本明治期汉学家的中国哲学研究有关。

那么,张深切透过上述回归孔子、批判儒派与反儒派的孔子评论,究竟要为吾人提供何种孔子形象或孔学体系呢? 张深切认为孔子或许不是破坏周礼制度的改革者,但是一个十足的人道(唯人)主义者、中庸(无过与不及)主义者,甚至是一位伦理学家,但绝对不具有特殊超人的人格。此主张的思想根据正来自孔子的仁论。须注意的是张深切的这一立论有其参考的思想资源。笔者认为这可追溯到日本明治期伦理学家蟹江义丸(1872—1904)的《孔子研究》(东京金港堂,1904年)。蟹江义丸为东京大学哲学科首位哲学教授井上哲次郎(1856—1944)的爱徒。他和井上哲次郎一同编纂《日本伦

---

① 陈芳明等编:《张深切全集》第 5 卷,第 481 页。
② 陈芳明等编:《张深切全集》第 5 卷,第 263 页。

理汇编》（共十卷，东京育成会，1901—1903年），收录了日本江户儒者的论著，分为阳明学派、古学派、朱子学派、折衷学派、独立学派、老庄学派。①关于这套书的编辑动机，简单来说是井上哲次郎有鉴于佛教、儒家、武士道衰微，导致日本道德界衰退，进入混沌状态，认为日本人在学习西方道德伦理（特别是康德与黑格尔）必须有选定的标准，亦即东方道德伦理。换言之，要移植西方道德伦理，和其对接、融合，必须有东方道德伦理方能奏效（参见《日本伦理汇编》卷一的序）。

对井上、蟹江而言，日本道德伦理的复兴，必须奠基在接纳西方道德伦理，和其形成对话、折中、调和的过程中。中村哲夫在《梁启超与"近代的超克"论》中指出这一相对主义的日本伦理建构模式，具有实证、客观精神为当时主流，但却由下一世代日本哲学家西田几多郎以排斥相对或多元的一元论立场，收摄在宗教氛围的非实证、主观精神里，实是一种时代的倒退。②蟹江义丸的《孔子研究》正是前者精神的代表，参考许多东西方经典，并和西方宗教、哲学进行对话，而受其影响的中国思想家包含梁启超（1873—1929）、钱穆（1895—1990）等人。③

从张深切引用蟹江义丸《孔子研究》集中在第二篇"孔子之学说"（一贯之道、中庸、礼、仁）来看，可知张深切的孔学重构与复兴奠

---

① 参见工藤卓司：《蟹江义丸与〈孔子研究〉》，张晓生编：《经学史研究的回顾与展望：林庆彰教授荣退纪念论文集》，台北万卷楼图书公司，2019年，第1477—1521页。此文已详细梳理蟹江义丸的《孔子研究》，在此不再检讨此书内容。笔者认为此书是蟹江义丸与其师井上哲次郎一同试图建构日本道德伦理体系的阶段性成果，接续此事业的是下一世代的和辻哲郎，但路径又和前两者有所不同。

② 参见中村哲夫：《梁启超与"近代的超克"论》，狭间直树编：《梁启超：西洋近代思想接受与明治日本》，东京みすず书房，1999年，第387—413页。

③ 末冈宏在《梁启超与日本的中国哲学研究》（载狭间直树编：《梁启超：西洋近代思想接受与明治日本》，第168—193页）中指出梁启超的《孔子》（1920）与蟹江义丸《孔子研究》的关联在于和井上哲次郎、蟹江义丸"官学体制学派"的亲和性。关于清末民初的中国大陆知识分子的《论语》论与日、台之间的比较，因本文篇幅有限，有待日后检讨。

基在蟹江义丸的孔子研究上。我们可在蟹江义丸将孔子的仁论视为孔子学说最重要基础的主张中看到。①事实上,张深切特别引用蟹江主张一贯之道所包含的中庸(形式)、礼、仁(质料)的图式来说明孔子仁论的重要性,只是他没将一贯之道所包含的中庸放进来,而将乐放进来作为一贯之道的图式。②我们会感到困惑何以张深切要改造成"一贯之道包含仁、礼、乐"的图式。能解开此困惑的是张深切对孔、老以前的儒学或道之想象模式。张深切认为在孔、老之前有一个儒学的源流,也就是未被具体化的道。他用倒 Y 字来说明孔学与老学的分流,又用此两个分流产生无数分流的系谱来说明中国哲学的开展。③

关于孔、老的关系,廖仁义与林义正并没有太大的着墨,后者宣称必须等待张深切的佚失著作《老子哲学评论》,才能深入讨论。廖仁义按张深切晚年的活动及《我与我的思想》(1948)判定张深切更接近老庄的遁世、无为。④林义正和廖仁义持不同看法,认为张深切主张孔学透过和老学的比较,能凸显出孔学特色。笔者赞同林义正观点,但和他有不同说法。笔者认为张深切将蟹江的一贯之道图式改造成"一贯之道涵盖仁、礼、乐"的图式,目的在于将它联结到老子的道思想体系,使孔、老学说融合为一。这从以下引文能清楚窥见:

> 综上观之,吾人当能了解孔子哲学的梗概。他以人为宇宙中心,又以仁为人的中心,由此中心而产生礼乐及其他万般的文化。此与老子的哲学方式——道生一(人),一生二(仁),二生三(礼乐),三生万物(一般文化)相同。⑤

---

① 参见蟹江义丸:《孔子研究》,第 325—326 页。
② 参见陈芳明等编:《张深切全集》第 5 卷,第 509 页。
③ 参见陈芳明等编:《张深切全集》第 5 卷,第 234 页。
④ 参见陈芳明等编:《张深切全集》第 5 卷,第 543、547 页。
⑤ 陈芳明等编:《张深切全集》第 5 卷,第 510 页。

林义正虽指出张深切的孔、老学比较形成明显的对立,孔学在此比较对立当中能显现其特色①,但笔者认为张深切试图在这个比较对立当中寻求同一。也就是说,此"对立的同一"正是张深切借由探讨孔、老学的对立与同一所形成的方法论。林义正虽未触及上述引文,但笔者认为这恰好可对照到他所谓的辩证。这种对立与同一的关系,亦可对应到西田几多郎的"绝对矛盾的自我同一"逻辑,不同的是张深切的"绝对矛盾的自我同一"逻辑是涵盖孔、老学的中国哲学(儒学),不是标榜绝对无的大乘佛教思想。

能够检视张深切构思孔、老学的对立与同一关系的还有一个重要概念,那就是中庸。林义正已指出在张深切的"回归《论语》或孔子"的过程里,《大学》与《中庸》扮演着奇特的角色。这个在二程以后发展、经朱子集大成而开花结果的"四书"思想,俨然成为张深切重构孔学的关键之一,有违张深切回归《论语》、重新解释孔学的立场。若回顾蟹江义丸的一贯之道图式,可发现张深切将中庸从该图式抽离出来,另辟途径来评价孔学的普遍价值。这可在张深切主张孔学不偏执于主观或客观、唯心或唯物、礼或情的字里行间看到。②

蟹江义丸将中庸的"中"概念追溯到孔子以前、尧舜以来的伦理政治原理,并对照到亚里士多德过与不及这两端中间的中道,主张中庸是一贯之道的形式,礼、仁是其质料,单看中庸、礼或仁都不足以窥见一贯之道。③张深切所说的中庸和此说法有很大的差异。他说:"'中和'为'中庸'的本体,中庸即实践行为。此实践行为需要配合理性的发动;理性需要经过博闻博见博学的修养始增加其知识。这样说来,中庸仿佛极难实行,其实不然;因为这是属于哲学的分析,并非实践行动的意识程序,所以吾人如欲付诸实行时'苟志于

---

① 参见洪子伟编:《存在交涉:日治时期的台湾哲学》,第 184—185 页。
② 参见《孔子哲学评论》第四篇结论的"一贯之道:仁、礼、乐"(陈芳明等编:《张深切全集》第 5 卷,第 500—510 页)及"孔子的人格及其哲学价值"(陈芳明等编:《张深切全集》第 5 卷,第 521—536 页)。
③ 参见蟹江义丸:《孔子研究》,第 267—274、328—329 页。

仁'就可以了。"①如此比对看来,张深切赋予孔学的中庸概念,并非只是一个单纯的理念或哲学概念,还是一个具有实践意涵的行动哲学,甚至直言"孔子哲学的中心可以说是'中庸',中庸亦即是孔子哲学,故孔子哲学一脱离中庸,便无哲学价值"②。"孔子之'道'即是中庸,中庸即是孔子行道的基本哲学。"③他认为孔子具普遍性的合宜言行即是中庸的表现,而其中庸的言行又必须奠基在仁。中庸与仁,在他来看,处于密不可分的关系。

那么张深切又如何解释仁?他认为孔子的仁便是康德所说的理性(Vernunft):"此种理性为人类共通的天性;人类苟能将此天性表露出来,自能成为人道,人道则为人类应守的共同道德。"④此理性"正如康德所谓的'纯粹理性',仁可谓即是道德理念,亦则是'实践理性'"⑤。人的合宜(中庸)言行与纯粹理性、实践理性不可分,可说是张深切借用康德哲学中的道德理念重构孔学的基本论调。⑥笔者认为张深切主张中庸与仁密不可分,孔子的中庸哲学包含浓厚的老庄哲学⑦,目的在于对孔学进行体系建构,以及对孔、老学进行一个统合的工作。

这种儒道的"一而二、二而一"的"对立且同一"论述,虽然不是以极为清晰的方式被呈现出来,但我们仍可从张深切借由重新检视孔、老学的论述过程中看到他对现实世界的关怀。他在《孔子哲学评论》第一篇绪论中检讨何谓哲学时,明确表明自己的立场。他认

---

① 陈芳明等编:《张深切全集》第 5 卷,第 529 页。
② 陈芳明等编:《张深切全集》第 5 卷,第 255 页。
③ 陈芳明等编:《张深切全集》第 5 卷,第 528 页。
④ 陈芳明等编:《张深切全集》第 5 卷,第 498 页。
⑤ 陈芳明等编:《张深切全集》第 5 卷,第 504 页。
⑥ 李明辉在《当前儒家之实践问题》(《儒学与现代意识(增订版)》,台湾大学出版中心,2016 年,第 23—51 页)里揭示了新儒家与康德的亲近性,说明两者的社会实践奠基在具形而上学色彩的道德主体上,借以主张新儒家道德理想主义的超越性与优先性。这和张深切将孔子的仁说与康德的道德理念进行结合有某种契合性。
⑦ 参见陈芳明等编:《张深切全集》第 5 卷,第 510 页。

为哲学到了当代,虽不可缺乏科学,相反地,科学亦不可缺乏哲学。科学若走偏,自然会变成杀人工具、威胁人类的生存与和平。哲学正是监督科学勿陷入盲走的重要指针。这也是他重构中国哲学的最大目的。为达成此目标而重建由中国哲学出发的人文学、精神文化甚至科学,显然是张深切的治学动机。① 这正好显示出他认为孔子谈论仁的动机说最为重要的理由。

结　　论

张深切重构与复兴中国哲学,可说有其现实性存在,支撑其治学立场的无疑是其中华民族意识。这点和上述三位日本思想家有极大的差异。如上所述,中华文化的复兴与当代发展,必须奠基在科学与哲学的结合。张深切期待的是能以这种中国哲学的发展带来世界的和平。相对于此,武内义雄、和辻哲郎、白川静作为异文化汉学研究者,并无以中华文化复兴与发展为己任的想法,而是将汉学视为一种研究对象。我们可以发现在他们对待汉学的背后潜伏着日本民族意识。此意识正好造就了《论语》或汉学作为方法的想法。这一态度可在他们近现代话语下的《论语》研究中窥见。

在最古层说的方法论上,武内义雄用的是思想史方法,和辻哲郎用的是哲学方法。白川静不采用古层说,采用自己文字学下的中国古代社会文化史的论述框架,加上所谓后现代(败者的思想创造)或解构(去除西方理性主义思维)等要素来探讨《论语》和孔子的思想。因此他只将《论语》的内容划分八种类型。要如何使用这八类材料,就得看研究者或读者需要何种信息或想要表现何种信息。其《孔子传》当然是针对孔子的思想撰写的,但也间接显示出自身中国古代研究成果的投影。从更广泛的观点来看,这些研究成果便是他

---

① 参见陈芳明等编:《张深切全集》第5卷,第71—72、84页。

们区分自己和中国学者治学态度、立场之不同的根据。

　　武内义雄以文献考据学及思想史学为基础的《论语》研究,虽有别于和辻哲郎与白川静援引西方哲学、宗教学、社会学、人类学的研究,但透过检视三者的《论语》和孔子思想研究,便可证明近现代日本的《论语》研究之共通点,那便是《论语》研究只是作为方法而已。当所有的古典研究能以一种方法被拿来进行思想创造或自我认同时,它还肩负了一个反过来让研究者的思想再次进行自我反省或批判(一种主客互换)的重责。因为在武内那里,缺乏了一个自觉自身文献考据学或思想史方法的解构意志。在和辻哲郎那里,伦理学俨然成了一切学说的判准,无法同等地容纳跨领域、跨专业的研究视域。而在白川静那里,虽然文字学、宗教学、人类学、社会学等视角带来理性主义思维下的世界观之瓦解,但就如木村英一所说的那样,缺乏了《论语》与孔子思想中的整体性、统一性,缺乏了保持孔子思想中现实与理想、法制社会与理念社会的矛盾对立之立场。也就是说,那种入世与出世、法制与仁道之间的矛盾统一之辩证观点,可以成为再进一步推进白川静文字学或中国古代观的动力。

　　张深切与上述日本汉学研究者的学者精神不同调,如张英哲所指出,无论日据期还是战后期,张深切的"文艺与政治、社会运动"的基调都没有变过。他透过对现实面的关心,对中国哲学的重构与复兴、文艺(戏剧、电影)的创造与展演不遗余力。这种台湾历史语境下的人文学阐释,也代表着其时代性的特征与局限。《论语》这部经典与近现代东亚历史情境之间的张力,有待将来更进一步的研究揭示出来。《论语》经由东亚近现代语境的诠释不仅拓展了孔子思想的跨时代生命力与跨文化视域,其自身也将成为一种能动的主体来推动研究者主观立场下的哲学、思想或学说。相信这种《论语》研究,不仅有现代性意义,还有未来的意义。

1900—1919年：章太炎因明与中国哲学之重建*

中山大学哲学系　曾昭式

我们可以把章太炎(1869—1936)学术研究历程分为五个阶段，从其研究的所在地看，可分为杭州、日本、北京、上海和苏州等五地。1900—1919年，章太炎在《自述学术次第》交代其经历："余少年独治经史《通典》诸书，旁及当代政书而已，不好宋学，尤无意于释氏。三十岁顷，与宋平子交。平子劝读佛书，始观《涅槃》《维摩诘》《起信论》《华严》《法华》诸书，渐近玄门，而未有所专精也。遭祸系狱，始专读《瑜伽师地论》及《因明论》《唯识论》，乃知《瑜伽》为不可加，既东游日本，提倡改革，人事繁多，而暇辄读藏经。又取魏译《楞伽》及《密严》诵之，参以近代康德、萧宾诃尔之书，益信玄理无过《楞伽》《瑜伽》者。"① 这段自述中，"三十岁顷"，按其出生时间，应为1899年后，此时是其反清时期；"遭祸系狱"是指1903—1906年的监狱生涯；"东游日本"指1906年出狱到日本；之后，1911年回国，1913年讨袁世凯，被软禁北京至1916年。从1906的《论诸子学》到《齐物论释》定本于1919年首次刊行，其中国哲学之重建有两大成就：一是以论理学、因明创立先秦名家，二是以唯识学成就《齐物论释》。

---

* 本文系教育部人文社会科学重点研究基地重大项目"广义论证理论研究"的阶段性成果，批准号：16JJD720017。

① 章太炎：《自述学术次第》，傅杰编校：《章太炎学术史论集》，中国社会科学出版社，1997年，第391页。

一、以论理学、因明创立先秦名家

前面提到的宋平子即宋恕(1862—1910),与日本南条文雄交往甚密,其论理学与因明关系思想对章太炎应有影响。宋恕在 1902 年《留别杭州求是书院诸生诗》中提到论理学与因明论式相同的观念:"竺干论理宗因喻,希腊三言竟异同。"①1903 年在日本与佛学家南条文雄交往中也称:"窃尝论印度《因明论》之三法,颇与希腊哲学家之三句法相似。"②

章太炎用论理学、因明建立先秦名家,只显现于此时期的两篇论文,即 1906 年在日本演讲的题为《论诸子学》(后改为《诸子学略说》)的论文,文中有印度因明、中国逻辑、西方逻辑的比较研究;另一篇是 1909 年在《民报》发表的《原名》,用中国名家比附因明,建立先秦名家。依章太炎的看法,思想需要论证,论证就是辩说,辩说是有规定形式的,此为"辩说之道":"辩说之道,先见其旨,次明其柢,取譬相成,物故可形。"在不同文化传统里,对辩说之道的研究仅为印度、中国、大秦(古希腊)。印度称"因明",中国称"名家",古希腊称"论理学"。因明"辩说之道"最为完善,此观念在《诸子学略说》和《原名》里均有论述。今引以为证。

在《诸子学略说》里讲道:

> 何谓因明?谓以此因明彼宗旨。佛家因明之法,宗、因、喻三,分为三支。于喻之中,又有同喻、异喻。同喻异喻之上,各有合离之言词,名曰喻体。即此喻语,名曰喻依。……近人或谓印度三支,即是欧洲三段。所云宗者,当彼断案;所云因者,

---

① 胡珠生:《宋恕集》,中华书局,1993 年,第 857 页。
② 胡珠生:《宋恕集》,第 362 页。

当彼小前提;所云同喻之喻体者,当彼大前提。特其排列逆顺,彼此相反,则由自悟悟他之不同耳。然欧洲无异喻,而印度有异喻者,则以防其倒合。倒合则有减量换位之失,是故示以离法,而此弊为之消弭。村上专精据此以为因明法式长于欧洲。①

在《原名》里说:

> 辩说之道,先见其旨,次明其柢,取譬相成,物故可形,因明所谓宗、因、喻也。印度之辩,初宗,次因,次喻(兼喻体、喻依)。大秦之辩,初喻体(近人译为大前提),次因(近人译为小前提),次宗;其为三支比量一矣。《墨经》以因为故,其立量次第,初因,次喻体,次宗;悉异印度、大秦……喻依者,以检喻体而制其款言,因足以摄喻依,谓之同品定有性。负其喻依者,必无以因为也,谓之异品遍无性。大秦与墨子者,其量皆先喻体后宗。先喻体者,无所所容喻依,斯其短于因明。②

这两段引言明确表达了章太炎比较的态度,就比较所依概念言,他以因明术语为对象,比较古希腊、中国相关概念,如引文"宗、因、喻体、喻依、三支比量"等,不用三段论的"大前提"等;就论式优越言,他特别注重因明论式的完备性,如上引文"印度有异喻者,则以防其倒合"等。正因为因明最为完善,章太炎用因明(因明背后也有论理学之理)建立先秦"名家"学说。

如《诸子学略说》以所缘缘、增上缘等释"缘天官"。

> 大凡一念所起,必有四缘:一曰因缘,识种是也;二曰所缘缘,尘境是也;三曰增上缘,助伴是也;四曰等无间缘,前念是

---

① 章太炎:《诸子学略说》,傅杰编校《章太炎学术史论集》,第183—184页。
② 章太炎:《原名》,傅杰编校《章太炎学术史论集》,第221—223页。

也。缘者是攀附义。此云缘天官者,五官缘境,彼境是所缘缘,心缘五官见分,五官见分是增上缘,故曰:"缘耳而知声可也,缘目而形可也。"五官非心不能感境,故同时有五惧意识为五官作增上缘。心非五官,不能征知,故复借五官见分为心作增上缘。①

以现量解《正名》"五官薄之而不知"。五官感觉,唯是现量,故曰"五官薄之而不知"。以"非量、比量"释"心征之而无说"。心能知觉,兼有非量、比量。初知觉时,犹未安立名言,故曰"心征之而无说"。

征而不说,人谓其不知,于是名字生焉。大抵起心分位,必更五级:其一曰作意,此能警心令起;二曰触,此能令根(即五官)、境、识三,和合为一;三曰受,此能领纳顺违非境相;四曰想,此能取境分齐;五曰思,此能取境本因。作意与触,今称动向,受者今称感觉,想者今称知觉,思者今称考察。初起名字,惟由想成,所谓口呼意呼者也。继起名字,多由思成,所谓考呼者也。凡诸别名,起于取像,故由想位口呼而成。凡诸共名,起于概念,故由思位考呼而成。②

用新因明"宗、因、喻"三支论式释《墨经》之以"故"成"宗"。

佛家因明之法,宗、因、喻三,分为三支。于喻之中,又有同喻异喻。同喻异喻之上,各有合离之言词,名曰喻体。即此喻语,名曰喻依。如云声是无常(宗),所作性故(因)。凡所作者皆是无常,同喻如瓶;凡非无常者皆非所作,异喻如太空(喻)。《墨子》之"故",即彼之"因",必得此因,而后成宗。故曰:"故,所得而后成也。"小故,大故,皆简因喻过误之言。云何小故?

---

① 章太炎:《诸子学略说》,傅杰编校:《章太炎学术史论集》,第182页。
② 章太炎:《诸子学略说》,傅杰编校:《章太炎学术史论集》,第183页。

谓以此大谓小之"因"。盖凡"因"较宗之"后陈",其量必减。如以所作成无常,而无常之中,有多分非所作者,若海市、电光,无常起灭,岂必皆是所作?然凡所作者,则无一不是无常。是故无常量宽,所作量狭。今此同喻同词,若云凡无常者,皆是所作,则有"倒合"之过。故曰:"有之不必然。"谓有无常者,不必皆是所作也。然于异喻离词,若云凡无常者皆非所作,则为无过。故曰:"无之必不然。"谓无无常者,必不是所作也。以体喻宽量,以端喻狭量,故云:"体也,若有端。"云何大故?谓以此大为彼大之因。如云声是无常,不遍性故。不遍之与无常,了不相关,其量亦无宽狭。既不相关,必不能以不遍之因,成无常之宗。故曰:"有之必无然。"二者同量,若见与见,若尺之前端后端。故曰:"若见之成见也。""体,若二之一,尺之端也。"①

《原名》围绕着"散名",研究了三个问题:"论名之所以成、与其所以存长者、与所以为辩者也。"就名之所以成,他用"受、想、思"比附《正名》中的"天官"与"征知",认为"名言,自取像生,想随于受,名役于想","接于五官曰受,受者谓之当簿传于心曰想者谓之征知。一接焉一传焉曰缘"。按照唯识学四缘理论,他把增上缘视作名之所以成。《经上》《经下》的研究是找佛教相对应的概念来解释。如《墨经》所说的"五路"用佛教九缘释:"五路者,若浮屠所谓九缘:一曰空缘,二曰明缘,三曰根缘,四曰境缘,五曰作意缘,六曰分别依,七曰染净依,八曰根本依,九曰种子依。自作意而下,诸夏之学者不亟变,泛号曰智。"《墨经》所说的"亲、说、闻"比作因明的现量、比量和声量(圣教量)。他认为陈那因明取消圣教量,是因为"诸宗哲学既非一轨,各持圣教量以为辩,则违立敌共许之律"。在辩论时,不能违反亲与闻,"违于亲者,因明谓之见量相违;违于闻者,因明谓之世间相违"②。

---

① 章太炎:《诸子学略说》,傅杰编校:《章太炎学术史论集》,第 183—184 页。
② 章太炎:《原名》,傅杰编校:《章太炎学术史论集》,第 219—221 页。

如上，章太炎之"名家"，实为中国先秦逻辑，包括先秦诸子的逻辑思想，这在他后来的著作里也有交代："名家是治'正名定分之学'，就是现代的'论理学'，可算是哲学的一部分。尹文子、公孙龙子和庄子所称述的惠子，都是治这种学问的。惠子和公孙龙子主用奇怪的论调，务使人为我驳倒，就是希腊所谓'诡辩学派'。荀子正名篇研究'名学'也很精当。墨子本为宗教家，但《经上》《经下》二篇，是极好的名学。"①其重建特色是以因明审视先秦诸子相关思想，成就先秦名家。

二、以唯识学成就《齐物论释》

《齐物论》②内容包括：论"道"章讲"知止其所不知"，即"大道不称，大辩不言，大仁不仁，不廉不嗛，不勇不忮"，因为"道未始有封，言未始有常"，"五者圆而几向方矣"（"道昭而不道，言辩而不及，仁常而不成，廉清而不信，勇忮而不成"）。"尧问于舜"彰显尧不占三国之德行。"啮缺问乎王倪"彰显物无分别、无好坏（"仁义之端，是非之涂，樊然殽乱，吾恶能知其辩！"），无利害，所以"死生无变于己"。"瞿鹊子问乎长梧子"章借孔子之批评讲万物一体（"参万岁而一成纯，万物尽然，而以是相蕴"），讲去辩，讲自然而然、顺天以性（"化声之相待，若其不相待，和之以天倪，因之以曼衍，所以穷年也"），即"是不是，然不然。是若果是也，则是之异乎不是也亦无辩；然若果然也，则然之异乎不然也亦无辩。忘年忘义，振于无竟，故寓诸无竟"。罔两问景章讲"恶识所以然？恶识所以不然？"。庄周梦为蝴蝶章讲"物化"。

《齐物论释》发表后于 1912 年由频伽精舍出了单行本，《齐物论

---

① 章太炎：《国学讲义》，海潮出版社，2007 年，第 28 页。
② 郭庆藩撰，王孝鱼点校：《庄子校释》，中华书局，1961 年，第 43—114 页。

释》定本1919年首次刊行于浙江图书馆本《章氏丛书》中。《齐物论释》将《齐物论》分为七个部分来解读,与《齐物论》文本不同,《齐物论释》文本里出现了西方哲学、逻辑学概念和先秦诸子思想,更多出现的是佛学因明概念。在此,只以"章太炎如何将《齐物论》理论给予佛学因明之分析"为主题,以窥其《齐物论》之因明式解读。

第一章南郭子綦与颜成子游对话。以"天籁"("而使其自己也")、"地籁"("地籁则众窍是已")、"人籁"("人籁则比竹是已")借譬,通过"天籁"与"地籁"比照,诚如"天籁""咸其自取"来论证"物无非彼,物无非是""复通为一""天地一指也,万物一马也""天地与我并生,而万物与我为一"而"非分"(物我、是非、有无)、"非言""不用""无辩",应该"和之以是非而休乎天钧,是之谓两行""寓诸庸""莫若以明""因是已"。所以,"丧我"是丧认识、丧分别、丧言、丧辩等,目的是顺应自然。章太炎对此章的佛教诠释分为六部分。第一部分章太炎认为《齐物论》"略破人法大相"和"明心量"。他以"地籁"中的"风"指"不觉念动","万窍怒呺"指不同"相名",他认为"夫吹万不同,而使其自己也。咸其自取,怒者其谁邪?"是"略破人法大相"①。其诠释为:"天籁"中"吹万"指藏识及其种子,"使其自己"为"依止藏识"。"言使其自己,以意根执藏识为我……自取者,《摄大乘论》无性释曰:'于一识中,有相有见,二分俱转。相见二分不即不离。''所取分名相,能取分名见。''于一识中,一分变异,似所取相,一分变异,似能取见。'是则自心还取自心,非有余法。知其尔者,以现量取相时,不执相在根识以外,后以意识分别,乃谓在外,于诸量中现量最胜。现量即不执相在外,故知所感定非外界,即是自心现影。既无外界,则万窍怒呺,别无本体,故曰怒者其谁。"②"夫已自取己者,即己我若是,一不应自取我若是,而云何有我?则丧我不足怪矣。"③

---

① 章太炎著,王仲荦点校:《齐物论释定本》,《章太炎全集(六)》,上海人民出版社,1986年,第67页。
② 章太炎著,王仲荦点校:《齐物论释定本》,《章太炎全集(六)》,第66页。
③ 章太炎著,王仲荦点校:《齐物论释定本》,《章太炎全集(六)》,第67页。

接着便明心量:"大知闲闲"指藏识和知,"小知间间"指五识不能相待、意识不能同时有二想,"其寐也魂交"指梦中独头意识,"其觉也形开"指明了意识及散位独头意识,"与接为构,日以心斗"中"接"为触受,"谓能取所取交加而起,二者交加,则顺违无穷,是名日以心斗"①。"缦"是率尔堕心,"窖"是寻求心者,"密"是精心,"恒审思量,所谓慧心也。即于思中有简择用"②,等等,"略举心及心所有法"③。"心不起灭,意识不续,中间恒审思量,亦悉伏断,则时分销亡,而流注相续之我自丧矣。"④第二部分自"非彼无我,非我无所取"至"而人亦有不芒者乎?"⑤。"此因丧我说之,而论真我和幻我也。……我苟素有,虽欲无之,而固不可得。我若定无,证无我己,将如槁木枯腊邪?为是征求我相名色,六处我不可得,无我所显,真如可指,言我乃与人我法我异矣。"⑥第三部分自"夫随其成心而师之"至"天地一指也,万物一马也"论藏识中种子。藏识"本有世识、除识、相识、数识、作用识、因果识、第七意根本有我识,其他有无是非,自共合散成坏等相悉由此七种子支分观待而生。成心,即是种子,种子者,心之碍相,一切障碍即究竟觉,故转此成心则成智,顺此成心则解纷。成心之为物也,眼耳鼻舌身意六识未动,潜初藏识意根之中,六识既动,应时显现,不待告教,所谓随其成心而师之也"⑦。此段包含三方面内容,"第一明种子未成,不应倒责为有;第二明既有种子,言议是非或无定量;第三明现量所得既为有实法实生者,即是意根妄执也"⑧。第四部分自"可乎可"至"是之谓两行"破名守之拘,章太炎认为此段佛经无解:"又详《齐物》大旨,多契佛经,独此一解,字未二百,大小乘中皆所未有。"⑨第五部分自"古之人,其知有所至矣"至"此之谓以

---

①② 章太炎著,王仲荦点校:《齐物论释定本》,《章太炎全集(六)》,第67页。
③ 章太炎著,王仲荦点校:《齐物论释定本》,《章太炎全集(六)》,第68页。
④ 章太炎著,王仲荦点校:《齐物论释定本》,《章太炎全集(六)》,第69页。
⑤⑥ 章太炎著,王仲荦点校:《齐物论释定本》,《章太炎全集(六)》,第70页。
⑦ 章太炎著,王仲荦点校:《齐物论释定本》,《章太炎全集(六)》,第72—73页。
⑧ 章太炎著,王仲荦点校:《齐物论释定本》,《章太炎全集(六)》,第79页。
⑨ 章太炎著,王仲荦点校:《齐物论释定本》,《章太炎全集(六)》,第82页。

明",章先生用"三性"解释"果且有成与亏乎哉?果且无成与亏乎哉?"这一命题;用"自悟悟他"说"若是而可谓成乎,虽我亦成也。若是而不可谓成乎,物与我无成也"这一命题。"无物之见,即无我执、法执也。有物有封,有是非见,有我法二执,转益坚定,见定故爱自成,此皆遍计所执,自性迷,依他起自性,生此种种愚妄,虽尔圆成实性,实无增减,故曰果且有成与亏乎哉?果且无成与亏乎哉?"①"详夫自悟悟他,立说有异,悟他者必另三支无亏,立敌共许,义始极成,若违此者,便与独语无异。故曰若是而可谓成乎,虽我亦成也。语随法执,无现比量,非独不可悟他,己亦不可自了,故曰若是而不可谓成乎,物与我无成也。"②第六部分自"今且有言于此"至"因是已",讲"名言习气"③。章先生用《摄大乘论》释"言"与"义",引文如下:"《摄大乘论》世亲释曰:'若言要待能诠之名,于所诠义,有觉知起,为遮此故,复说是言,非诠不同,以能诠名与所诠义互不相称,各异相故。'此即明言与义不类也,若竟无言,则有相分别不成。《摄大乘论》世亲释曰:'非离彼能诠智于所诠转,由若不了能诠之名于所诠义,觉知不起。'此即明名与义相类也。"④为什么能诠所诠不相称,章先生从三名("一者本名,二者引申名。三者究竟名"⑤)予以解释,即本名无所依,且多国多言;引申名有多义,异语转多义,究竟名与究竟义也难相称。所以庄子只能从不称中"请尝言之",而此章先生认为《摄大乘论》所谓似法似义,有见意言⑥。"有始"与"无始","万物与我为一""一与言为二,二与一为三"的解释亦依唯识而言不一而足。

第二章以现量、比量释"六合之外,圣人存而不论"。"六合有外,人人可以比量知其总相;其外何状,彼无现量,无由知其别相。存则无损减,不论则无增益,斯为妙挈中道。"⑦

---

① 章太炎著,王仲荦点校:《齐物论释定本》,《章太炎全集(六)》,第84页。
②④ 章太炎著,王仲荦点校:《齐物论释定本》,《章太炎全集(六)》,第85页。
③ 章太炎著,王仲荦点校:《齐物论释定本》,《章太炎全集(六)》,第88页。
⑤ 章太炎著,王仲荦点校:《齐物论释定本》,《章太炎全集(六)》,第86页。
⑥ 章太炎著,王仲荦点校:《齐物论释定本》,《章太炎全集(六)》,第89页。
⑦ 章太炎著,王仲荦点校:《齐物论释定本》,《章太炎全集(六)》,第98页。

第三章尧舜对话以中国传统思想解,得出"故应物之论,以齐文野为究极"①。

第四章以《大乘起信论》释啮缺与王倪对话,认为"物所同是,谓众同分所发触受想思。子所不知,谓触受想思别别境界何缘而发,又若识及根尘,即由迷一法界而成:'迷一法界乃成六识六根六尘。……触受想思唯是织妄,故知即不知也。达一法界,心无分别,故不知即知也。'"②所举五感所取,落脚于至人,"若夫至人者,亲证一如,即无岐相,现觉无有风雷,寒热尚何侵害之有"③。

第五章用"初说生空,次说生空亦非辞辩可知,终说离言自证"解"瞿鹊子与长梧子对话"。章先生特别强调庄子提出的"和以天倪,因以曼衍"为"自悟悟他之本"④,比佛教圣言量更有说服力:"若因明所谓圣教量者,足以暂宁诤论,止息人言,乍似可任,而非智者所服。惟和之自然之分,任其无极之化,则是非之境自灭,而性命之致自穷也。"⑤

第六章罔两问景。罔两"自无主宰,别有缘生。……责其缘起"⑥。依"因""缘"和"果"解庄子言"恶识所以然?恶识所以不然?"("《庄子》所言果,与佛典之果同义;其言因者,则倒本前事之言,与佛典辞气有差,义乃无异。"⑦)认为此引文与佛教因、缘和果说一致,因为佛"详夫因缘及果,此三名者随俗说有,依唯心说,即是心上种子。不可执着说有"⑧。另"此章复破缘生而作无因之论"⑨。第七章解"庄周梦为蝶",认为庄子讲轮回,梦是同喻。("然寻庄生多说轮回之义,此章本以梦为同喻,非正说梦。"⑩)此为俗谛所讲。("轮

---

① 章太炎著,王仲荦点校:《齐物论释定本》,《章太炎全集(六)》,第100页。
② 章太炎著,王仲荦点校:《齐物论释定本》,《章太炎全集(六)》,第101—103页。
③ 章太炎著,王仲荦点校:《齐物论释定本》,《章太炎全集(六)》,第104页。
④⑥ 章太炎著,王仲荦点校:《齐物论释定本》,《章太炎全集(六)》,第110页。
⑤ 章太炎著,王仲荦点校:《齐物论释定本》,《章太炎全集(六)》,第107页。
⑦⑨ 章太炎著,王仲荦点校:《齐物论释定本》,《章太炎全集(六)》,第112页。
⑧ 章太炎著,王仲荦点校:《齐物论释定本》,《章太炎全集(六)》,第111页。
⑩ 章太炎著,王仲荦点校:《齐物论释定本》,《章太炎全集(六)》,第117页。

回生死,亦是俗谛,然是依他起性,而非遍计所执性,前章说无待所以明真,此章说物化所以通俗。"①)与佛法的区别在于:"佛法以轮回为烦恼,庄生乃以轮回遣忧。"②这是庄子之短,因为佛去烦恼为涅槃,而庄子则"实无欣羡寂灭之情"③。此处章太炎便引入《庄子》其他篇及老子相关言语思想,又用佛教《起信论》《大乘入楞伽经》解其义。如引用《德充符篇》"以其知得其心,以其心得其常心""彼且择日而登假"以佛解,释为"谓依六识现量,证得八识自体,次依八识现量,证得庵摩罗识自体,以一念相应,慧五明顿尽于色究竟处,示一切世间最高大身也。此乃但说佛果,而亦不说涅槃"④。此说庄子"不求无上正觉为庄生所短"⑤。章太炎以唯识学释《齐物论》,形成经典解释作品《齐物论释》。如果从《齐物论释》中看唯识学,其中唯识学内容是局部的,显然与章先生所知的唯识学理论体系不对称;如果从《齐物论》中找唯识学概念,庄子并没有唯识学观念,恐难以寻觅。由此得出,章先生的《齐物论释》有似向不懂《齐物论》的唯识学者讲解《齐物论》之义。

三、"一字千金"与"不得其本"

章太炎对其如上两个方面的贡献评价极高。"若《文始》《新方言》《齐物论释》及《国故论衡》中《明见》《原名》《辨性》诸篇,皆积年以补前人所未举。"⑥"既为《齐物论释》,使庄生五千言,字字可解。……若《齐物论释》《文始》诸书,可谓一字千金矣。"⑦撇开章太炎在没有

---

①②③ 章太炎著,王仲荦点校:《齐物论释定本》,《章太炎全集(六)》,第118页。
④ 章太炎著,王仲荦点校:《齐物论释定本》,《章太炎全集(六)》,第119页。
⑤ 章太炎著,王仲荦点校:《齐物论释定本》,《章太炎全集(六)》,第120页。
⑥ 章太炎:《自述学术次第》,傅杰编校:《章太炎学术史论集》,第402页。
⑦ 章太炎:《自述学术次第》,傅杰编校:《章太炎学术史论集》,第391页。

接受论理学、因明、唯识学前研究先秦诸子思想不论,为什么章先生"一字千金"的研究成果只存在于此期间,不仅后来没有延续的研究,甚至到了后来抛弃这种研究,重新写作名家和《齐物论》? 如章先生在章氏国学讲习会上讲学记录的《诸子略说》,仍然是以荀子《正名》为核心,重点探讨散名,讨论了孔子"正名"、尹文、惠施、公孙龙、墨家和荀子等的"名"思想,结论是"名家最得大体者,荀子;次则尹文。尹文之语虽简,绝无诡辩之风;惠施、公孙龙,以及《墨子·经》上、下,皆近诡辩一派,而以公孙龙为最"①。他所论及荀子为什么关注散名:"古今语言,虽有不同,然其变以渐,无突造新名以易旧名之事;不似刑名、爵名、文名之随政治而变也。"②"缘天官"的诠释为:"人之五官,感觉相近,故言语可通,喜怒哀乐之情亦相近,故论制名之缘由曰'缘天官'也。"③这里也没有西方逻辑和印度因明。又如章氏国学讲习会讲《齐物论》:"'齐物论'三字,或谓齐物之论,或谓齐观物论,二义俱通。庄子此篇,殆为战国初期,学派分歧,是非蜂起而作。'彼亦一是非,此亦一是非',庄子则以为一切本无是非。不论人物,均各是其所是,非其所非,唯至人乃无是非。必也思想断灭,然后是非之见泯也。其论与寻常论平等者不同,寻常论平等者仅言人人平等或一切有情平等而已。是非之间,仍不能平等也。庄子以为至乎其极,必也泯绝是非,方可谓之平等矣。揆庄子之意,以为凡是不能穷究其理由,故云'恶乎然? 然于然;恶乎不然? 不然于不然'。然之理即在于然,不然之理即在于不然。若推寻根源,至于无穷,而然、不然指理终不可得,故云然于然,不然于不然,不必穷究是非之来源也。"④此中只字不提论理学、因明、唯识学。这其中的原因与其同时代其他哲学家一样,1910—1919 年的章太炎是在思想上、政治上、行动上、学术上救国。此详尽论证可以见拙著《中国现

---

① 章太炎:《诸子略说》,章太炎著,吴永坤讲评:《国学讲演录》,凤凰出版社,2008 年,第 230 页。
②③ 章太炎:《诸子略说》,第 235 页。
④ 章太炎:《诸子略说》,第 210—211 页。

代文化视野中的逻辑思潮》(科学出版社,2008年),兹不多言。

一旦为学问而学问地研究先秦诸子思想,章太炎自然抛弃异质文化的某一哲学思想而进入自己文化思想的研究。所以,1935年他在《制言发刊宣言》中批评学界那些"不得其本"的研究:"其间颇有说老庄,理墨辨者,大抵口耳剽窃,不得其本。盖昔人之治诸子,皆先明群经史传,而后为之。今即异是,皮之不存,毛将焉附耶?"①提出先秦诸子思想研究要"辨书籍的真伪""通小学""明地理""知古今人情的变迁"和"辨文学的应用"。他特别强调:"我们如果不明白古时的训诂,误以后义附会古义,就要弄错了。"②特别强调中国哲学的研究:"哲学一科,是乎可以不通小学,但专凭自我的观察,由观察发表自我的意思,和古人完全绝缘,那才可以不必研究小学。倘仍要凭借古人,或引用古书,那么,不明白小学就要闹笑话了。"③

尽管如此,章太炎对于中国传统哲学、中国逻辑、因明研究的贡献,如同陈少明所言:"其以认识论与因明的视角研究先秦名学的开创性,为学术史所公认。""就思想方式言,它是以辨名析理的方式发掘子学哲学深度的典范之作。该书借佛学的名相分析,为原作各种隐喻式的陈述提供巧妙而内涵丰富的解说者,比比皆是。其思想视野,具有把东(道家、佛学)西(科学、哲学、宗教)方形上学融于一体,表达对人类生存状态普遍关切的情怀。"④如就"名家"研究而言,伍非百的《中国古名家言》亦用章太炎"名家"一词,其《齐物论新义》"求诸心"⑤部分采用章说。章士钊等诸多学者亦受影响,其在中国逻辑史学科、佛教逻辑学科建设上确有开创之功。

---

① 章太炎:《章太炎全集(五)》,上海人民出版社,1985年,第159页。
② 章太炎:《国学讲义》,海潮出版社,2007年,第9页。
③ 章太炎:《国学讲义》,第10页。
④ 陈少明:《排遣名相之后——章太炎〈齐物论释〉研究》,《哲学研究》2003年第5期。
⑤ 伍非百:《中国古名家言》,四川大学出版社,2009年,第659—661页。

在包容与排他之间

——《天主实义》与《圣朝佐辟》尊儒立场研究

复旦大学文史研究院 王 安

在晚明时期,耶稣会曾派遣传教士来华传播天主教,意大利人利玛窦便是这些传教士中较有代表性的一位。他敏锐地看到了儒家思想在中国的崇高地位,因此采取了合儒排佛的策略,试图将天主教塑造为儒家思想中反佛传统的同盟军。《天主实义》便是他根据这一传教策略写出的作品。在论述中国思想界的状况时,他对佛教和道教的教义予以批评,却对儒家思想大加赞誉,认为"纯正的"儒家思想与天主教教义极为相似,而当时流行的宋明理学则是佛教影响下的产物。在他的笔下,儒家思想需要借助天主教教义的帮助才能恢复自己的纯正性。该书在1603年底或1604年初时初次出版,此后又曾数次再版,冯应京、李之藻等知名士大夫曾为之作序,在清代时又被收入《四库全书》的目录之中,可见其在中国影响之大。

同样是在这一时代,面对天主教的迅速传播,以及来自传教士们的批评攻击,佛教方面也曾做出反击。在17世纪30年代,一位名叫黄贞的佛教信徒曾辗转于东南沿海,号召僧人、士大夫等各类人士撰文批判天主教。1639年时,他将收集到的文章结集为《圣朝破邪集》。在这一文集之中,明末名僧云栖袾宏的弟子,浙江德清人许大受所写的《圣朝佐辟》是一篇具有代表性的文章。根据赖岳山的研究,许大受"业儒崇佛,但他可能对佛教怀有更强的信念,也更欢喜"[①],其

---

① 赖岳山:《许大受生平事汇考补》,梅谦立、杨虹帆校注,赖岳山校核:《明·许大受〈圣朝佐辟〉校注》,台湾佛光文化事业有限公司,2018年,第181页。

观点立场偏向佛教,强调儒佛融合。在文章中,许大受认为天主教虽然在表面上尊重儒家思想,但在实际行为上却一直在对儒家思想进行曲解甚至贬低,并试图取代其统治地位。他还从三教合一的角度出发,坚持中国思想界儒释道"三教合一"的传统,认为天主教对佛教的攻击会危害到儒家思想的权威性。因此,他认为有识之士应该兼取佛儒两家的思想遗产以反击天主教这一异端邪说。在《圣朝破邪集》中,《圣朝佐辟》的篇幅最长,对天主教的批判也最为全面。夏瑰琦认为这篇文章在《圣朝破邪集》中"最得要领"[①],柯毅霖则认为它是"理解晚明反基督教运动的最重要的文本"[②]。

综上所述,我们可以将这两部著作分别看作晚明时期中国思想界中天主教思潮及与之相对的反天主教思潮这两股思潮的代表。重要的是,虽然这两部著作在宗教立场上完全相反,但二者却都采取了尊儒的立场,都将儒家思想视作己方的同盟军,并试图用分析儒耶、儒佛关系的方式来论证己方立场的正确和对方立场的错误。目前,中外学界已经对晚明时期中国思想界的这两股思潮做出了大量卓有成效的研究。[③]在这些研究的基础之上,本文将从包容性和排他性两个角度出发,将重点放在两股思潮的共同手法即对尊儒立场的利用上,对《天主实义》与《圣朝佐辟》中对儒家立场与天主教、佛教关系的论述进行对比研究,进而探究两股思潮中的尊儒立场,以及该立场中包含的包容和排他两种性质。具体来说,本文将在前两节分别考察两部著作中对儒家立场与天主教、佛教之间关系的论述,第三节重点论述两部著作对儒家立场的双重性质的利用

[①] 夏瑰琦:《维护道统 拒斥西学——评〈破邪集〉》,《浙江学刊》1995年第1期。

[②] 柯毅霖著,王志成、思竹、汪建达译:《晚明基督论》,四川人民出版社,1999年,第357页。

[③] 如柯毅霖曾在《晚明基督论》中将中国人面对传教的反应归纳为"皈依者"与"反基督教运动",并分别以两章予以论述;张晓林也曾在《天主实义与中国学统——文化互动与诠释》(学林出版社,2005年)中分别以两章概括基督教护教者与反教者的基本观点等。

及这种利用的内在矛盾,最后一节从宗教对话的角度对论争进行分析。

一、儒家立场与天主教

(一)《天主实义》中的以耶补儒

在《耶稣会与天主教进入中国史》中,利玛窦曾使用大量篇幅对中国思想界的儒释道"三教"予以介绍。在谈到儒家时,他认为:"儒家教义的宗旨是国泰民安,家庭和睦,人人安分守己。在这些方面,他们的主张相当正确,完全符合自然的理性与天主教的真理。"①出于这一认识,利玛窦常常将天主教描述为与儒家思想近似甚至相同的思想体系。他甚至认为"尧、舜、周、孔,皆以修身事上帝为教"②,即先秦儒家的教义思想是信奉上帝。从这种认识出发,在《天主实义》中,利玛窦曾对儒释道"三教"的哲学思想做过这样的评判:"二氏之谓,曰无曰空,于天主理大相刺谬,其不可崇尚,明矣。夫儒之谓,曰有曰诚,虽未尽闻其释,固庶几乎。"③即认为儒家思想与天主教极为相近。

在这一基础上,利玛窦试图向士大夫证明:如果天主教不是儒家思想自身,那它至少也是儒家思想最好的盟友。在《天主实义序》中,冯应京曾对《天主实义》做过这样的评价:"是书也,历引六经之语,以证其实,而深诋谭空之娱,以西政西,以中化中。"④这一评价点

---

① 利玛窦著,文铮译:《耶稣会与天主教进入中国史》,商务印书馆,2014年,第71页。
② 汤开建校注:《利玛窦明清中文文献资料汇释》,上海古籍出版社,2017年,第384页。
③ 利玛窦著,梅谦立注,谭杰校勘:《天主实义今注》,第91页。
④ 利玛窦著,梅谦立注,谭杰校勘:《天主实义今注》,第70页。

出了该书以儒家经典论证天主教教义的特征。具体来说,他将儒家思想分为"古儒"(主要指先秦儒家)与"今儒"(主要指宋明理学)两部分,使用天主教教义对"古儒"进行改造后以"古儒"否定"今儒",以树立先秦儒家权威的方式来否定宋明理学,论证天主教的教义。如在讨论创世问题时提出:"但闻古先君子敬恭于天地之上帝,未闻有尊奉太极者"①;"如太极为天地所出,是世之宗考妣也,古先圣帝王祀典宜首及焉,而今不然,此知必太极之解非也"②。这段论述巧妙地利用了先秦儒家的文献,以古代文献中并无尊奉、祭祀太极的记载这一事实反驳了宋明理学的太极创世说。他又借代表天主教的"西士"之口,引用《中庸》《诗经》《易经》《礼记》《尚书》五部古代儒家文献中有关"上帝"观念的记载,并得出"上帝与天主,特异以名也"③,即儒家经典中的"上帝"与天主教中的"天主"虽然名字不同,但事实上表达了相同的概念。此外,在讨论天主教中的天堂概念时,他引用《诗经》及《尚书》中有关古代圣王与天的段落,提出"夫在上、在天、在帝左右,非天堂之谓,其何欤"④的观点,认为这些段落中的"上""天"指的就是天主教教义中的天堂。

从效果上来看,利玛窦的这种方法是十分巧妙而有效的。在儒家的话语体系之中,越是古老的典籍大体上就拥有越高的权威性。然而相比天主教、佛教或是宋明理学而言,先秦儒家的典籍并没有形成系统的思想体系,因此利玛窦可以站在天主教的立场上随心所欲地找出某一与天主教教义(至少是在表面上)类似的章节,并利用其论证天主教的合理性。这种方法使得利玛窦既能够站在天主教立场上对儒家思想中不符合教义的部分大加攻击,又能以"澄清儒家正统"自居,不至于使信奉儒家思想的士大夫反感。在这种方法的影响下,一些士大夫开始将天主教理解为一种能够"补儒"的思想

---

① 利玛窦著,梅谦立注,谭杰校勘:《天主实义今注》,第94页。
② 利玛窦著,梅谦立注,谭杰校勘:《天主实义今注》,第99页。
③ 利玛窦著,梅谦立注,谭杰校勘:《天主实义今注》,第101页。
④ 利玛窦著,梅谦立注,谭杰校勘:《天主实义今注》,第175页。

体系。如汪汝淳便认为天主教教义完全符合"吾儒大中至正之理",乃是"今日救世之微权"①,能够帮助儒家士大夫更好地理解真正的儒家思想。

(二)《圣朝佐辟》中的辟耶佐儒

在《圣朝佐辟自叙》中,许大受认为传教士们推崇儒家思想的目的并不是补全或发展儒家思想,只是因为"中国户尊孔子,家慕尧舜,而不得不权傍其篱间耳"②,即借助中国人对儒家思想的尊崇来传播自己的思想罢了。他又站在儒家士大夫的角度,对天主教做出了"夷说鄙陋,尚远逊于佛及老,何况吾儒"③的判断,认为天主教的教义比起佛道二教尚且不如,更不用说儒家思想了。从这一立场出发,许大受在《圣朝佐辟》中从多个方面指出了天主教教义与传统儒家思想的相异之处并予以抨击。这里以他对"天主"观念的论述为例考察其对天主教"以耶补儒"理论的抨击。

在《天主实义》中,利玛窦认为"如以天解上帝,得之矣"④,即将中国传统中的"天"观念与先秦儒家文献中的"上帝"观念等同于天主教中的"天主"概念,以证明对"天主"的崇拜乃是中国文化中固有的观念。而许大受则针锋相对地指出"圣学何尝不言天?然实非夷之所谓天也"⑤,认为儒家传统中的"天"与天主教中的"天主"并不相同。他首先提出:"天止一子,恐不可以尽人而僭为天子也。"⑥该论断点破了这一事实:儒家传统中的"天"崇拜是一种与宗法制度相结

---

① 利玛窦著,梅谦立注,谭杰校勘:《天主实义今注》,第222页。
② 梅谦立、杨虹帆校注,赖岳山校核:《明·许大受〈圣朝佐辟〉校注》,第110页。
③ 梅谦立、杨虹帆校注,赖岳山校核:《明·许大受〈圣朝佐辟〉校注》,第83页。
④ 利玛窦著,梅谦立注,谭杰校勘:《天主实义今注》,第99页。
⑤ 梅谦立、杨虹帆校注,赖岳山校核:《明·许大受〈圣朝佐辟〉校注》,第91页。
⑥ 梅谦立、杨虹帆校注,赖岳山校核:《明·许大受〈圣朝佐辟〉校注》,第92页。

合的、有等级差别的崇拜;而天主教的"天主"崇拜则是作为救赎宗教的一部分,是所有人都能平等参与的崇拜,这一点是中西"天"观念的重大差别之一。其次,他又指出"从古有敬天,无媚天"①,认为"古之圣贤,宁其舍修德之外,别有修福之法哉"②;而天主教中"若尔毕世为善,而不媚天主,为善无益;若终身为恶,而一息媚天,恶即全消"③的教义乃是"亵天"。也就是说,在中国传统之中,"敬天"就是履行世俗道德本身;而在天主教教义中,对天主的崇拜则超越了世俗道德。这也是中国传统的"天"观念与天主教教义的巨大差别。此外,他针对传教士引用论语中"知我其天""获罪于天"等语句论证天主存在的说法,指出"审如是,只宜曰'但奉天',不宜曰'不怨天',又不宜以天人平论矣"④,即这种说法并不符合《论语》原文的整体意涵⑤,只不过是天主教徒的断章取义罢了。

　　以对"天"的论述为代表,许大受看到了利玛窦等传教士对儒家思想文化的曲解,并在《圣朝佐辟》中较全面地指出了天主教教义与儒家思想的不同之处。《圣朝破邪集》编者黄贞认为天主教与儒教的关系是"似道非道而害道。媚儒窃儒而害儒"⑥,许大受也抱有相似的观点。他将利玛窦等人传播的天主教看作"荒芜刺谬"的"邪说",并认为天主教提倡的儒耶融合乃"窃儒""灭儒";天主教徒"辟佛"的根本目的在于"贬儒"。从这一观点出发,他认为撰文破斥天主教乃"为圣人为天子吐气"⑦,即维护儒家传统,"崇儒""佐儒"的行为。

---

① 梅谦立、杨虹帆校注,赖岳山校核:《明·许大受〈圣朝佐辟〉校注》,第92页。

②③ 梅谦立、杨虹帆校注,赖岳山校核:《明·许大受〈圣朝佐辟〉校注》,第94页。

④ 梅谦立、杨虹帆校注,赖岳山校核:《明·许大受〈圣朝佐辟〉校注》,第96页。

⑤ "知我其天"出自《论语·宪问》,原句为:"不怨天,不尤人,下学而上达,知我者其天乎!"

⑥ 夏瑰琦编:《基督教与中国文化史料丛刊1:圣朝破邪集》,建道神学院,1996年,第154页。

⑦ 梅谦立、杨虹帆校注,赖岳山校核:《明·许大受〈圣朝佐辟〉校注》,第83页。

二、儒家立场与佛教

（一）《天主实义》中的以耶排佛

在中国传教时，利玛窦曾不遗余力地对佛教进行攻击，也曾多次与佛教信徒进行面对面的辩论。利玛窦对佛教的批评固然是出于其天主教教士的立场，但他同时也采用了儒家思想中的排佛传统。他在手稿中写道："最让佛教丧失威信的事，也是儒家经常以此来揶揄佛教徒的事，便是最初接受佛教教义的皇帝和皇子们全部死于非命，许多不幸的事随之接二连三地发生，和尚们本想乞求福祉，却招来了天灾人祸。"①可以看出他对儒家的排佛传统是有一定了解的。从史料来看，这一传统为他提供了天主教以外的另一种排佛立场。如他曾以"佛入中国，既两千年矣。琳宫相望，僧尼载道，而上国之人心世道，未见其胜于唐虞三代也。每见学士称述，反云今不如古"②，即与儒家思想中上古的理想社会相比，中国在佛教传入后反而日益衰颓这一理由批评佛教，这与儒家思想中的排佛传统极为相似③。

出于这种立场，利玛窦在《天主实义》中将佛教解释为一种与儒家思想不能兼容的，有害无益的异端，认为任何追求儒佛融合的行为都会损害儒家思想的正统地位。他曾借代表儒家士大夫的"中士"之口表示"吾国君子亦痛斥二氏，深为恨之"④，为儒家思想设定了"恨佛"的基本立场；再提出"儒者欲罢二氏教于中国，而今乃建二宗之寺观，拜其像，比如欲枯槁恶树，而厚培其本根，必反荣焉"⑤，认

---

① 利玛窦著，文铮译：《耶稣会与天主教进入中国史》，第 73 页。
② 汤开建校注：《利玛窦明清中文文献资料汇释》，第 384 页。
③ 如韩愈就曾在《谏迎佛骨表》中对佛教做出过类似的批评。
④ 利玛窦著，梅谦立注，谭杰校勘：《天主实义今注》，第 92 页。
⑤ 利玛窦著，梅谦立注，谭杰校勘：《天主实义今注》，第 198 页。

为儒者不应该参与佛道二教的宗教活动;又提出"于以从三教,宁无一教可从。无教可从,必别寻正路,其从三者,自意教为有余,而实无一得焉"①,否定了三教合一的合理性。这样,在利玛窦的笔下,儒家思想被赋予了极强的排他性,如果承认儒家思想的正确性与权威地位,就必须与佛教划清界限。那么,天主教在这一过程中又要扮演什么角色呢?在第八篇中,利玛窦借"中士"之口提出"儒门之人,任其私智,附会二氏,以论来世,如乞丐就乞余饭,弥紊正学,不如贵邦儒者,乃有归元"②,即追求儒佛融合的中国儒者事实上误解了儒家思想,而西方的天主教信徒却更加理解儒家思想的真谛。既然如此,那么利用天主教教义来重振儒家权威似乎也就是顺理成章的事情了。在《重刻〈天主实义〉跋》中,中国基督徒汪汝淳便提出:"三代以还,吾儒主鬯。自象教东流,彼说遂炽。……夫始而入,既而濡,乃今虚幻之谈,浸为真谛。……利先生悯焉,乃著《天主实义》。"③也就是说,在汪汝淳的眼里,天主教对佛教的攻击事实上是在排除佛教这一异端思想的影响,帮助儒家思想重新树立权威。

就这样,利玛窦将自己基于天主教立场的,对佛教的攻击与儒家传统中的排佛思潮进行结合,使之改头换面变成了以儒家思想清除佛教污染的净化运动。这种叙事方式与前文所述的"澄清儒家正统"理论结合,形成了徐光启等明末儒家基督徒对天主教宗教立场的基本理解:"驱佛补儒。"这样,天主教的传入就不再是某种外来传统的入侵,而被包装成了儒家这一固有传统尝试自我净化的复古运动。

(二)《圣朝佐辟》中的通释辟耶

梅谦立认为:"《佐辟》另一重要特征在于……从'三教合一'的角度攻击天主教。这可说是《佐辟》的创新点,也是其价值所在。"④

---

① 利玛窦著,梅谦立注,谭杰校勘:《天主实义今注》,第204页。
② 利玛窦著,梅谦立注,谭杰校勘:《天主实义今注》,第215页。
③ 利玛窦著,梅谦立注,谭杰校勘:《天主实义今注》,第221页。
④ 梅谦立、杨虹帆校注,赖岳山校核:《明·许大受〈圣朝佐辟〉校注》,第48页。

这个论断是符合事实的。从全文来看,许大受的这一立场主要是出于两个方面的考虑:首先,他提出"三教决不容四,治统、道统各不容奸"①的观点,其潜台词就是把儒释道"三教合一"定义为中国思想的传统。这样,他就可以将天主教对佛教的攻击扩大为对整个中国思想传统的攻击,进而得出天主教对佛教的攻击是"阳辟佛而阴贬儒"②的结论。其次,许大受把天主教视为与儒家思想甚至整个中国思想传统都格格不入的"邪说",希望能够对天主教的诸多教义予以全方面的驳斥。在这一前提之下,他站在三教合一的立场上提出"吾儒手眼,只使人体认目前,绝不许人想前想后;所以前世后世,总不拈起,以绝人徼福免祸之私萌,而专精伦物"③,即儒家思想中缺乏对生死等超验性问题的解答;而"夷言人有后世",因此"非贯通儒释,不足以折妖邪"④,即天主教中存在与超验性问题有关的教义,所以儒家思想需要借助佛教在这一领域的教义才能对天主教进行有效的反驳。

从"三教合一"的角度出发,许大受在《圣朝佐辟》中曾多次使用这样一种手法批评天主教——强调儒家思想与佛教的一体性,而将天主教视作异类。如针对天主教的一神论提出:"夷又不识此义,而反欲立'天主'一说以强制之。曾不知有形而无主则乱,此主之决不可无者;无形而有主反粗,此主之决不能有者。……故佛有法身以上之事,如吾儒所谓'统体一太极'、至尊无对者也;然本覿体全真,平等如如,而非亢之以成尊。亦有报、化、应机之身,如吾儒所谓'物物一太极'、各各皆尊者也。"⑤他认为佛教与儒家理学中的万物本原都是无形的,且同时具有至尊与普遍两种性质;而天主教却将万物

---

①②④　梅谦立、杨虹帆校注,赖岳山校核:《明·许大受〈圣朝佐辟〉校注》,第83页。

③　梅谦立、杨虹帆校注,赖岳山校核:《明·许大受〈圣朝佐辟〉校注》,第97页。

⑤　梅谦立、杨虹帆校注,赖岳山校核:《明·许大受〈圣朝佐辟〉校注》,第123页。

本原定义为有形且不具有普遍性质的造物主,这种理论是错误的。又针对天主教提倡教徒为天主教献身的说教提出:"夫儒言'不敢毁伤',固非离形而觅性。即佛言'忘身为法',岂其欣果以厌因?而彼且言'为天主死难者,生最上天';以致日夜鼓舞愚民,人人敢死,不知其意果安在乎。"①即认为儒家思想与佛教的生命观在让人珍惜生命这一点上具有相通之处,而天主教的生命观则鼓舞"愚民"无端地舍弃生命。他还从儒家思想中男性女性应严格分离的传统观念提出:"今天主之邪说,阳教人谨邪淫,阴以己行贪欲,而男女名不混而实最混;……谨微君子,恪守儒规,以砥其波,兼明佛律,以防其滥;则王化之始端、而圣人之徒端有属矣。"②即认为天主教的宗教活动不分别男女,而儒家思想的规约和佛教的戒律则都有助于男性女性的隔离。

正如梅谦立所说,为了应对天主教的挑战,许大受在《圣朝佐辟》中对中国思想界"三教合一"的传统进行了重构。具体来说,他"发挥强烈的排他性,为巩固三教的共同防卫,他必须用极端主义的方法与天主教划清界限"③。在这种被重构的传统之中,佛教与儒家思想一起被视作中国思想传统的重要部分。二者即便在表现形式上有所不同,但核心部分是相同的,因此相互之间可以和平相处;而天主教则是外来的,试图破坏"三教合一"这一传统的异质文化,因此变成了儒释道"三教"共同的敌人。这也就是他在《圣朝佐辟自叙》中提出的"三教决不容四,治统道统,各不容奸"④的含义。

---

① 梅谦立、杨虹帆校注,赖岳山校核:《明·许大受〈圣朝佐辟〉校注》,第131页。
② 梅谦立、杨虹帆校注,赖岳山校核:《明·许大受〈圣朝佐辟〉校注》,第138页。
③ 梅谦立、杨虹帆校注,赖岳山校核:《明·许大受〈圣朝佐辟〉校注》,第53页。
④ 梅谦立、杨虹帆校注,赖岳山校核:《明·许大受〈圣朝佐辟〉校注》第83页。

三、儒家立场的双重性质：包容性与排他性

通过上文的比较，我们可以发现：在尊儒立场之上，无论是旨在批判佛教、传播天主教的《天主实义》，还是旨在批判天主教、维护三教合一的《圣朝佐辟》，二者都认为自己维护的宗教或思想符合儒家思想的本质，又都将批判的宗教或思想描述为危害儒家思想的"异端"，这是二者的共同点。也就是说，二者都试图借助尊儒来维护己方立场，同时打击对方立场。这是因为双方都看到了儒家思想拥有的双重性质：包容性与排他性。

儒家思想中既有"贵和"，讲"和而不同"的包容性，也有反对"邪说"，"攻乎异端"的排他性。在《天主实义》和《圣朝佐辟》之中，我们都可以清楚地发现作者在论述中对儒家思想这两种性质的利用。

（一）对包容性的利用

从资料来看，利玛窦对儒家信仰的包容性有着比较深刻的认识。在评价早期儒家典籍时，利玛窦认为："较古老的享有较大威信的儒家典籍崇敬的只是天和地以及天地之主。如果我们仔细研究所有这些经书，能够发现的违反理性光芒的东西是极少的，而合乎理性的则是极大量的。"[1]他又认为"真正的儒家从来不提世界是何时创造的，也不提是由谁创造的，更不谈世界的起源是什么样"[2]。此外，他还注意到儒家士大夫们"既不提倡也不反对人们相信关于来生的事，他们中的许多人除信奉儒学外，还同时信奉另外两种宗教"[3]。他因此得出结论："儒家并非一个固定的宗教，只是一种独立

---

[1] 裴化行著，管震湖译：《利玛窦评传》，商务印书馆，1993年，第277页。
[2] 利玛窦著，文铮译：《耶稣会与天主教进入中国史》，第69页。
[3] 利玛窦著，文铮译：《耶稣会与天主教进入中国史》，第71页。

的学派，是为良好地治理国家而开创的。这样，他们既可以属于这种学派，同时也可以信奉天主，因为这在原则上并没有违背天主教的教义，而天主教的信仰对于他们在书中所企望的那种和平安宁的社会非但无害，反而大有裨益。"①可以看出，对利玛窦来说，"真正的"儒家思想之所以"合乎理性"，在于它并没有一套独立的形而上学理论，也没有对神灵信仰、生死源流等问题做出明确的规定或表示明确的态度。在他看来，儒家思想的包容性使得它不仅不会与天主教构成竞争关系，相反还有可能和平共存甚至相互促进。在这种情况下，利用儒家思想的权威来论证天主教教义就成了一种既不违背天主教信仰原则，又能够取得良好效果的上佳选择。事实上，利玛窦曾直言："我处心积虑借用儒家先师孔子来证实我们的见解，因为我把某些含义模糊的文字解释为对我们有利。"②这大概也是他在《天主实义》中尊奉儒家，倡导以耶补儒的重要原因。

而在《圣朝佐辟》中，许大受也对儒家思想有着类似的认识。他认为："吾儒手眼，只使人体认目前，绝不许人想前想后；所以前世后世，总不拈起，以绝人徼福免祸之私萌，而专精伦物。"③即儒家思想重视现世而缺乏对生死问题的详细说明；而佛教谈论三世、道家追求长生，但毕竟"不滥外邪""未尝与吾儒之性理相背"④，即儒家思想事实上可以包容佛、道二教。另外，他又从新儒家中的"太极"概念入手，提出："佛有法身以上之事，如吾儒所谓'统体一太极'、至尊无对者也；然本觌体全真，平等如如，而非亢之以成尊。亦有报、化、应机之身，如吾儒所谓'物物一太极'、各各皆尊者也；然'如来说有我者，即非有我'，而未尝判谁独卑。学道之人，若果尽理，谓之独尊可也，谓之平等亦可也。"⑤认为儒家的本原"太极"并不要求"独尊"地

---

① 利玛窦著，文铮译：《耶稣会与天主教进入中国史》，第71页。
② 裴化行著，管震湖译：《利玛窦评传》，第277页。
③④ 梅谦立、杨虹帆校注，赖岳山校核：《明·许大受〈圣朝佐辟〉校注》，第97页。
⑤ 梅谦立、杨虹帆校注，赖岳山校核：《明·许大受〈圣朝佐辟〉校注》，第123页。

位,具有包容性,因此并不与佛教的本原论相互矛盾。因此,他借明太祖的论断提出了自己对三教关系的看法"故我高皇帝谓:'佛、老,为阴扶圣教、暗助皇纲。'大哉王言! 久为定论"①,即认为佛道二教可以对儒教起到补充和支撑的作用,也就是说儒教可以包容佛教和道教。

(二) 对排他性的利用

利玛窦坚信儒家思想可以并应该得到被天主教补充,却对儒家思想与其他宗教的相互融合持否定态度。他反对"受五百年来佛教的影响"的新儒家,认为古代儒家的学说与新儒家"大不相同"②;他也反对三教合一的思潮,认为:"这简直是自欺欺人,造成巨大的混乱。……因为全信就等于一个也不相信,对哪个也没有诚意。"③因此,他试图在《天主实义》中将儒家思想描述成一种唯一正确且具有排他性的真理。具体来说,他提出"理无二是,设上帝之教是,则他教非矣;设他教是,则上帝之教非矣。……彼教不尊上帝,惟尊一己而已,昧于大原大本焉"④,即认为世界上只能有一种正确的最终真理,而这一最终真理只能是天主教中的上帝论和儒家上古文献中崇敬"上帝"的传统。在这种观点的基础之上,冯应京提出:"夫佛,天竺之君师也。吾国自有君师,三皇、五帝、三王、周公、孔子及我太祖以来,皆是也。彼君师侮天,而驾说于其上;吾君师继天,而立极于其下。"⑤李之藻则进一步将这一传统归纳为"惟帝统天之为大正统"。二人模仿"道统说"将儒家思想崇敬"上帝"的传统视为正统,那么不敬"上帝"的佛教及新儒家传统自然就成了"异端"。这种正

---

① 梅谦立、杨虹帆校注,赖岳山校核:《明·许大受〈圣朝佐辟〉校注》,第 97 页。
② 利玛窦著,文铮译:《耶稣会与天主教进入中国史》,第 70 页。
③ 利玛窦著,文铮译:《耶稣会与天主教进入中国史》,第 77 页。
④ 利玛窦著,梅谦立注,谭杰校勘:《天主实义今注》,第 199 页。
⑤ 利玛窦著,梅谦立注,谭杰校勘:《天主实义今注》,第 70 页。

统论未必符合儒家上古文献的本意,但确实有效地将儒家思想,具体来说是儒家思想中崇敬"上帝"的传统塑造成了一种具有排他性的理论体系。

与利玛窦相反,许大受将儒家思想的排他性指向了天主教。他首先从儒家思想中"华夷之辨"的角度入手,将与天主教有关的一切学说和人物等都称作"夷说"和"夷人",极度渲染天主教的异族属性以贬低其价值,并表明其与"华夏"传统的不同。其次,他提出"三教决不容四"①的观点,试图构建具有强烈排他性的"三教合一"传统以排除天主教与儒家思想相互合作的可能。他又指责利玛窦等人"以耶补儒"的努力是"窃儒灭儒"的行为,指出天主教传教士对儒家经典的解释"贬太极、仁义,是贬其理;贬孔子、尧舜,是贬其人"②,认为这种解释事实上是对儒家思想的贬低。最后,他甚至指责天主教教徒"窥伺中国,睥睨神器……复欲沼华夏,而再腥膻",是"千古未闻之大逆"③,认为他们试图帮助异族夺取华夏政权。总而言之,在许大受的笔下,天主教是一种理论粗陋且居心叵测的异族文化,倡导儒耶融合的行为也就因此变得有害无益。

(三)双重性质的内在矛盾

综上所述,利玛窦和许大受二人都敏锐地看到了儒家思想拥有的双重性质并试图同时对两种性质予以利用:无论是《天主实义》或是《圣朝佐辟》,都试图利用儒家思想的包容性论证其与己方宗教融合互补的可能性,同时又试图利用其排他性论证其与对方宗教融合互补的不可能。也就是说,两部著作都同时利用了尊儒立场包含的

---

① 梅谦立、杨虹帆校注,赖岳山校核:《明·许大受〈圣朝佐辟〉校注》,第83页。
② 梅谦立、杨虹帆校注,赖岳山校核:《明·许大受〈圣朝佐辟〉校注》,第110页。
③ 梅谦立、杨虹帆校注,赖岳山校核:《明·许大受〈圣朝佐辟〉校注》,第160、161页。

包容性和排他性来论证自己的观点。

在独尊儒术的古代中国,这种论证方法的好处显而易见:它可以使论者为自己是此非彼的行为加上尊儒的包装,使其更易于得到儒家士大夫的接受。问题在于这两个性质在逻辑上是相互矛盾的,这使得两部著作都不得不面临这样的问题:如果儒家思想可以和耶佛之间的一方融合互补,那它为什么不能和另一方达到同样的状态呢?反之,如果耶佛之间的一方和儒家思想存在着根本性的矛盾,那为什么另一方不存在呢?在《天主实义》中,"西士"经常要面对"中士"提出的这一类问题,如"佛氏无逊于上帝也。其贵人身,尊人德,有可取也"①,以及"如言后世天堂地狱,便是佛教,吾儒不信"②;《圣朝佐辟》中也有类似的设问,如"或曰:'彼极斥佛。恐未斥儒也'"③,以及"或又曰:'然则,子辟言中,何不直崇儒,而乃兼袒佛乎?'"④这一类问题实质上表现了包容性与排他性这两种性质在逻辑上的矛盾,因此不管两部著作如何论述,其辩白总显得有些无法自恰。清代学者纪昀曾在《〈辩学遗牍〉提要》中提出:"利玛窦力排释氏,故学佛者起而相争,利玛窦又反唇相诘,各持一悠谬荒唐之说,以较量胜负于不可究诘之地,不知佛教之可辟,非天主教所可辟;天主教可辟,又非佛教所可辟。均所谓同浴而讥裸裎耳。"⑤站在正统儒家的角度认为争论双方都无法达到排斥对方的目的,正是看到了双方在逻辑上存在的漏洞。

就历史的发展来看,这种论证方法的逻辑矛盾也确实在两部著作成书之后暴露出来。在利玛窦去世之后,其继任者龙华民开始试图摆脱利玛窦"以耶补儒"的传教方法;他提出"儒教拥有与西

---

① 利玛窦著,梅谦立注,谭杰校勘:《天主实义今注》,第132页。
② 利玛窦著,梅谦立注,谭杰校勘:《天主实义今注》,第108页。
③ 梅谦立、杨虹帆校注,赖岳山校核:《明·许大受〈圣朝佐辟〉校注》,第110页。
④ 梅谦立、杨虹帆校注,赖岳山校核:《明·许大受〈圣朝佐辟〉校注》,第183页。
⑤ 汤开建校注:《利玛窦明清中文文献资料汇释》,第527页。

方异教相同的起源……也有着相同的错误原理,就好像魔鬼用相同手法欺骗了双方人民,将他们引向通往地狱的相同歧途"①,明确地指出儒家思想也是"错误"的"异教",不再持尊儒立场。在此后爆发的"礼仪之争"中,教皇克莱蒙十一世最终于1704年发布了禁止中国教徒祭孔祭祖的命令。从结果上看,耶稣会传教士似乎最终放弃了对儒家思想包容性的利用。而根据梅谦立的考证,在写作《圣朝佐辟》之后,许大受的思想也发生过转变:"许大受心里明白他不公正地状告了传教士及教徒。故此,他答应赵鸣阳销毁《佐辟》,许诺将所余本册都烧掉。之后,许大受前往艾儒略居所认错,祈求他的宽恕。"因为他意识到他对"三教合一"的排他性建构并不符合佛教和宋明理学的最高境界即包容性的"各各皆尊""平等如如"②。也就是说,许大受最终选择了儒家思想中的包容性而放弃了排他性。此外,在《圣朝破邪集》完成之后的70余年里,虽然天主教仍在中国蓬勃发展,但佛教界中却再未发生过规模庞大的辟耶运动。如此看来,许大受的选择或许也可以看作佛教界整体态度的缩影。

结论与思考

综上所述,《天主实义》与《圣朝佐辟》两部著作都利用了儒家思想拥有的双重性质。具体来说,就是站在尊儒的立场上利用包容性来论证己方立场的正确,并利用排他性来论证对方立场的错误。然而,两种性质在逻辑上的矛盾性给这一论证方法带来了天然的逻辑漏洞,这一逻辑漏洞在两部著作成书之后,分别以耶稣会的路线转

---

① 龙华民著,杨紫烟译:《论中国人宗教的几个问题(节选)》,《国际汉学》2015年第1期。
② 梅谦立、杨虹帆校注,赖岳山校核:《明·许大受〈圣朝佐辟〉校注》,第55—58页。

变和许大受本人的态度转变的形式得以显现。

张晓林认为"佛教是一个相对开放和包容的思想体系,……与此相反,基督教则是一个相对封闭、保守的信仰体系"①,即佛教立场偏向于包容性而基督宗教立场偏向于排他性。历史的演进似乎也证明了这一点:作为"礼仪之争"的最终结果,耶稣会不再宽容祭孔祭祖等具有"偶像崇拜"嫌疑的活动,从基督宗教的立场出发贯彻了排他性;而在《圣朝破邪集》之后,明末清初的佛教界也再未出现过规模庞大的辟耶运动,从佛教的立场出发贯彻了包容性。这样看来,双方最终都以回归己方原本立场的方式解决了论争带来的逻辑矛盾。

从宗教对话的角度来看,晚明时期天主教与反天主教两种思潮的论争在很大意义上具有首创性。在此之前,耶稣会士已经在日本与汉传佛教进行了广泛的接触,并对汉传佛教有了一些认识。罗明坚的《天主实录》虽然对佛教思想予以排斥,却常常利用佛教术语去表示天主教教义,这或许可以视作耶佛对话的初步成果。不过,与日本的状况不同,儒家思想在中国有着无可置疑的权威地位,因此中国的耶佛对话在绝大多数情况下都要在"尊儒"的前提之下进行。因此,这场论争可以看作基督宗教与佛教这两个宗教在中国尊儒传统之下的首次对话。

从今天的角度来看,论争双方的最终选择都存在着一定的缺憾。天主教对包容性的放弃招来了清廷的反对,最终使其失去了合法地位;而佛教界缄默不言的反应虽然避免了矛盾的进一步激化,却也断绝了双方继续对话,甚至相互理解包容的可能。今天,基督宗教、佛教,以及儒家思想都发生了很大的变化:儒家思想早已失去了在中国思想界的"独尊"地位,基督宗教的排他性已经不像数百年前那样强烈,包容性也已经不再是佛教抑或三教合一传统的独有特

---

① 张晓林:《〈天主实义〉与中国学统——文化互动与诠释》,学林出版社,2005年,第338页。

征。因此，耶佛之间的对话交流不必再被"尊儒"立场所限制，对话者也不必再担心对对方的包容可能会动摇己方的宗教立场。而随着宗教对话理论的进一步发展，宗教对话的模式和方法也已经越来越丰富。从这个意义上说，中华传统之下的耶佛对话，甚至是耶、佛、儒三家的宗教对话可能才刚刚开始。

明末清初耶稣会传教士与中国士大夫间的对话
——解读耶稣会士陆若汉的《日本教会史》

广东外语外贸大学南国商学院、
东语学院日语系　刘小珊

明末清初入华耶稣会士与中国文人士大夫之间的"对话很困难,是因为他们出于各自文化传统的原因,没有也不准备互相理解"①。西方思想较偏重于抽象的理念及哲学的思考,但中国人却很实际而具体,重直觉现世,不尚玄想。用抽象的、偏向哲理思考的神学与较重实际现世的中国人交谈,中国人不理解纯属西方思想的抽象逻辑,欧洲人对于中国思想也只具有一种肤浅的理解,而且是那些有碍于天主教传播的思想。所以,从哲学角度讲,明末清初的中西文化交流尚有许多障碍有待克服。

一

最初来到中国传教的利玛窦等传教士为隐瞒他们真正的身份——前来向异教徒讲真正上帝的神父,进而为了在中国的文人阶

---

① 谢和耐著,耿昇译:《中国与基督教——中西文化的首次碰撞》,商务印书馆,2013年,第233页。

层中受到尊重,经常以伦理学家、哲学家和学术渊博者的姿态出现。他们首先极力向儒生们传授的是世俗者的说教,使用明末颇为流行的一种方法——讲学(做哲学报告)。他本人曾在1596年的一封信简中讲到:

> 既然我们从我们的自身中排除了"和尚"的称号,他们(中国人)认为这就相当于我们之中"修士"的名称,但其意义非常卑劣和不光彩。所以我们在这开始阶段,既不开教堂也不开寺庙,而仅仅办一所讲学堂,正如他们之中最负盛名的讲学者所做的那样。……我们使自己的名声如同神学家和文人讲学者的名望一样传播开来了,因为我们毕竟是生活在他们之中。①

然而,中国传统的哲学、宗教思想从其根本上不同于天主教教义,欲将天主教教义通过作哲学报告的形式间接地传授于中国的文人,思想观念上的碰撞、矛盾难以避免。被驱逐出日本、一直待在澳门的葡萄牙传教士陆若汉,作为耶稣会年报的撰写人,在1616年1月向罗马耶稣会总会长寄出的一封长达20页的报告中,初次涉及东西方哲学家观点不同的问题。他向罗马总长如此汇报说:

> 我想报告一下我在中国所做的工作。从1613年6月到1615年7月,整整两年中,我受巡视员弗朗西斯克·帕奇奥(巴范济)神父的特别任命,系统地研究了自古出现的东方哲学家的不同的学问,因为这些学者们所提倡的学说,从根本上是违反我们的神圣教义的。正如您所听说的那样,这一研究的目的是在为两个传教地(中国和日本)目前正在编辑中的教理问答中收入了这些学者们的学说,在根本上是错误的。我受日本准

---

① 汾屠立:《利玛窦神父历史著作》(2卷本),马切拉塔,1911—1913年,第215页。

管区长的顾问的委托,预定完成在这两个传教地能够同时可以使用的书籍。中国学者陈述了各种意见,接着参照教会圣博士们意见,以编辑成为一本没有矛盾的、和谐的书。这是在这两个国家,即中国和日本,不仅如此,还有朝鲜人和交趾人都能够通用的。①

东西方哲学思想的分歧首先反映在对"天"的认识上。天主教信仰与一个人格化和超越一切的上帝有关,纯粹是一种对神的信仰。它把人类误认为会有永久命运的本世,以及与本世没有共同之处的彼世对立起来了。中国人的"天"则完全相反,它是一种把世俗和宗教表现形式融为一体的观念。在天主教徒们看来,"天"字仅为一种指上帝及其天使、天堂及"上帝选民"的隐喻,而中国人则认为该词具有实际意义。它同时是神和自然、社会和宇宙秩序的表现。正如为一名传教士的著作写序的作家所写的那样,这是一种"浑"的观念。它处于宗教、政治、观察和计算科学、人和世界观念的汇合点。②

二

中国人和日本人,就如史料中所记载的一样,根据"天"所创造出的概念,以及对于这些概念所持有的观点,将"天"作为用各种方法来进行考察的对象。但是,"天"——这个被当作问题来看待的"天"——从数量上讲只有一个,只有一个实体,因此,"天"被赋予各种各样的名称。在陆若汉作于1620年前的《日本教会史》中,我们发现作者以不同寻常的较大篇幅,从六个不同层面,对"天"这个汉

---

① 迈克尔·库帕著,松本たま译:《通辞ロドリゲス》,第265—266页。
② 谢和耐著,耿昇译:《中国与基督教——中西文化的首次碰撞》,第175页。

字的哲学和伦理含义做了详尽分析。①他如此总结道:

> 首先,他们(中国人)将一般性的只存在于天体中的全部东西囊括一起对"天"进行思考。比如"天"这一实体的本性、作用、各种性质和倾向,还有太阳运行时在四季中发生的变化,以及大气的改变等。在此意义上的"天"被称为"天道",意思是指天的秩序和学问。②

在此基础上,中国人将所有的学问分成三个部分:天道(天的道)、地道(地的道)、人道(人类和道德的道)。他们将宇宙中这三种主要的事物,即"天地人"作为主题,称为"三才",也就是说三种才能,三种极为优秀的东西。陆若汉继续称:

> 第二,他们从与"运动"这一本性、倾向、特质或者能力相关的角度对"天"进行思考。即作为一种从不间断、持续发挥作用的根源。在此意义上的"天"被他们称为"乾","地"则被称为"坤"。所谓的"乾坤",指的就是在某一本性上所看到的天地。且这个本性是指在永不间歇的"力"的作用下、在永不停顿的"运动"的作用下形成万物生长消亡的根源和原动力。故"天"被赋予了能动的特性和火所特有的干、热的特质,而具有能动的支配力。③

正因为如此,中国人将"天"称作父、男,或者君主。由于"天"具有这样的能量,所以能使万物在春天孕育出生机;在夏天繁茂,达到鼎盛期;后在秋天成熟;最后又在冬天终结生命,从而使事物的发展

---

① 陆若汉著,土井忠生等译:《日本教会史》第二卷第十章《关于天以及他们对天划分的不同层次》,岩波书店,1979年,第141—153页。
② 陆若汉著,土井忠生等译:《日本教会史》第二卷第十章,第141—153页。
③ 陆若汉著,土井忠生等译:《日本教会史》第二卷第十章,第142页。

达到最后的阶段和状态。与此相对,"地"的本性与"天"的本性相反,"地"具有一种被动的、受容的性质和力量,其作用是接受和养育,故被称为母、女。

天主教徒们的上帝是一尊起干涉作用的神。它主动地创造了世界,赋予了每个人灵魂,在人生的长河中始终都要表现出来。中国人的"天"相反却仅以间接方式起作用,"它的活动是沉默的、无意识的和持续不断的"①。

第三,中国人从与人间万物相关,以及发生作用和效果的角度来看待"天"。在此意义上的"天"有时被当作"命""天命"。这指的是来自上天所施加的影响,被称为"天理",即天的道理之意。同时也是一种普遍的动力因,叫作"帝""上帝"。指在"天"的不间断的运动和"天"所施加的影响下,对人间万物所产生的支配力,又被称为"天心""天德"。陆若汉称:

> 这指的是"天"的心,或者说灵魂,以及"天"的德。但这里的灵魂,并非一般生物的灵魂,而是一种对人世间起到控制、鞭策作用的东西。故被称为"鬼神",指善恶的灵,一种像魂一样能操控生物生死的力量。这样说来,所谓"善灵",就是好的精魂,是由于面向我们的太阳而使大气领域中所产生的热的控制力使之不断延长和增大。而所谓的"恶灵"则是由于太阳的后退导致物体的灭亡,使热量减少缩小,使冷取代了热。②

根据当时中国人的观念来看,没有任何办法能使人把可见"天"与作为天命的"天"分隔开来,这就是"体"和"用"。在中国人的观念中,天和地本身就对生灵施加了一种持续的和难以觉察的影响,正是这种作用,才造成了它们的发展和衰落。这种作用也就是特别由

---

① 谢和耐著,耿昇译:《中国与基督教——中西文化的首次碰撞》,第176页。
② 陆若汉著,土井忠生等译:《日本教会史》第二卷第十章,第143页。

植物的萌芽、生长、开花和萎蔫所表现。"在中国占统治地位的是宇宙的活力思想,而不是亚里士多德的静止论观念(每种东西都有一个位置,每个位置上都有一种东西),更不是神意的思想。运动是维持宇宙所必不可缺的因素。"①

在谈到中国人对"天"的第四层面思考时,陆若汉继续总结道:

> 他们认为"天"是流动的、透明的,是无限扩展的空气和无限延伸的空间。这样,"天"被称为"太空""太虚",是一个毫无形状、数量巨大的空虚,或者说是非物体的。与"地"相比,"天"是优秀的、最高的东西,而"地"是劣等的、最低的东西。"天"是高、贵、尊、尚的象征,也就是高的、最高的、卓越的、十分高贵的、值得尊敬的代名词。②

在西方人看来,中国人甚至从道德上将"天"看作自己的祖先,即把"天"和"地"当成世间万物共通的父母,因此,"他们研究'天'和'地',学习蕴藏在因太阳的靠近和后退所引发的四季变更中的普遍的、永恒的法则和秩序,并把以全部伦理道德的说教为基础的基于他们行动中的与万物非常亲密的天地作为模范"③。而天地最初孕育的孩子,就是人类最初的男人和女人,是世界其他东西的首领和根本,而其正统的产物则被认为是他们的国王,如此,国王也被人称为"天子"。

中国和西方传统的君权观念这一方面大相径庭。中国认为这不是君子行使的一种强制的权力,而是一种整顿世界和改造风俗的权力。"中国的君主是最完美无瑕的,可以被荣升至圣贤之尊号,能够于其不可见而有效的行为中模拟天。"④在中国,"天"和最高权力

---

① 谢和耐著,耿昇译:《中国与基督教——中西文化的首次碰撞》,第176页。
② 陆若汉著,土井忠生等译:《日本教会史》第二卷第十章,第144页。
③ 陆若汉著,土井忠生等译:《日本教会史》第二卷第十章,第145页。
④ 谢和耐著,耿昇译:《中国与基督教——中西文化的首次碰撞》,第177页。

之间的关系很密切,最高权力是时空的组织者。在中国人的赤道天文学中,起重要作用的拱极星会使人联想到中国的皇帝夫妇、朝廷和政权。观察天象和编制历书都是皇帝的特权。中国文明的缔造者——最早的君主们都懂得辨认天地的预兆,所以他们才可以根据宇宙准则而确定礼仪和社会制度。①

第六个层面的考虑则是基于"天"这一实体与其他物体的关系。对此,陆若汉在《日本教会史》中做了较为详细的阐述:

> 在此意义上的"天"指的是本义上的天。他们(中国人)将"天"当作是一个没有外壳的,不存在天体的、仅为一个单数的物体。被当作是一种毫无形体的、流动的空气,也就是无形的东西。而我们肉眼所能看到的具有形状的,或者球状的日、月、行星等被称为"天体"和"天象"。虽然他们认为"天"和大气都处在不停的运行之中,但这种运行并不是像风的运动一样具有规律。……他们认为,天体在进行螺旋状运动和每天急速的日周运动的同时,还在两条回归线之间来回升降。因此他们从东边天秤宫的春分点(秋分点),到西边白羊宫的秋分点(春分点),与我们(欧洲)是相反的。根据他们的说法,天的起始点,是从"地"的表面开始,因为他们认为不是"地"和"水"的东西便全是"天"。也就是说,宇宙是分成"天"和"地"两部分。但在通常情况下,人们一般认为,行星和恒星所遵循的轨道内部,以及运动的空气才被称为"天"。交杂着各种基本性质的空气没有外侧表面的凹凸,而且人们认为"天"是圆形的。②

虽然人们一直认为"天"以外的东西都是无尽的空气,但这种空气却不具备各种基本性质及活性动力,是一种极为单纯的实体,和

---

① 谢和耐著,耿昇译:《中国与基督教——中西文化的首次碰撞》,第176页。
② 陆若汉著,土井忠生等译:《日本教会史》第二卷第十章,第146页。

欧洲人所说的"第一内容乃单纯的实体"意思大致相仿。

中国和日本的所有哲学家流派都确信"无中不能生有",想让人们注意到从"无"中创造出"有"的力量是闻所未闻的。照此理论,将"从自身出发"的物质设想成无限的空气,并提出在空气里面总存在着一个永远的运动的假设。正是因此,在无限运动的空气中,有一个具有各种基本性质的无限混沌状态被生成,且在分化之前停留在一种球的状态。陆若汉接着说道:

> (中国人认为)"天"只有一个,且在不停流动,就如空气一样。在中国人自古就存在的传统思维中,行星如同水中的鱼。这类想法难以用言语表达,从他们最初建国开始就一直存在。在此认识上,日本人和中国人一样,认为"天"具有火的性质。①

三

明末进入中国的耶稣会传教士曾努力试图在中国传统中重新找到可以与天主教教义相吻合的内容。这样做不可避免地会把一些与中国毫无关系的伦理范畴应用于中国,必然会导致误解。耶稣会士们希望把中国人的"天"和"上帝",与《圣经》中的"天主"相结合,并试图把一些互不调和的观念统一起来。如利玛窦,为了更好地达到顺利传教的真正意图,积极致力于论证和引证中国经典著作,极力赋予它们一种有利于其论点的意义。他于1596年写道:

> 当然,我们直到现在尚未解释我圣教信仰的所有奥义。可是,我们在为此打下主要基础方面已前进了。天地间的造物主、人魂不灭、奖善惩恶,这都是他们(中国人)至今从未指导和

---

① 陆若汉著,土井忠生等译:《日本教会史》第二卷第十章,第147页。

从未相信过的事物。所有人都如此兴致勃勃、泪流满面地聆听我们的说教,以至于他们经常做出发自肺腑的真心赞扬,就如同所有这些说教都纯粹是我们的新发现一样。我们觉得,在此初期便开始了一些可以合乎情理地变得更坚实可靠的事情。①

任何外来思想均有其自身的渊源与性质。中国有学者受学术界某些"定评"的影响,认为"利玛窦传入的神学思想,属于中世纪欧洲正统经院哲学思想理论体系"②。其本身具有落后的性质,由此推论这种旧思想不可能对中国社会产生什么积极作用。这一判断似乎有些偏激。两种异质文化传统,尤其是宗教与哲学思想之间的沟通、了解,不论其媒介的主观意图如何,必然会在超出媒介的更大范围内发生作用。传播方为了达到更好的传播效果,会针对接受方的实际情况对其宗教哲学思想做形式和内容上的调整和修饰,而接受方则会根据自己的实际需要对外来思想做翻译、诠释、再创造的工作,从而引起建设性的传播、解释和运用。谢和耐曾指出:

> 对于明清社会中的人,天主教的传入完全是一个被动的过程,他们所能看到和所能处理的新文化只能是由传教士陈列于他们面前的内容,换言之,他们只能通过窗口点菜,而不可能进入厨房自烧。基于这种态度,就容易忽略精神文化在传播过程中所可能发生的形变以及接受方的再创造和运用。③

在理论上,西方传教士努力对中国的礼仪和儒家的经典分别给予世俗伦理和基督化的解释,并通过中文著作传扬其耶儒相合的宗

---

① 汾屠立著:《利玛窦神父历史著作》,第 225 页。
② 谢和耐:《16 世纪末—17 世纪中叶的中国哲学与基督教之比较》,《第一届尚蒂伊国际汉学讨论会论文集》,1976 年。
③ 谢和耐:《16 世纪末—17 世纪中叶的中国哲学与基督教之比较》,《第一届尚蒂伊国际汉学讨论会论文集》,第 23 页。

教思想。同时，对儒学中与天主教的根本教义相违的观念、思想给予批判。利玛窦在其名著《天主实义》中使用繁琐哲学的手段同时抨击中国文人界和佛教的观念，利玛窦确实非常正确地看到传播福音的最大障碍之一是在中国被普遍接受的宇宙一体论观念。根据中国作家们不厌其烦地重复的"天地万物浑然一体"的说法，任何归化确实首先要说服中国人坚信存在着与物质完全独立无关的神魂和精神，要教会他们在造物和造物主之间做出根本的区别。中国典章中所说的"敬天"和"畏天"，实际上也的确具有与利玛窦，以及继他之后其他许多传教士们的看法不同的意义。对于明末的大部分中国人来说，耶稣会士们传授的知识形成了一个整体，有关历书的算学、天文学、"敬天"和伦理。"他们认为所有这一切都是作为一个整体而发展的。"①

在中国从事了整整两年各门宗派研究的陆若汉，其实早在日本时就已开始这项工作。为此目的，他访问了中国各地的耶稣会会馆，甚至连耶稣会的人从没有去过的地方他都有涉足。在此期间，陆若汉有很多机会目睹耶稣会士同事们的活动，了解到中国人对于耶稣会士说教的抵触，他如是说：

> 中国人对跟自古流传下来的传统思想不同的外来思想抱有很大的反感。②

陆若汉指出，中国的传统思想有两种，第一种是为了实现太平盛世而由学者们向普通的大众提出的，他称之为"市民的神学"，但是除了这些通俗的神学以外，还有一种涉及神的本质和创造天地万物的神秘的体系。这种知识深藏在各种各样、极其模糊不清的象征的深处，是只向少数人秘密传授的。这种思想比古希腊的哲学家的

---

① 谢和耐著，耿昇译：《中国与基督教——中西文化的首次碰撞》，第177页。
② 迈克尔·库帕著，松本たま译：《通辞ロドリゲス》第14章，第268页。

学说还要古老。①陆若汉很自信地主张道：

>　　我来这儿前，神父们对这个问题一无所知，对于少数人倡导的思辨哲学大概也从未听说过。他们只知那种面向大众、带有传说色彩的思想。多亏主给予我启发，我也许可以讲一些事情供神父们参考。利玛窦先生全力以赴从事这方面研究，但在这一方面他犯了错误，其原因只有主才知道。②

陆若汉进一步指出，中国的三种宗教（佛教、儒教、道教）否定客观原理，主张物质不灭。他详细地对佛教进行考察后写道：

>　　（这种宗教）在日本和中国都有同样的内容，佛祖是以色列所罗门王时代，即生活在 2600 年前的、出生于德里王国的释迦。释迦教导了许多跟天主教完全相反的内容。③

耶稣会传教士之所以选择儒家作为同盟者，类似于经院哲学家使用亚里士多德的理性。换句话说，耶稣会士们借用的也是儒家的理性，不是其信仰。并非因为儒家的宗教理论接近天主教义，而恰恰因为儒家不太讲宗教，在"天学"方面给天主教留下相当大的空间。儒家"不语怪、力、乱、神"的人文精神可用，同时它又有一些"敬天""畏天"的告诫，这个空间可供天主教嫁接、移植神学。儒家"敬鬼神而远之"中对鬼神的"敬"表示其承认精神超越的存在，"远之"则表示理性的审慎态度，这些都是天主教所需要，并能够接受的。天主教是严格的"一神论"，它不能接受的仅是完全的中国鬼神，如

---

① 迈克尔·库帕著，松本たま译：《通辞ロドリゲス》第 14 章，第 268 页。
② 迈克尔·库帕著，松本たま译：《通辞ロドリゲス》第 14 章，第 269 页。
③ 迈克尔·库帕著，松本たま译：《通辞ロドリゲス》第 14 章，第 270 页。释迦牟尼是公元前 7 世纪的人，一般认为他的出生年是公元前 1027 年，陆若汉也采用了这一日期。

关公、灶王、妈祖等,而人类理性的普遍结论,耶稣会都能接受。就像教父哲学家从异教的希腊哲学中获得大量资源、充实了天主教神学一样。万历二十七年(1599),正在东南文化政治的中心南京传教的利玛窦在一次文人聚会上,从天主教神学的立场表达了他自己对人性的看法:

> 我们必须把天地之神看作无限的善,这是不容置疑的。如果人性竟是如此脆弱,乃至我们本身对它是善是恶都怀疑的话,那么,我们就必须承认,神究竟是善是恶,也要值得怀疑了。①

在利玛窦看来,正因为天主是无限的善,天主按照他的形象创造的人本性也是善的,此二者都是不容置疑的。

四

一部在欧洲传播的意大利著作《论中国宗教的某些问题》,由龙华民神父所著。②龙华民的论点恰得其时地助长了刚刚爆发的"礼仪之争"的趋势,龙华民神父的小册子意义在于"把古代的儒家文献与疏注者所做的诠释明显地对立起来"③。在该书中龙华民写道:

> 他们(中国人)的神秘哲学是一种纯粹的唯物论。④

---

① 安田朴、谢和耐等著,耿昇译:《明清间入耶稣会士和中西文化交流》,巴蜀书社,1993年,第220页。
② 龙华民(1559—1654)这本著作署名为"Niccolo Longobardo",但一般均作"Longobardi"。
③ 戴密微:《入华耶稣会士与西方中国学的创建》,安田朴、谢和耐等著,耿昇译:《明清间入耶稣会士和中西文化交流》,第166页。
④ 龙华民:《论中国宗教的某些观点》,巴黎,1970年,第58页。

1607年被招进北京的熊三拔神父也持同样的观点。他称：

> 根据中国人的哲学原则,他们从来不知道与物质不同的精神物。因而,他们既不知道上帝,也不懂得天使和灵魂。①

龙华民希望解释中国人对内部和内在的秩序——理的观念之理解。他指出：

> 中国人将此理解作事物的存在、实质和实体,认为存在着一种无限的、永恒的、不是创造的和不会毁灭的、无始无终的实体。它不仅仅是天、地和其他形物的自然本原。而且还是道德、习惯和其他精神之伦理本原。②

他警告那些想把这种观点与上帝的概念等同起来的人：

> 我想某些人可能会认为这种理或太极就是我们的上帝,因为大家可以赋予它一些仅仅适用于上帝的品质和完德。要谨防你们受这种下面掩藏着毒药的貌似有理的称号之诱惑。如果你们能了解其实质和根基,那么你们将会看到这种理就是我们的第一性物质。③

龙华民进一步更为婉转地指出：

> 礼部官吏某一天询问我们对天主的理解。我们回答说我们把天主理解为一种活的和有智力的体,无始无终。它创造了

---

① 安田朴、谢和耐等著,耿昇译:《明清间入耶稣会士和中西文化交流》,第166页。
② 龙华民:《论中国宗教的某些观点》,第74页。
③ 龙华民:《论中国宗教的某些观点》,第77—78页。

一切事物,而又自己控制这些事物,就如同皇帝在朝廷中管理整个帝国一样。但他嘲笑我们,并说我们使用了一些很粗俗的比较,因为天主或上帝肯定不会像一个活人一般坐在天上,它仅仅是控制和管理天的一种道德,存在于一切事物和我们自身中。所以,我们可以说,我们的心就与天主和上帝一样。①

龙华民又说:

中国人从不懂由无限的力量从"无"中所产生的东西。他们仅仅知道一种普遍的、无边无限的物体,太极即出于此,其中本身就包括普遍的物质。它有时以动,有时又以静取得不同特征和偶性,成为任何东西和直接物质。②

龙华民与利玛窦赋予"天"和"有"等术语以"存在"和"虚无"之意义相反,他在对中国观念调查之后,理解到这两个术语适用于"宇宙物"所具有的两种面貌。他解释说,"有"是"具有坚实特征者";"无"是"看不见和摸不着者",它们很简单、很纯洁、很细微,正如我们其他人对精神物所想象的那样,但它们不是精神物。③陆若汉受龙华民的影响很深,他后来的各项积极主张不仅为龙华民派提供了有力的炮弹,而且在龙华民的反击中起到了很大的作用。

来华早期耶稣会士传教特征之一是理性化,凡是比较能够用儒家思想、日常人伦说明的道理都获得了较大的发挥。关于"上帝",耶稣会士除借用《诗经》《尚书》中的"上帝"外,还借用儒家"父孝"的观念,推论"大父"的存在。然而"三一论"是信仰,不能用日常理性加以说明。故耶稣会士一开始便说明:"三位一体"是信仰,非理性,不是一般经验所能理解的,它是一个按中国传统的思维方式难以论

---

① 龙华民:《论中国宗教的某些观点》,第 86 页。
② 龙华民:《论中国宗教的某些观点》,第 47—48 页。
③ 谢和耐著,耿昇译:《中国与基督教——中西文化的首次碰撞》,第 188 页。

证和接受的理论。"基督论"的很多观念,如"上帝""创世""天堂""地狱""父"等,都可以在中国传统思想中找到相似的表达,但"三一论"很难对译。如果要用中国宗教思想来对应理解天主教神学,儒家思想中既缺少像耶稣这样的人格神,也没有把具体的个人与抽象而绝对的精神相联系的习惯。

五

明末的中国是一个文化沸腾、创新、高度好奇和思想自由的社会,在政治和宗教方面都和日本不同,即使欧洲人来到,中国也不会像日本那样会出现欧洲热,舶来品不引起人们的好奇,甚至受到人们的怀疑,外国人被看作野蛮人。当时的日本在政治、社会方面都在持续发生巨变,但中国是一个有稳固的中央政府的安定的国家,中国人非常满足于生活在这个泱泱大国,"不像日本人那样容易受欧洲思想的感化"[1]。因此,来华的传教士为表达天主教的思想,不得不采取强硬支持使用中文的政策和立场。明末儒家天主教徒徐光启、杨廷筠、李之藻等人和耶稣会士利玛窦一起,用"三位一体"的名词建立中国化的"三一论"。虽遭到中国儒家理性精神的强烈反对和质疑,但天主教在多元的文化环境中建立一神论的宗教,采取了"补儒易佛"的周密策略。它和耶稣会的立会精神一致,也和圣方济各的东方传教策略一致。耶稣会士对儒家"上帝论"的借用,一直发展到企图利用和改造皇家"郊祀"制度和宽容中间社会祭祖、祭孔等礼仪制度。对待多元中国文化的宽容态度,不妨碍他们建立一神论的"基督论"。这种理论实践是天主教"普世化"的早期努力,也是儒家文化"全球化"的最初尝试。[2]

---

[1] 迈克尔·库帕著,松本たま译:《通辞ロドリゲス》14章,第274页。
[2] 谢和耐:《16世纪末—17世纪中叶的中国哲学与基督教之比较》,《第一届尚蒂伊国际汉学讨论会论文集》,第24页。

东西方神性观的不同不只是在事实上的,更是方法上的或基本思维方式上的。这一点可以从明清时代天主教与中国文化的接触中看到。利玛窦等传教士欲将天主教的神比附为中国的"天"(译"God"为"天主"或"上帝"),以求尽量减少这两种神性观之间的对抗。但对双方都有一定了解之后,一些有见地的神父(比如龙华民)和中国学者(徐光启等)就看出西方的耶和华(基督)与中国的"天"(上帝)之间的巨大差异,远胜过其相似之处。①而且,中国学者最不能接受者正是天主教之神的人格实体性。如清初的学者张尔岐所称:

然其言天主,殊失无声无臭之旨。且言天堂地狱,无以大异于佛,而荒唐悠谬殆过之。②

他认为天主教的"天主"与中国"天"的非实体性"无声无臭"相悖,而对天堂、地狱言之凿凿,也不同于孔子"敬鬼神而远之""未知生,焉知死"的态度,而近乎佛家的俗谛之说。我们可以想见,如果佛家没有"缘起性空"这样非实体化的真谛学说,光凭那些神鬼和天堂、地狱之说是不能进入中国文化和思想的主流的。

---

① 谢和耐著,耿昇译:《中国和基督教——中国和欧洲文化之比较》,第47、53页。
② 谢和耐著,耿昇译:《中国和基督教——中国和欧洲文化之比较》,第60页。

礼仪之争：明清之际西学在东方的传播与影响

——浅见雅一《基督教时代的偶像崇拜》述评

华东政法大学文伯书院　段世磊

礼仪之争是指围绕中国基督教信徒是否可以参加对祖先、孔子、皇帝进行崇拜，以及是否可以省去天主教内部的诸多教会礼仪等基本的问题点而展开的争论。前者关乎教会是否允许信徒参加中国礼仪的问题，可以划归到天主教会良心问题的范畴内。与此相对，后者涉及省略天主教礼仪的事项，关乎从事传教活动的传教士的传教方法的问题。作为良心问题的偶像崇拜，在16世纪的印度和日本展开过讨论。[①]中国的礼仪之争则与耶稣会处理日本偶像崇拜问题的方式方法密切相关，受到来自印度和日本某种程度的影响。

然而，无论中国的学者还是国外的学者，无论教内人士还是教外人士，对于中国礼仪之争发生阶段的划分、性质的定义及其产生

[①] 沙勿略、弗洛伊斯、范礼安、戈麦斯、陆若汉等耶稣会神父都在自己的专著和书信中对日本偶像崇拜问题展开过详细的论述。参见路易斯·弗洛伊斯著，松田毅一、川崎桃太译注：《日本史》，东京中央公论社，1977—1980年。村上直次郎译注：《耶稣会士日本通信（上、下）》，《新异国丛书》II、III，第一辑，雄松堂书店，1984年。高濑弘一郎编译：《耶稣会与日本》，岩波书店，1981年。陆若汉著，土井忠生等译注：《日本教会史（上、下）》，《大航海时代丛书》第一期，IX、X，岩波书店，1979年。范礼安著，高桥裕史译：《东印度巡察记》，东京平凡社，2005年。

原因的分析,大多忽略了耶稣会士在印度和日本的传教经历,以及与托钵修会相互纠葛的各种事件所带来的影响。林金水将礼仪之争划分为四个阶段:第一阶段起始于1610年利玛窦去世,止于1628年嘉定会议的召开,此阶段为耶稣会内部针对天主教礼仪在中国实践问题上进行的讨论;第二阶段则以托钵修道会多明我会士首次入华的1632年为起点,礼仪之争开始突破耶稣会内部,扩展到其他修会,并最终在罗马教皇和中国皇帝之间引发长久的争执;第三阶段端始于1693年3月26日颜珰向代牧区的教徒发表严禁中国教徒祭祖、祭孔的七点告示,从而将礼仪之争推向高潮;第四阶段则主要关注礼仪之争的余波。① 这实际上是将礼仪之争划分为托钵修会来到中国前后两个阶段,虽然体现出了礼仪之争产生的主要矛盾之所在,却忽视了耶稣会在中国以外的传教地的传教实践及其与托钵修会之间的龃龉和隔阂。这在一定程度上也相应忽略了耶稣会适应主义策略在印度和日本乃至在欧洲地区的起源问题。似乎耶稣会在进入中国之前,在与托钵修道会在中国相遇之前没有太多瓜葛,而耶稣会在中国所进行的一切传教活动自身带有其教义实践的纯洁性。

也正是因为这个原因,钟鸣旦在讨论明末清初时期天主教丧葬礼仪时,径自认为耶稣会在传播天主教信仰时,由礼仪受众范围广泛程度决定天主教丧葬礼仪本身的纯洁程度②,无法看到耶稣会在印度地区禁止偶像崇拜,以及在日本地区与佛教丧葬礼仪进行碰撞争执的过程,由此形成的制度性规范,还有这种规范或规则对耶稣会在中国传教实践所可能造成的影响。孟德卫③和李天纲④则主要

---

① 林金水:《明清之际士大夫与中西礼仪之争》,《历史研究》1993年第2期。
② 钟鸣旦著,张佳译:《礼仪的交织:明末清初中欧文化交流中的丧葬礼》,上海古籍出版社,2009年。
③ 孟德卫:《中国礼仪之争研究概述》(An Introduction to the Chinese Rites Controversy),载孟德卫主编:《中国礼仪之争:历史与意义》(The Chinese Rites Controversy: Its History and Meaning),内特塔尔,1994年,第1—12页。
④ 李天纲:《中国礼仪之争——历史、文献和意义》,上海古籍出版社,1998年。

讨论了礼仪之争的性质,认为围绕礼仪问题产生的争论大多源于东西方文化的差异和冲突,试图从分析东西方文化逻辑脉络差异上找到冲突发生的根源,其中李天纲的分析进而发现了文化冲突走向权力斗争的契机,但并没有将权力斗争视作礼仪之争的主要内容。吴莉苇则着重强调了礼仪之争实乃权力斗争的本质。① 然而,这些观点大多取静态的观察,且倾向于西方的视角,对于亚洲包括印度、日本和中国在内的复杂的宗教形态和变动的政治局势欠乏考虑。真正涉及印度和日本两地礼仪之争问题的研究出现在戚印平②和顾卫民③的著作中,戚印平和顾卫民皆关注了印度地区的使徒圣多玛传说,这实则关系到印度文化是否属于基督教文化圈范围的问题,以及耶稣会对待印度和对待日本、中国偶像崇拜问题时的不同态度问题。黄一农在他的名著《两头蛇:明末清初的第一代天主教徒》中谈及"中国礼仪之争"被忽略的声音时,为我们提示了发生于印度的"马拉巴尔(Malabar)礼仪之争"的情况④,遗憾的是仍未能将此问题与整个东方的耶稣会传教实践结合起来,从而忽略了印度、日本和中国地区礼仪之争的相互关联和影响。

日本学者浅见雅一在其专著《基督教时代的偶像崇拜》中,将其发现的耶稣会针对亚洲地区的偶像崇拜问题的对策相关的原始材料翻译为日语,其中耶稣会士鲁比诺(Antonio Rubino,1639—1640年任远东教区视察员)和莫拉雷斯(Diego Morales)合著的用以反驳托钵修会对于耶稣会批判的辩驳书,则为我们考察礼仪之争的产生提供了印度和日本的视角。辩驳书中随处可见鲁比诺所接受的印度和日本经验,他尤其引用了果阿的耶稣会神父弗朗西斯科·罗德

---

① 吴莉苇:《中国礼仪之争——文明的张力与权力的较量》,上海古籍出版社,2007年,第89—106页。
② 戚印平:《远东耶稣会史研究》,中华书局,2007年。
③ 顾卫民:《基督教与近代中国社会》,上海人民出版社,1996年。
④ 黄一农:《两头蛇:明末清初的第一代天主教徒》,上海古籍出版社,2006年。

里格斯(弗朗西斯科修会对于耶稣会批判)于1570年执笔的有关日本偶像崇拜问题展开讨论的事例集。

从时间上来看,罗氏的事例集完成于第一届果阿大司教区会议(1567年召开)后不久,此次会议专门讨论了印度地区的偶像崇拜问题,并随之在主题为"信仰宣言教令"的会议上发布了禁止偶像崇拜的第九、十、十一号教令。而实际上第一届果阿大司教区会议是在耶稣会主导下召开的,会议产生的教令成为耶稣会在印度管区的传教方针。耶稣会以全面破坏印度的偶像和偶像寺院为基本方针,并试图通过世俗的权力实现这些方针。这样一来,对印度异教之偶像崇拜的全面否定,连同罗氏的事例集,一同成为第一任印度视察员范礼安解决日本偶像崇拜问题的参考标准,尽管在实施的过程中经常在禁止偶像崇拜和适度放宽偶像崇拜之间游离不决。同样的态度也被耶稣会神父鲁比诺所继承,乃至于在他分析中国传统文化中祭祖、祭孔和拜城隍神等仪式时,反复地摇摆于天主教信仰之纯洁性与传教地传统之适应性之间,虽说是针对托钵修会对耶稣会传教实践的批判而专门写作的反驳文章,但行文中却时不时暴露出维持天主教信仰纯洁性的痕迹,从而真实地映射出天主教修会——无论是耶稣会还是托钵修会——的修士们在远东地区传教时的复杂心理。

一、鲁比诺辩驳书的内容构成

鲁比诺最早在越南地区传教,后在耶稣会总会长维泰利斯基(Mucio Vitelleschi, 1615年11月15日至1645年2月9日任总会长)的命令下前往日本。1638年5月19日鲁比诺抵达澳门,并于第二年10月在当地被总会长任命为日本和中国地区的视察员。1641年,鲁比诺率领包括莫拉雷斯在内的约9名成员组成传教团坐船从马尼拉出发前往日本,于同年8月11日在萨摩海岸登陆。鲁比诺刚刚登陆便被江户幕府的官兵逮捕,随后接受幕府调查,经穴吊之刑而未言弃教,1643年3月22日于长崎殉教。①

鲁比诺时期的日本已处于锁国状态,每一个偷渡到日本的传教士都在冒着生命危险传教。造成此种局面的原因除了日本由战乱走向统一后江户幕府的治国理念的转变外,托钵修会在日本地区招摇过市、不通情理的传教策略也难辞其咎。初到日本,托钵修会便与当地耶稣会发生了诸多冲撞,引起日本幕府警戒,酿成二十六信徒殉教事件,致使天主教在日本的传教势力急剧萎缩。另一方面,西班牙系托钵修会的传教士虽然也以传教中国为志向,但在早期保教权的势力范围内少有机会入华,因而很长一段时间以来耶稣会占据着对中国地区传教的垄断地位。

1633年,多明我会士黎玉范应高琦的请求经中国台湾前往闽东,在他之前耶稣会已经在闽东地区取得了传教的极大成功。黎玉范于闽东地区传教过程中,发现流行于中国基督徒中的迷信行为,展开调查后,就祭祖祭孔等问题向耶稣会中国准管区的长上商榷,以图恢复基督教信仰的纯洁性。经过多次尝试未果,转而在中国闽东地区展开更为细致的调查,搜集证据向罗马教皇揭发耶稣会传教策略的错误。1638年福建地区发生福安教案,传教士们都被流放到了澳门,黎玉范也在内。由于一直没有合适的船只,直到1640年4月黎玉范才从澳门出发返回马尼拉,同年5月又从马尼拉出发,途经澳门,前往罗马。在此期间鲁比诺恰在澳门地区搜集有关中国的情报,以写作论辩文章,黎玉范与耶稣会之间关于祭祖祭孔的礼仪之争自然也就成为鲁比诺审视的对象。因而,鲁比诺熟知黎玉范返回罗马的目的。在他于1640年9月16日由澳门发往总会长的书信中报告称,多明我会士黎玉范(Juan Bautista de Morales,1597—1664)和方济各会士利安当(Antonio Caballero de Santa Maria)不辞艰辛地从中国奔赴罗马,是为了向教皇揭发耶稣会在中国传教状

---

① 关于耶稣会视察员鲁比诺一行秘密潜入日本并殉教的记载,可参见清水有子:《近代日本とルソン―「锁国」形成史再考》,东京堂,2012年,第267—292页。

况,有在欧洲诽谤耶稣会的嫌疑。也正是在此情况下,鲁比诺想在自己坐船前往日本前于马尼拉编成反驳对耶稣会进行批判的著作。因此,这篇辩驳书也就成为为耶稣会在中国传教的合法性地位进行辩护的战斗性檄文。

更巧的是,黎玉范从罗马返回中国的途中,得以与墨西哥的普埃普拉(Puebla)主教帕拉福克斯(Juan de Palafox y Mendoza)多次会面。在反对耶稣会这一点上,帕拉福克斯与黎玉范目标一致。帕拉福克斯一直关注中国的礼仪之争,能够及时获取来自中国的有关情报。在一次与黎玉范的会面中,帕拉福克斯为了使黎玉范及其同伴得以了解远东耶稣会在礼仪问题上的新动向,并采取相应的措施,向他提供了一篇耶稣会为本会在中国传教策略辩护的论文,而这篇论文正是鲁比诺和莫拉雷斯 1641 年所撰写的题名为"答圣多明我修会和方济各修会的会士们在关于中国的改宗问题上对于耶稣会的神父们进行的诽谤。由神圣的殉教者耶稣会的视察员安东尼奥·鲁比诺和莫拉雷斯神父制作完成"(以下简称为"辩驳书")的文章。①如今这篇辩驳书收藏在罗马耶稣会档案馆。②辩驳书经菲律宾管区长若望·德·马拉基许可被送往罗马的耶稣会本部。辩驳书虽并未明确记载其书就的地点,但是执笔时(1641)莫拉雷斯正在马尼拉,所以应写于马尼拉。辩驳书的内容以鲁比诺在澳门得到的中国情报为基础。原文用葡萄牙语写成,所以实际的执笔者并非意大利人鲁比诺,推测应是葡萄牙人莫拉雷斯。但从行文来看,主语又经常是单数的人称,可知是由莫拉雷斯整理鲁比诺观点后书写的。二人在写作辩驳书时可能参考的书籍情况如下:

1. 菲律宾管区长卡斯特罗和博纳维兹的著作

辩驳书中对此著的介绍如下:

---

① J.S.Cummins, "Palafox, China and The Chinese Rites Controversy", in *Jesuits and Friar in the Spanish Expansion to the East*, p.406.转引自张先清:《多明我会士黎玉范与中国礼仪之争》,《世界宗教研究》2008 年第 3 期。

② Archivum Romanum Societatis Iesu, Jap.Sin.155, ff.1-132v.

通过这份简短而真实的报告,我们可以更好地理解数年前出版的两册书籍。第一册是由菲律宾管区长若望·德·卡斯特罗及其随行者博纳维兹在中国信徒指导下为了向中国引入福音的曙光而在 1590 年带到中国的书籍。①

辩驳书可以说是对 1590 年进入中国的菲律宾圣·多明戈管区长卡斯特罗(Juan de Castro)和博纳维兹(Miguel de Benavides, 1552—1605)②著作相关提议的反驳。卡斯特罗和博纳维兹是多明我修会的会士。1590 年 5 月,卡斯特罗和博纳维兹尝试从马尼拉潜入中国华南地区,以实现在中国传教的目的;但很快就被中国官兵逮捕,接受审判后被释放,从而未能如愿,于第二年 5 月回到了马尼拉。③1590 年博纳维兹用汉语写作了"司教博纳维兹制作后提交王菲利普二世有关东南亚华侨们的报告",目前并没有这份报告出版的确切记载,而用汉语写报告给西班牙国王这件事情本身就十分可疑,此处记载应有错讹。而且,卡斯特罗和博纳维兹的著作应该采取了事例集的形式。因此也很难想象鲁比诺论文的辩驳对象是他们呈给西班牙国王的报告。

2. 利玛窦、金尼阁的《基督教远征中国史》

第二类书籍是利玛窦(1552—1610)和金尼阁(1577—1629)的《基督教远征中国史》(又整理翻译为《耶稣会与天主教进入中国史》)。鲁比诺并未将此书作为论驳的对象,而是作为耶稣会传教中

---

① Jap.Sin.155, f.3r. 转引自浅见雅一:《キリシタン时代の偶像崇拜》,东京大学出版社,2009 年,第 297 页。

② 博纳维兹是西班牙裔的传教士,也同时是一名汉学家。马尼拉地区的第三任大主教。1587 年他随第一批多明我传教团前往马尼拉,在马尼拉比农达为中国人设立了医院,还建立了圣托马斯大学。

③ 与卡斯特罗和博纳维兹一同前往中国的还有路易斯(Fray Luis)神父,路易斯神父是邦阿西南(Pangasinan)省省长。他们一行到达了广东地区。有关三人前往中国的记载可参考:Diego Francisco Aduarte, *History of the Dominican Province of the Holy Rosary, in the Philippine Islands, 1493 - 1898: Relating to China and the Chinese*, vol.18, edited by Emma H. Blair and James A. Robertson, Cleveland, 1915, pp.19 - 34。

国史而频繁地予以引用。

3. 黎玉范的调查报告与阿杜阿尔特的《菲律宾、中国、日本的多明我会圣·罗萨里奥管区的历史,1581—1637》

第三是构成鲁比诺论驳对象的多明我会的书籍:

> 第三个提议出现在印刷于1632年的某个多明我会修士编辑的一篇论文之中。这篇论文记录下了多明我会的修士们在尚未信教的国度(中国)摸索进入中国的各种经过。而且,在有关这个管区的《历史》的第二卷第四十一章第176页第4段出现此修道会"安杰罗"(Angelo)的地方,却并不知道这名基督教信徒的名字的语源。①

"安杰罗"是指多明我会修士高琦(Angelo Cocchi de San Antonio, 1597—1633)②,如前文所言,正是在他的请求下,原本向侨居马尼拉的闽南华裔传教并熟悉闽南方言的黎玉范才来到闽东地区的,也正是此人点燃了礼仪之争的战火。③《历史》是指阿杜阿尔特(Diego Francisco Aduarte)的《菲律宾、中国、日本的多明我会圣·罗萨里奥管区的历史,1581—1637》。④1632年出版的多明我会书籍中,

---

① Jap.Sin.155, f.4v。转引自浅见雅一:《キリシタン时代の偶像崇拜》,第298页。

② José Eugenio Borao, "The Dominican Missionaries in Taiwan (1626 - 1642)", in *Missionary Approaches and Linguistics in Mainland China and Taiwan*, edited by Ku wei-ying, Leuven: Leuven University Press, 2001, pp.128 - 130。转引自浅见雅一:《キリシタン时代の偶像崇拜》,第299页。

③ 张先清:《多明我会士黎玉范与中国礼仪之争》,《世界宗教研究》2008年第3期。

④ 此书在耿昇编译的荣振华、方立中等著的《16—20世纪入华天主教传教士列传》中被翻译为《菲律宾、日本和中国传教区圣·罗萨里奥省的历史》,但这种翻译不够准确,应以本文的翻译为准。参见ディエゴ·アドゥアルテ:《日本の圣ドミニコ ロザリオの圣母管区の历史(1581—1637年)》,ホセ·デルガード·ガルシーア编注,佐久间正、安藤弥生共译,カトリック圣ドミニコ会ロザリオの圣母管区,1990年。

有一本是在同一年于塞维利亚出版的阿杜阿尔特的《日本殉教录》。而这里所讲的1632年的书籍，无论是时间上还是出版地点上都与鲁比诺论文中所说的一致，出版于1632年的书籍很有可能在1641年鲁比诺和莫拉雷斯执笔论文前到达菲律宾。但是从书名来看，全书论述对象的并不是与中国有关的内容，而是关于日本的，所以不能断定构成鲁比诺论文的辩驳对象的就是此书。阿杜阿尔特死后，1640年在马尼拉出版了他的《菲律宾、中国、日本的多明我会圣·罗萨里奥管区的历史》，所以鲁比诺所参考的由多明我会修士执笔的书籍尽管在出版年代上有所出入，但推测当时应该就是这本书，只是鲁比诺在时间上将同一人在1632年写的《日本殉教录》相混淆了。通过以上内容可以获知，构成鲁比诺批判对象的基本上只有多明我会修士所写的书籍，而不包括方济各会的。

4. 罗德里格斯的《对日本耶稣会神父们所提疑问之回答》

罗德里格斯是一名精通伦理神学与良心问题的著名神学家，还曾担任果阿神学院院长。他以神学家身份参加了第一届果阿大司教区会议。1572年接替夸德罗斯出任印度管区长一职，第二年在果阿去世。他不仅在果阿的耶稣会学院中教授伦理神学和良心问题，而且还留下了针对印度、东南亚、日本等地有关良心问题的事例集。其中1570年执笔的有关日本良心问题的事例集，围绕日本偶像崇拜问题展开议论。在对中国的祭祖、祭孔和拜城隍等仪式的讨论中，鲁比诺大量参考了罗德里格斯的事例集。

总之，鲁比诺尝试在这篇辩驳书中向人展示耶稣会的传教方针。因而辩驳书所参考书籍包含三个方面的内容：一是来自两个托钵修会尤其是多明我会对于耶稣会传教策略的批判；二是利玛窦《基督教远征中国史》中有关明末中国人信仰形态的记录和利玛窦路线在中国偶像崇拜问题上的具体应用；三是罗德里格斯事例集中所载印度和日本经验为解决中国祭祖、祭孔和拜城隍神等偶像崇拜问题提供的基本指导方针。

二、是否允许传教地信徒从事或协助偶像崇拜？

在偶像崇拜问题上，耶稣会在印度、日本和中国的对策和态度既相互承接又各有差异。首先，根据印度地区主要是果阿地区传教士的报告，伊斯兰教、印度教，以及印度当地的民间宗教信仰都被耶稣会视作异教，"恶魔在这个异教世界因享受荣誉和牺牲而受到崇拜和奉祀"[①]，然而对于天主教信徒来讲，"这是对天主的巨大侮辱"[②]，因而为了改宗的事业必须全面摧毁这些偶像。

印度地区传教士的诉求很快便在1567年召开的第一届果阿大司教区会议颁布之教令中得到体现，而且采用了圣俗两方的力量：

> 希望阁下（印度副王）对印度全土的偶像崇拜和未信者的信仰进行全面摧毁和削弱。不管采取何种方法，使他们不再崇敬恶魔，使当地的伊斯兰教徒摧毁所有的清真寺，不再呼唤穆罕默德，且阻止他们出于谄媚举行不诚恳的宗教的任何仪式，不再持有错误的神圣遗物和名簿，不再保存相关的书籍，不再公然或秘密地赋予穆罕默德任何形式的荣誉。因此，促使他们放弃异教徒予以崇敬的所有偶像、寺院、树木、恶魔等场所，不再向恶魔奉献任何动物的牺牲和贡物，不再进行起经名等他们习以为常的祭祀活动，不要在偶像面前，或者在备有橄榄油和白檀香而供奉恶魔的地方，抑或是在点燃蜡烛依照其宗派戒律而举行仪式的地方称赞恶魔，不再举行给予其最高荣誉的仪式活动。尽量断绝洁净礼、巡礼、斋戒行为，不再在缔结婚姻时按

[①] Joseph Wicki, S.I., ed., *Documenta Indica*, VII, Romae, 1962, Doc. 90, p.387.

[②] Joseph Wicki, S.I., ed., *Documenta Indica*, VII, Romae, p.387.

照恶魔的典礼向他们的神祈愿,不进行火葬或某种特定的方法进行埋葬,不再供给他们食物,在死去之人的典礼上,不准公然或秘密地给予他人食物。所以,无论何人,皆不可公开或者私下讨论他们错误的宗教,不可听取他们的说教,不可持有与恶魔有染的书籍。(第九号教令)①

如有人做出教会法所禁止的以上事情,则会遭受严厉的惩罚。而且对于诸如借贷宝石、贵重物品、乐器、大炮给非基督徒,参加异教徒的祭祀活动,在供奉偶像的场所点燃蜡烛,触碰偶像的所谓圣遗物和书籍,朝觐,听取异教的说教等各种直接或间接协助偶像崇拜的行为,也都在会议颁布的第十、十一号教令中被明令禁止。②

其次,罗氏《对日本耶稣会神父们所提疑问之回答》之第六、七事例涉及日本的偶像崇拜问题。罗氏认为,无论是真正的偶像崇拜还是伪装出来的偶像崇拜皆为重罪,但是"自身并无意于偶像崇拜却不得不装作进行偶像崇拜的样子时,或出于义务陪同父母和主人进行偶像崇拜和伪装成偶像崇拜的样子时"跪拜偶像的行为,并不构成偶像崇拜③,也不应受到"驱逐出教会"的破门惩罚。罗氏认为,不宜将原本适用于高位圣职者的破门惩罚用于新改宗的日本人,因为教会法并未在日本公布,日本信徒也无判断是否触犯教会法的标准,从而在一定程度上承认了日本当地盛行的偶像崇拜行为,但其前提条件是新改宗的日本信徒的"信仰告白"。④罗氏写作事例集时

---

① António da Silva Rêgo, ed., *Documentaçao para a História das Missóes do Padroado Português do Oriente*, India, vol.10, Lisboa, 1953, Doc.44. pp.346 - 348.转引自浅见雅一:《キリシタン时代の偶像崇拜》,第74页。

② António da Silva Rêgo, ed., *Documentaçao para a História das Missóes do Padroado Português do Oriente*, India, vol.10, Lisboa, 1953, Doc.44. pp.346 - 348.转引自浅见雅一:《キリシタン时代の偶像崇拜》,第74页。

③ Livraria 805, ff.114r-15v. 转引自浅见雅一:《キリシタン时代の偶像崇拜》,第96—97页。

④ Livraria 805, f.115r. 转引自浅见雅一:《キリシタン时代の偶像崇拜》,第100—101页。

日本尚未全面实施禁教政策，因而信仰告白在当时并非难事，但进入鲁比诺传教的江户幕府时代，信仰告白就意味着殉教，其实施也愈加艰难。从另一个侧面来看，信仰告白在罗氏那里还被视作缓和天主教正统教义与日本偶像崇拜之间紧张关系的安慰剂，避免过于苛刻的信仰条件妨碍日本改宗事业的顺利推行。

再次，鲁比诺辩驳书第一章第一节中的论述继承了罗氏有关印度和日本地区偶像崇拜的态度，首先试图从《圣经》十诫中寻找偶像崇拜即罪恶的证明。继而在第二节标题上又明确指出，耶稣会不允许也不同意改宗的中国人的迷信行为和偶像崇拜活动，而且在有关假装出来的偶像崇拜问题上，给出了比罗氏更为严格的标准，认为"虽然是在假装偶像崇拜，但对于信仰告白来讲却是十足的恶"，因为天主教真正的信仰要求基督徒"不仅需要内在的信仰，也同样需要外在信仰的告白"①。所以，原本在罗氏那里被视作新改宗的日本人佯装偶像崇拜之遁词的信仰告白，在鲁比诺的论述中却转而成为中国人进行假意的偶像崇拜之最大障碍。不仅如此，在对第六节"那些参与貌似偶像崇拜的公开祭祀的基督教徒，是不是协助了偶像崇拜行为？"的咨询所做的回答中，鲁比诺首先概括了多明我会和方济各会对耶稣会进行批判的主要内容，紧接着举出了以供奉牺牲和捐赠钱财为主的四种协助偶像崇拜的行为，他认为这些行为不仅支持了偶像崇拜活动，还赋予偶像崇拜活动本身以新的权威，因而"这种辅助或协助并不可取"，"应适当地判其有罪"②。但很快他又抛出了相反的观点，认为"在一些职务上或可能实施的事情上不抱有善恶的关心时，是可以进行（这些协助偶像崇拜的活动）的"③。

从辩驳书第一章有关偶像崇拜问题的思考轨迹来看，鲁比诺首先坚持了解决偶像崇拜问题时的印度经验，否定了中国人从事或协

---

①② Jap.Sin.155，f.61v.转引自浅见雅一：《キリシタン時代の偶像崇拜》，第304页。

③ Jap.Sin.155，f.62v.转引自浅见雅一：《キリシタン時代の偶像崇拜》，第305页。

助偶像崇拜的合法性,这是基于基督教正统教义而做出的判断。但是随后鲁比诺又转而同情和允许改宗的中国基督徒在特殊情况下进行的偶像崇拜行为,而这又是基于耶稣会日本传教经验所得出的判断。因而可以看出,在远东传教的鲁比诺不仅参考了印度果阿地区严禁偶像崇拜的做法,更多的是参考了日本的经验。事实上,在信仰形态和宗教实践上,印度和日本是两个完全不同的国度,所以在整理他搜集到的有关中国宗教实态的情报并做出相应的分析判断时,鲁比诺往往在印度经验和日本经验之间游离不决,乃至行文中出现了前后矛盾的观点。从另一个角度来看,这也是鲁比诺根据传教地实际情况对传教策略进行调适的开始,同时意味着天主教教义本土化意识的萌芽,而这一切都得益于耶稣会在印度和日本等地传教经验的启蒙。

三、辩驳书中的孔子崇拜、祖先崇拜与城隍崇拜

上文中我们提到,辩驳书主要是为了反驳多明我会士黎玉范针对耶稣会传教方针所做的调查报告而写的。而黎玉范对中国基督教信徒的祭孔、祭祖、拜城隍等"迷信"行为展开调研,在第一次调研后,他向耶稣会在中国的长上提出了禁止信徒祭祖、祭孔、拜城隍的十三条关于礼仪之争的意见。之后他又展开了更为仔细的调查,在转交马尼拉多明我会管区长写给耶稣会视察员李马诺(Manuel Dias)信中,指出了多明我会与耶稣会之间有所争议的 12 个问题[1]。进而,在他到达罗马后形成 17 点问题[2],转交教皇裁断,教皇英诺森

---

[1] 张先清:《多明我会黎玉范与中国礼仪之争》,《世界宗教研究》2008 年第 3 期。

[2] 参见苏尔、诺尔编,沈保义、顾卫民、朱静译:《中国礼仪之争西文文献一百篇》,上海古籍出版社,2001 年,第 1—7 页。

十世在 1645 年 9 月批准并由传信部正式颁布这份裁决,这意味着礼仪之争问题的进一步扩大。辩驳书正是写于黎玉范从澳门离开尚未到达罗马期间,而且鲁比诺被耶稣会长上任命为日本和中国地区的视察员,身肩前往日本传教的重任,所以在澳门期间,他也从马尼拉地区获取不少有关日本的情报,对范礼安、戈麦斯、陆若汉等人的思想和观点较为熟悉,也就自然很容易以耶稣会在日本的传教经验分析和解决中国的礼仪之争问题。

(一) 祭孔

辩驳书第一章第三节"不允许、不同意对中国孔子奉献牺牲和进行偶像崇拜":

> 孔子很受大家欢迎,没有人比他更受尊重的了,他是中国的一位伦理学家,于基督降生之前 551 年逝世。对于这个哲学家的确切的调查如下。第一,其教理大受尊重,大家都毫无疑义地遵从他文章中所说的内容行事。而且接受他的指导和建议而修身,金尼阁的第一卷第五章第二节中记载,直到今日,上至国王下至普通少年,在每年孔子的诞辰和每个月的朔日和月底都要纪念他。金尼阁第一卷第十章中记载,孔子的子孙也被给予了极大的荣誉,国王们给予孔子嫡系子孙很高的荣誉称号、大量的俸禄以及各种特权。书中第五章第三节讲道,人们并没有把他当作神也没有给予他神所特有的名誉,而是将他视作共和制优秀的管理者而给予他一定的名誉和礼仪。①

辩驳书引用了利玛窦、金尼阁的《基督教远征中国史》第一卷第

---

① Jap.Sin.155, f.23r.-v. 转引自浅见雅一:《キリシタン时代の偶像崇拜》,第 307 页。

五章的内容①,并顺带沿用了利玛窦"孔子非神"的论断。进而主张孔庙并非僧侣们常驻的寺院,而是类似于"讲堂、邸宅或是向孔子表达敬意的一般性场所"②。循此逻辑继续往下推论,辩驳书第一章第四节"耶稣会修道士不许可、不同意用于中国偶像崇拜和供奉偶像的事物"指出,可以对孔子表达敬意,但是绝不允许树立孔子偶像以及对孔子奉献牺牲,因为"牺牲"是"为了赞美基督教的神而被命令奉献的东西"③,不能用于除神之外的任何存在。所以,从整体上来看,在有关孔子崇拜一事上,鲁比诺并非采取全盘否定的态度,而是单单对其中奉献牺牲的做法有所避讳,并勒令禁止。

(二)祖先崇拜中的丧葬仪式

辩驳书虽在论述有关中国人信仰是非时,频繁使用奥古斯丁、托马斯·阿奎那等教父和神学家的议论,但有关中国礼仪之争的最重要的依据却仍是以耶稣会印度管区(包括印度、日本和中国澳门)④有关偶像崇拜的讨论为基础。辩驳书第一章第五节"耶稣会士们不允许、不同意改信的基督徒对亡故者遗物进行崇拜的迷信行为",对中国的祖先崇拜场景做了如下记载:

> 前述托钵修会总结的第四点是中国人给予亡故者的荣誉。这在第 15 问以及《历史》的第二卷第五四章中已经明确指出过。在这个问题上有各种观点。第一点,无论其是否是信徒,在某个重要人物死亡时,都要在他的府邸的院落上准备供桌和

---

① 利玛窦著,文铮译,梅欧金较:《耶稣会与天主教进入中国史》,商务印书馆,2014 年,第 71 页。
② 浅见雅一:《キリシタン时代の偶像崇拜》,第 310 页。
③ 浅见雅一:《キリシタン时代の偶像崇拜》,第 308 页。
④ 有关印度管区的历史可参考:戚印平:《远东耶稣会史研究》,中华书局,2007 年,第 577—585 页。

祭坛,并惯常地放置多数蜡烛、香以及亡故者肖像于其上。在供桌背后灵堂上安放遗体,将其牌位与最近亡故之先祖的牌位排列在一起。死者的父母、友人、朋友在设置有肖像的祭坛前,将额头触碰到地面进行多次跪拜,并且为了死者的名誉着想,点燃蜡烛、沉香。而且,耶稣会只允许为了表达哀悼之意而将白色服饰穿在身上的做法。①

中国人祖先崇拜的宗教形态在这一整套丧葬仪式中得到展示。天主教教会十分重视丧葬仪式,因为一切圣事性的礼仪是以天主子女的最后逾越为目标。此最后的逾越,是通过死亡,引领人进入天国的生命。而且,从丧葬仪式的流程中可以清楚地显露出一个民族的生死观,所以传教远东的耶稣会士们对日本和中国的丧葬礼仪表现出强烈的关心。

耶稣会士弗洛伊斯最早系统地比较了天主教丧葬礼仪与佛教葬礼之间的区别:天主教葬礼中的司祭在教会中为死者举行葬礼,日本葬礼则由僧侣在死者家中一再举行法事。②在欧洲,主人死时,仆从们哭着将其送到墓地;在日本,有的人切腹自杀殉死,大多数人切掉指尖,投入焚尸火中。③天主教埋葬死者,日本人则火葬死者。④欧洲人在举办死者葬礼后,亲属人等便蛰居家中,闭门不出。日本人却在葬礼之后,备办酒宴款待和尚和参加葬礼的人。⑤其后来在日的传教士报告中也多有提及日本人的葬礼仪式,其主要关注点有三个,一是天主教葬礼特征,二是日本葬礼的特点,三是如何在两种葬

---

① Jap.Sin.155,f.38r.-v.转引自浅见雅一:《キリシタン时代の偶像崇拜》,第301页。
② 路易斯·弗洛伊斯著,冈田章雄译注,范勇、张思齐译:《日欧比较文化》,商务印书馆,1992年,第46页。
③ 路易斯·弗洛伊斯著,冈田章雄译注,范勇、张思齐译:《日欧比较文化》,第47页。
④⑤ 路易斯·弗洛伊斯著,冈田章雄译注,范勇、张思齐译:《日欧比较文化》,第52页。

礼之间进行调适。经历过 1580 年全体会士协议会①、1590 年在加津佐召开的第二届协议会②,以及 1592 年在长崎举行的第三届协议会后,范礼安开始制作一套具有调和性质的礼法指针。制定礼法指针的宗旨,一方面在于向日本人展示天主教对于葬礼仪式的关心,以消除早期日本人有关天主教对葬礼漠不关心的误解,达到吸引日本人归信的目的;另一方面在于保持天主教仪式庄重性的基础上,"顺应日本的习俗","按照日本人喜欢的方式"举行葬礼。③因为,依罗德里格斯在第 11 个事例中的回答,如果不按照日本的习惯举行火葬仪式,会给他们的父母带去屈辱,他们自己也会失去颜面,无法在日本社会立足。④

自然地,当处于印度、日本等远东传教地延长线上的中国的宗教信仰形态逐渐进入耶稣会士们的视野,又当他们模糊地认识到明末时期日本和中国的葬礼仪式中有着相同的佛教因素时,一种可资借鉴的日本模式便深深地扎根在这批来华的耶稣会士的意识之中。一方面,在处理改宗的中国信徒为其双亲举行火葬仪式问题时,鲁比诺认为,"为了了解解决中国的这个问题上耶稣会的神父到底应该抱有何种观点,需要来自日本基督教的有识之士和印度地区的司教的帮助"⑤。此时鲁比诺寻求帮助的对象,即罗氏事例集中对于日本基督徒为父母举行火葬问题的有关解答:"改宗的基督徒可以陪同他们死去的双亲到目前,只允许最开始的点火仪式

---

① 参见井手胜美译:《日本イエズス会第一回协议会(一五八〇—八一年)と东インド巡察师ヴァリニャーノの裁决(一五八二年)》,《キリシタン研究》第二十二辑,吉川弘文馆,1982 年。

② 参见 Jose L. Alvarez Taladriz 编注:《日本イエズス会第二回协议会议事录(一五九〇年)と裁决》,《キリシタン研究》第十六辑,吉川弘文馆,1976 年。

③ 五野井隆史:《キリシタンの文化》,吉川弘文馆,2012 年,第 251—253 页。

④ 浅见雅一:《キリシタン时代の偶像崇拜》,第 69、91 页。有关此事例集的完整信息,参见在日ポルトガル大使馆编:《布教と融和―日葡交涉四五〇周年を记念して》,东京,1999 年。

⑤ Jap.Sin.155, f.55r.-v. 转引自浅见雅一:《キリシタン时代の偶像崇拜》,第 311—312 页。

(荼毗,梵语,指焚烧),之所以如此是出于对生命的称赞,而非异教的仪式。"而且在完成"遗体荼毗"后下葬的环节,"为了避免因不到父母目前引起的不快,允许他们到场",还允许改信的基督徒"陪同他的友人和主人进入异教徒寺院"。①参照日本标准,鲁比诺认为中国人不仅可以在自己家中和墓地举行葬礼,而且允许其对已故父母举行火葬,甚至允许中国信徒前往偶像寺院。值得注意的是,在整个有关火葬仪式的议题中,像罗氏一样,鲁比诺全然未提及印度的基督教会严厉禁止火葬的命令,也避免讨论火葬背后深刻的佛教义理问题,可见在佛教的火葬仪式方面两人对于印度经验的拒绝态度。

另一方面,在是否可以对中国信徒的祖先举行弥撒一事上,鲁比诺也参考了罗氏的事例集,指出当"印度、日本的神父们问道,那座岛上的新的受洗者的基督徒可不可以在特定的日子里为他们已故的亲人朋友举行弥撒,(以便)在那一天怀念他们"时,罗氏这样回答道,"应该适当地向他们言明这样做并不是为了作为异教徒的亡人们。……因为,这样做的话,异教徒会认为基督教信徒在举行他们的祝祭仪式。……要向他们言明,在对亡人们举行的这些圣务中,弥撒并不是为了异教徒,也不是为了炼狱中的灵魂而举行"②。因而,鲁比诺肯定了这种原本在天主教会中被禁止的弥撒圣礼,从而也在一定程度上允许了中国信徒外在的祖先崇拜活动。

总之,由于鲁比诺大多数时间身在马尼拉,所以对于发生于中国内陆地区的中国信徒宗教实践未有过实际的接触,因而在关于中国人祖先崇拜一事上的处理多是参照了罗氏事例集中有关日本经验的总结。但是,日本涉及祖先崇拜的丧葬仪式与佛教有着极为深厚的渊源,其信仰形态也呈现出祖先崇拜与佛教的广泛融合,异于

---

① Jap.Sin.155,f.55r.-v.转引自浅见雅一:《キリシタン时代の偶像崇拜》,第311—312页。
② Jap.Sin.155,f.55v.-56r.转引自浅见雅一:《キリシタン时代の偶像崇拜》,第313页。

当时中国儒学氛围下的葬礼仪式,所以难以避免有一些想象的成分。然而,在肯定中日信仰差异的同时,不能否认两者之间的相似点,即晚明的中国儒学深受佛教思想的影响,难免渗入大众日常的礼仪之中,成为鲁比诺援引日本经验处理中国问题的充足理由,且能部分实现对托钵修会批评耶稣会传教策略的有效抵制。

(三) 城隍神崇拜

再者是中国自明代渐成系统和体制化的城隍崇拜。城隍庙中祭祀的是城隍神,"城隍神最初是自然神,它的主要职能是保卫城民、祈雨舒涝。城隍神发展到人格神,尤其是名人死后成为城隍神的观念产生后,逐渐体现出执掌阴阳两界的属性"[1]。对于城隍神的祭祀,最早应始于中国南北朝的齐梁之间(6 世纪 60 年代)。"从正史《北齐书》中记载城隍神显灵到宋朝城隍神进入国家祀典,再到明初朱元璋进行礼治改革,城隍信仰得到官方制度化,体现了城隍神逐渐从一个民间自然神转变为官方制度下的冥官的过程。"[2]因而,当西方传教士来到中国明朝时期,对于这种城隍崇拜,自然是将其纳入到典型的偶像崇拜范畴之内。然而,在大多数情况下,具有官职的基督教信徒出于职务的需要,不得不参加这种在天主教正统看来是偶像崇拜的官方祭祀活动。官吏参拜城隍庙多出于祈雨禳灾的目的,是官吏自身职务和身份的象征。鲁比诺论文第一章第二节"关于基督教信徒的官僚在城隍庙所做事宜"中,举出了如下不得不参拜城隍庙的事例:

> 耶稣会决不允许和不同意这些官吏向城隍庙的偶像贡献牺牲。就像在中国耶稣会副省会长傅汎际那里获得肯定的一样。他早在 18 年前就在中国的基督教会中居住,是一个有德

---

[1] 徐李颖:《佛道与阴阳:新加坡城隍庙与城隍信仰研究》,厦门大学出版社,2010 年,第 39 页。

[2] 徐李颖:《佛道与阴阳:新加坡城隍庙与城隍信仰研究》,第 45 页。

的有识之士。他出于职务上的义务周走于耶稣会在中国帝国上所持有的住院。受命于视察员,代表神父会员全员。而且,他附言,这些(城隍庙)都是已经被个别建造而成的,发生了像之前所述的几件事情(供奉偶像)。他们意识到这是罪。有三个事例可以反证。

第一,关于已经在杭州隐退的官吏米歇尔博士①。一般来讲,大旱魃天气下,在异教徒巡抚(明代置于各省的地方长官)的命令下,不管是就任还是已经辞任的官员,都要履行官员职责,为求雨而随同前往偶像寺院。他(米歇尔)为此而踌躇不已,不知该怎么办,便找傅汎际商议。准管区长回答说,应该尽量向巡抚说明情况,争取留在家中,而且,如果在不得不去的情况下,要在当天以内向我们的主乞求赦免,进行告解,拜领圣体。博士严守准管区长的吩咐。不过,很快,神便降下大雨,问题得以解决。

另一个是举人依那爵。他凭功绩就任相安县知事。因此,在其他全体官员都在另一场大旱魃之际而不得不前往城隍庙的时候,他在一个宽阔的场地建造了一个祭坛,在那里竖起了一个非常巨大、非常美观而且被豪华地装饰着的十字架。在众人的瞩目下就任知事。对我们天主教有关赎罪的秘迹展开规模庞大的说教后,向唯一一个拯救众人的真神祈愿,跪在了神圣的十字架前,长时间地进行祈祷。对于仆人般真诚的告解,我们善良的神在他于剧场说教之时,降下大雨,向他显示神是那么地眷顾于他。

最后是叫文森特的另外一名基督徒。他代替当选为某个都市的知事前往城隍庙就任后,在城隍庙另外一个高地上置了一个祭坛,发表了长文,将写有易读而用很大的字体的文章顶在额头念道:"向天地之创造主、其子、其圣灵奉上永恒的名誉

---

① 指杨廷筠。

和尊重。"而且,他崇拜主,在祭坛面前宣发誓言,满怀深情地乞求创造主让他完好地履行他的职务。①

这样一来,明末官吏为了正式就任某种官职,在旱魃之际有义务前往城隍庙举行祈雨仪式,但对城隍庙中崇拜对象没有特定的规制。因此,在城隍庙中新建用以崇拜基督教神的设备也是有可能的。在中国祭祀作为都市神的城隍神庙中,其祭祀对象并不一定身份确定。从这些记述中可知祭祀对象可以是多个。耶稣会基本上不允许中国基督徒参拜城隍庙,但是,另一方面,也没有断然拒绝出于职务上的需要,中国基督徒前往城隍庙参拜。这种措施,与日本有关良心问题的偶像崇拜问题上,允许信徒在不能拒绝的场合进行偶像崇拜的做法如出一辙,是另外一种伪装的偶像崇拜,归属于罗氏《对日本耶稣会神父们所提疑问之回答》之第六和第七事例中"自身并无意于偶像崇拜却不得不装作进行偶像崇拜的样子时,或出于义务陪同父母和主人进行偶像崇拜和伪装成偶像崇拜的样子时"跪拜偶像的行为之列,并不构成偶像崇拜。

小　　结

　　大航海时代开始之前,对于天主教世界来讲远东地区是一片未知的领域。即便如此,大航海时代开始之后,来到远东地区传教的天主教修会仍然很快发现了印度、日本、中国在风俗习惯和信仰取向上的种种差异。使徒圣多玛传教印度的传说,早已使印度在观念上成为基督教广被之地,因而在关乎正统天主教信仰问题上也应相应地受到天主教《圣经》中十诫和教会法的约束,严厉禁止任何形式

---

① Jap.Sin.155, f.13r.转引自浅见雅一:《キリシタン时代の偶像崇拜》,第318—319页。

的偶像崇拜。日本则不同,虽然早期进入日本的耶稣会士沙勿略曾经使用"本地垂迹"说,以日本佛教"大日如来"对译天主教的神,但事实上这使天主教在日本的传教事业遭受巨大的损失,曾一度引来日本各宗教信徒的误解,天主教自身的真正教义反受遮蔽。

很明显,沙勿略对日本地区宗教信仰形态进行的"本地垂迹"性质的阐释,依旧延续了类似于圣多玛在印度传教的传说的逻辑,这种逻辑立基于天主教信仰的普遍性概念之上,将传教地的信仰视作天主教信仰的特殊形态。这在印度尚可在世俗权力和神圣权力的双重支持下得以强制性推行,在日本则基本无望。因而,传教受挫的耶稣会士便开始改变其在日本的传教策略。因为日本地区没有过圣多玛抵达日本的传说,所以日本的耶稣会认为,应在坚守《圣经》中十诫对于偶像崇拜的规定的前提下,有条件地适应传教地的风俗习惯,使归信的日本信徒免受教会法的相关惩罚,从而在一定程度上允许了日本信徒的偶像崇拜行为。

耶稣会在日本的传教经验被中国的耶稣会士借鉴,对中国传统习俗中的祭孔、祭祖和拜城隍神等活动采取宽容的态度。而当稍后进入中国的托钵修会指责中国基督徒的信仰实践并即将引发礼仪之争的当口,耶稣会仍然不忘从早期传教印度、日本地区时耶稣会神学家编写的良心问题事例集中为自己寻找辩护理由,足见耶稣会在中国的传教政策并非无根之木、无源之水,而是深深地奠基于印度和日本的传教经验。

事实上,在托钵修会进入中国大陆前,耶稣会已经在印度、日本和中国大陆地区进行了传教活动,积累了丰富的传教经验,采取了适应传教地文化的适应主义政策。鲁比诺与莫拉雷斯在马尼拉编写的反驳托钵修会的问题集,既是应对托钵修会由于不懂得中国大陆文化特质而一味强调天主教义纯洁性,并最终导致被驱逐的命运的一种反驳,也是其多年来从印度、日本等地积累下来的传教经验的水到渠成式的总结。比较起托钵修会在中国福建等地进行的短期调查来看,耶稣会在远东地区的传教有着沙勿略、范礼安等传教前辈甚或上百年的长时间摸索,是更为贴合实际的一种做法。所以,鲁比诺和莫拉雷斯从先前的耶稣会士那里获得了充分的一手材料,材料中所载都是耶稣会修士在处理传教地信徒信仰实践过程中遇到问题时进行的事例总结,是天主教伦理神学理论在传教地信徒关涉良心问题等具体事例上的有效应用。

马若瑟《汉语札记·下编·第四章》中的西方修辞观

台湾元智大学中国文学系　林熙强

一、取程：空间的隐喻

"亲爱的斐德若，你意欲何往，又是由何处而来呢？"这是柏拉图（Πλάτων/Plato，公元前423—前347）对话录《斐德若篇》（Φαῖδρος/Phaedrus）伊始，在雅典城堙内长者苏格拉底（Σωκράτης/Socrates，公元前470—前399）偶遇壮年斐德若时的招呼（227a1）。①是时斐德若方自演说家吕西阿斯（Λυσίας/Lysias，公元前445—前380）暂居的寓邸离开，身怀一纸吕西阿斯论"爱（欲）"（ἔρως/eros）的演讲辞；自认甫炙卓见的他，亟欲同苏格拉底共飨褃下左手执持的那份讲辞，

---

① 本文所用《斐德若篇》，希英文本对照主要参考 Plato, *Phaedrus*, in *Euthyphro/Apology/Crito/Phaedo/Phaedrus*, translated by Harold North Fowler, introduction by W[alter]. R[angeley]. M[aitland]. Lamb, rpt. ed., vol. 1 of Plato in Twelve Volumes, Loeb Classical Library 36, Cambridge：Harvard University Press, 1990, pp.405 - 579 及 Plato, *Phaedrus*, with Introduction, translation, and commentary by Christopher J. Rowe, Warminster：Aris &·Phillips, 1986, pp.19 - 133；另参考 Plato, *Phaedrus*, translated with notes, glossary, appendices, interpretative essay and Introduction by Stephen Scully, Focus Philosophical Library, Newburyport, MA：Focus Pub./R. Pullins Co., 2003, pp.1 - 71 的英译文。中译参考柏拉图著，刘小枫译：《斐德若》，刘小枫编译：《柏拉图四书》，生活·读书·新知三联书店，2015年，第279—403页。引用中英译文，仅夹附"Stephanus"段号标记，不另录专书页码。

故邀偶遇的这位老艾边走边听。"那么请您领路"(Πρόαγε δή/Lead on then, 227c1),于是在苏格拉底的"引导"下,二人信步出城,在盛夏近午时分,跣足沿洄城外的小河伊利索斯('Ιλισός/Ilissus),寻觅一处促膝(229a1—3)。两人的足迹暂停在一株茂豫的梧桐树(ὑψηλοτάτην πλάτανον/very tall plane-tree, 229a12)前:清流亹亹之旁,玄荫眈眈之下,乃风色合度的草坪一片,恰可供两人或坐或卧。此暂憩之地芳草鲜美,又有清流可以濯足,苏格拉底甚异之,乃咏之以女诗人莎芙(Σαπφώ/Sappho,公元前 630—前 570)情诗。此际蝉吟凉杪,苏格拉底畅惬恬卧,斐德若开始循诵吕西阿斯那篇关于如何选择爱人的见解(230e6—234c5)。这是《斐德若篇》的第一段剧情。

出城的楔子之后,吕西阿斯的这篇演讲词旨在讨论情爱的抉择上,"爱人"(ἐραστής/lover)与"非爱人"(non-lover)间优劣孰先。按吕西阿斯之见,"爱人"的追求乃出于爱欲的驱使,故往往患于得失,在付出殷勤之后悬悬盼望爱情的回报(231a—b),又每每溺新欢弃旧爱,为讨欢心殚精竭虑,不惜得罪他人(231c3—6)。质言之,"爱人"自知处于神智昏乱(νοσέω/to be sick, insane)的状态,却不能自已(ἀλλ᾽ οὐ δύνασθαι αὑτῶν κρατεῖν/cannot control themselves, 231d3—4),即便

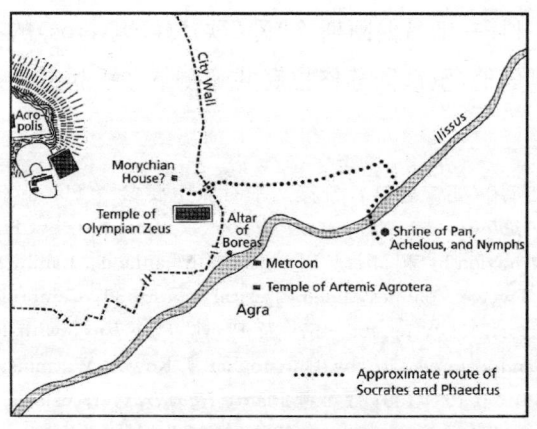

图一 苏格拉底与斐德若的足迹①

---

① See Plato, *Phaedrus*, edited by Harvey Yunis, Cambridge Greek and Latin Classics, Cambridge: Cambridge University Press, 2011, p.xii.

所爱之人其言其行乖谬伦常（πραττόμενα ἐπαινοῦσιν/beyond due measure，233a9），仍褒美依旧。然"非爱人"不以身体的欲求为出发点，乃以"道德"（ἀρετή/moral goodness，virtue）追求所爱（232d5—6）：故而在情爱的抉择上应以"非爱人"为佳，因为他们不贪恋青春，亦非一时露水衷肠，故不因色衰而爱弛，爱弛而恩绝。即便美人迟暮，"非爱人"还是以善待之，以德待之，友爱终生无渝（233e6—234b2）。

斐德若习诵的这篇讲辞，苏格拉底以为不尽如人意，因为就修辞而言，这类论证值得赞服之处，除了立意必须新颖（εὕρεσιν/a finding，invention）之外，更为重要的乃是谋篇（διαθέσει/arrangement，236a4—7），但吕西阿斯的讲辞太多冗复，且该推许者未见揄扬，该指斥者亦未见訾责。于是《斐德若篇》的第二段剧情，是苏格拉底拗不过斐德若体格上的强势，不得已之下，也发表了一段以"爱人"与"非爱人"为主题的演讲词（237a—241d）。除了论及情爱上的"愉悦"（ἡδὺ/pleasant；ἡδονῇ/pleasure，238d5ff）之外，这段讲辞的枢辖之一，在于苏格拉底讨论了"有爱欲"（爱人）与"无爱欲"（非爱人）间最大的歧异：情爱是一种欲望，就算"非爱人"亦渴求美（καλῶν/beautiful，237d5）。然而人心之中有两股抵牾之势（δύο τινέ ἐστον ἰδέα ἄρχοντε καὶ ἄγοντε/two ruling and leading principles，237d7—8），交相抗衡拉扯，其一为与生俱来对于欢愉的渴望，其二为生命历程中习得，企求至善的见解（ἐπίκτητος δόξα，ἐφιεμένη τοῦ ἀρίστου/acquired opinion [or judgement] which strives for the best，237d9—e1）。参衡之间若是前者奏捷，则举止为纵恣（ὕβρις/excess，wantonness，238a3）所制；若在理智（λόγῳ/reason，237e4）的引导下后者克胜，则行止乃以克己（σωφροσύνη/self-restraint，moderation，238a1）为准据。苏格拉底这段讲辞的结论，因此是：在爱欲与理智的取舍上，应以理智为先——宁可爱上没有情欲却有理智的人（μὴ ἐρῶντι καὶ νοῦν ἔχοντι/reasonable non-lover，241c1—2）——因为无论对于诸神或者黔黎，灵魂的教化（ψυχῆς παίδευσιν/cultivation of the soul，241c6）才是至关紧要者。

折冲口舌之间，苏格拉底自觉已尽所欲言，日正当中，欲褰裳涉溪而去，然斐德若意犹未尽。方欲渡涉之际，苏格拉底却顿觉来自神灵的感应：吕西阿斯的讲辞与自己登时口占的演说，看似尔雅深厚，实际上内容简忽，仅能瞒哄下里巴人蹜取尊敬，等于亵渎了爱欲之神爱若斯(Ἔρως/Eros)。为了拯赎渎神之过，苏格拉底因此发表了一反前见的新演说——在情爱的抉择上应以"爱人"为先，而非"非爱人"——这段著名的翻案演说(παλινῳδία/palinode，243e9—257b6)即《斐德若篇》的第三折剧情，其中苏格拉底论述灵魂及其不死，也论述情爱的疯狂，而整体则围绕在一则战车的比喻(246a3—247c2)。苏格拉底把灵魂的形象比喻为一辆战车，车上有御夫一名，而车前骏驱者乃两匹生有翅翼的飞骥。此二骥体段与血统全然相反，一为血统纯良的骐骥，另一则为血统杂驳的赢驽，因此驾驭之艰难自不待言(also cf. 253d—e5)。然而倘若我们记忆犹新，便不难推

图二　爱若斯的飞骥战车①

① Winged Eros mounting on a chariot drawn by two horses. Athenian Red Figure, circa 420 BCE. Cover of Plato, *Phaedrus*, translated with notes, glossary, appendices, interpretative essay and Introduction by Stephen Scully, Focus Philosophical Library, Newburyport，MA：Focus Pub./R. Pullins Co., 2003.

测翻案演说中的两匹飞骥,实乃将苏格拉底第一则演说中人心的那两股抵牾之势具体化——驰逐欢愉的渴望与企求至善的判断力,或者更进一步,即这两股心念分别导致的放纵与自制。

翅翼天生的能力是将滞重之物带往高处,上升至天宇诸神的居处,而翅翼带有神圣的本质,故美、智、善(καλόν, σοφόν, ἀγαθόν/beautiful, wise [skillful], good, 246e1—2)等具备神性的特质,能滋养灵魂的羽翅使之丰丽,相反的特质则令羽翅萎弱。诸神的战车,因为二骥驯服于诸神的缰绳,故得以顺利飞升至缅邈穹昊之巅,更得随天体周行观看天外之物。真理(ἀλήθεια/truth)存在于此天界;所有的知识都追求真理,而真理无色无形,无从触及,唯有心灵(νόος/mind)——即灵魂的舵手(ψυχῆς κυβερνήτης/pilot of the soul)——才能看见(247c9—10)。这样的灵魂在天体周行期间,向下看到正义、节制、知识的绝对本质;然而其余的灵魂因为御夫无法驾驭双头马车,劣马的劲势往往使得灵魂冲荡折翼,以致无法腾凌天宇见识真理,只能靠自己的推断臆度真理。然而为何见识真理的原野必须耗费心力如此？因为那里的青青草地,正是牧养灵魂(二骥)的最佳牧场,而引领灵魂腾冲天际的翅翼,也是由这片草地滋养而成。①灵魂曾经随神周游天宇,唯有热爱智慧的思想者灵魂才会生

---

① 草地与灵魂,在柏拉图对话录中另可见于《高尔吉亚篇》(Γοργίας/Gorgias)与《国家篇》(Πολιτεία/Republic)。

1.《高尔吉亚篇》末,即苏格拉底与卡利克勒(Καλλικλῆς/Callicles, c.484-late 5th century BCE)辩论的最后,苏格拉底为了解释人在生前死后都应追求真理,而修辞追求的终极目标乃是正义而非奉承,转述了一段荷马笔下的故事(Iliad, XV.187-193)。按故事中宙斯的描述,脱离肉体的灵魂赤裸来到两条道路交会处的一片草地,接受判官的审判。两条路之一通向福地中的福岛(μακάρων νήσους/Isles of the Blest),另一则通向惩罚的监狱塔塔洛斯(Τάρταρον/Tartarus)。见 Plato, Gorgias, in Lysis/Symposium/Gorgias, translated by [W]alter [R]angeley [M]aitland Lamb, rpt. ed., vol.3 of Plato in Twelve Volumes, Loeb Classical Library 166, Cambridge: Harvard University Press, 1983, 523c1-524a8,中译另参柏拉图著,王晓朝译:《柏拉图全集》(共五卷),《人类的经典20》,左岸文化,2003年,1:406—407。

2.《国家篇》卷十苏格拉底述及某古塞浦路斯潘非利亚(Παμφύλου/Pamphylia)氏族尔(Ἠρὸς/Er)的复活经验:灵魂离开肉体后来到一神圣(转下页)

出翅翼(249a2—3),而人类凭借理性思考理解的人情物理,实为对于过去随神周行时所见诸物的回忆(ἀνάμνησις/reminiscence, recollection),而热爱智慧之人所以孜孜回忆,原因正是希望借此靠近本初的神性(249c1—7)。热爱智慧之人因为这样的回忆对尘世诸美失却兴致,转而希冀神性上真正的美,因此这份对于美的热爱往往招致凡夫谴责以为疯狂——而拥有这份疯狂的人,吾人即称之为"爱人"(249d5—e)。而在人间多行不义的人,乃因没有足够的回忆令其念及当初所见的神圣之物所致(250a3—4)。

"修辞"是《斐德若篇》真正的主题。即令就对话讨论的内容而言,出城的楔子之后第一个主要段落旨在讨论情欲的抉择,另如某些希腊文版本在篇题后又加之以分类的副标题"论美的伦理对话"(η περι καλου· ηθικοσ/ethical dialogue on the beautiful)①等——凡此种种,常使《斐德若篇》的主题看似不若他篇对话明确。然悉心观之,从苏格拉底第一篇口占的讲辞到翻案演说,实际上已经是一次哲学修辞(philosophical rhetoric)②的最佳展演,而翻案演说之后,

---

(接上页)之处,是地表与天空各毗邻的两个裂口,而灵魂在此处接受审判。行义之灵魂由右边走上天空的裂口之一,行不义灵魂则由左走下地表的裂口之一。千年的旅程之后(按《斐德若篇》的解释乃万年,248e2),行义的灵魂与行不义的灵魂分别由天空与地表的另一裂口,再次回到接受审判的神圣之处:由天空走下来的灵魂洁净光明,似乎见识不可名状之美,由地底走上地表的灵魂则浑身浈污风尘,涕泗交颐。而此神圣之处正是一片青青草地。见 Plato, *Republic*, Book VI-X, edited and translated by Chris Emlyn-Jones and William Preddy, vol. 6 of Plato in Twelve Volumes, Loeb Classical Library 276, Cambridge: Harvard University Press, 2013, 614b3-615a5,中译另参柏拉图著,徐学庸译注:《理想国篇:译注与诠释》(古希腊文—中文对照,共二册),《台湾商务印书馆百年汉译名著》,安徽人民出版社,2013年,2:900—903。

① E.g. Plato, *Phaedrus*, translated by Harold North Fowler, pp.412-413.
② 哲学修辞的定义及辩证法与哲学修辞间的关系,本文参考以下论文与专章,待第四节再详:

1. George Alexander Kennedy, *Classical Rhetoric and Its Christian and Secular Tradition from Ancient to Modern Times*, 2nd rev. and enl. ed., Chapel Hill: The University of North Carolina Press, 1999 第二章"论哲学修辞",特别是讨论《斐德若篇》一节,在该书第 66—74 页,另参第 96—97 页;(转下页)

苏格拉底也逐渐将话锋移转到《斐德若篇》论哲学修辞的点题渊旨——修辞术乃"一门以言辞引导灵魂的技艺"(τέχνη ψυχαγωγία τις διὰ λόγων/an art which leads the soul by means of words, 261a10),对于法庭议事与群众集会如此,对于友朋间的私人谈话亦然。《斐德若篇》是柏拉图对话录中,唯一将场景设置于雅典城外者;而前文"引导"二字所以以引号修饰,乃因此中可见者,是两个层次的空间隐喻。① 显然可见的,首先是跨出城界的引导:就物理的层面而言,这段"水平"的旅程是老者苏格拉底给青年斐德若的第一段引导,尽管二人目及梧桐树之后,苏格拉底将领路的职权交给斐德若,然而这段跨界的修辞之旅,实际上仍是苏格拉底一路引导着斐德若的思考。然就形上的层面而言,在伊利索斯溪畔梧桐树下的那片草坪,实际上隐喻了另一重"垂直"空间的引导——尽管现今"隐喻"这个术语的辞格定位要待亚里士多德(Ἀριστοτέλης/Aristotle,公元前384—前322)的《创作论》(Περὶ ποιητικῆς/Poetics)方才成形——从梧桐树下的那片草坪,飞升到滋养灵魂翅翼的那片草地,两处空间的转换,由人间至天界,由看似单纯的爱欲抉择到实际乃关乎灵魂对于真理的鉴别,由平面的身体的移动到垂直的精神的提升,这个高明的空间上的隐喻(spacial metaphor)——又或以另一种观点审视,这两片草地本身分别就各为隐喻(space

---

(接上页)2. David Schur, *Plato's Wayward Path: Literary Form and the Republic*, Hellenic Studies Series 66, Washington, D.C.: Center for Hellenic Studies, 2015 电子书第一部分第二章"论哲学修辞",检索网址:https://chs.harvard.edu/CHS/article/display/5830,检索日期:2017 年 7 月 13 日;

3. James S. Murray, "Disputation, Deception, and Dialectic: Plato on the True Rhetoric(*Phaedrus* 261 - 266)," *Philosophy & Rhetoric* 21, no.4(1988), pp.279 - 289;

4. Danial Werner, "Rhetoric and Philosophy in Plato's *Phaedrus*," *Greece & Rome*, Second Series 57, no.1(April 2010), pp.21 - 46.

① 《斐德若篇》中的空间隐喻,我得益自铭传大学应用英语学系蔡仁杰副教授专文中的卓见:《论〈费德鲁斯篇〉中的修辞:从苏格拉底的战车寓言到修辞的拓扑空间》,宣读于"古典诗学文献的当代诠释学意义"研讨座谈会,2017 年 6 月 10 日,台湾大学校史馆。

as a metaphor)——这层修辞的引导全然呼应了苏格拉底口中的"精神'引导'"(ψυχαγωγία/psychagogy)。此处请允本文先将思绪停留在伊利索斯溪畔,且保留老者的谆谆引导、青青草地、真知的追求(或还可加上梧桐树)诸元素,再次跨界,看看另外一则空间的隐喻。

这是一则有关"天堂的路要怎么走"①的隐喻。

二、旅人:从《梦美土记》到《汉语札记》

康熙三十二年(1693),国王数学家之一的耶稣会士白晋(Joachim Bouvet,1656—1730)承帝诏返回法兰西,除衔命馈礼法王路易十四外,另一项重要使命是召遣下一批来华的宫廷教师。白晋在康熙三十八年(1699)三月再次来华,所乘以海后(L'Amphitrite)为名的船只经好望角扬抵广州,携来耶稣会士十人。②若就语言上的才学而论,在列的法兰西耶稣会士中有二人在中华都开创了翻译伟业:其一为巴多明(Dominique Parrenin,1665—1741),其二为马若瑟(Joseph de Prémare,1666—1736)。巴多明精通多种欧语,来华后又习满语,故而有能力将当时法兰西科学院(Académie des sciences)的最新研究如几何、天文、解剖学等,逐译为满文,又因其在母语之外尚能操拉丁语与俄、葡、意等国语言,故康熙宫廷内凡诸国使臣朝谒,每委巴多明担任口译;雍正朝的中俄外交公函也多出自其手,雍正七年(1729)因中俄交涉所设之翻译馆,即任巴多明

---

① 这是李奭学教授的篇题,见氏著:《天堂的路要怎么走? 再论马若瑟〈梦美土记〉》,李奭学、黎子鹏主编:《中外宗教与文学里的他界书写》,《文学与宗教研究丛刊》7,台湾"中研院"文哲所,2015年,第1—44页。

② Knud Lundbaek, *Joseph de Prémare, 1666 - 1736, S.J.: Chinese Philology and Figurism*, Acta Jutlandica LXVI: 2, Humanities series 65, Aarhus C, Denmark: Aarhus University Press, 1991, pp.17 - 18.

为馆长。①马若瑟的翻译殊绩,或者以中西文化交流的观点审视,却是朝着与他的同僚巴多明几乎是相对的方向行进,而其中至少有三处滥觞,开风气之先:其中最为人所共知者,乃他据臧懋循(1550—1620)所编《元曲选》(另题《元人百种曲》),将辑中所录元人纪君祥(生卒年不详)的杂剧《赵氏孤儿大报雠》节译为法文《赵氏孤儿》(*Tchao Chi Cou Ell, ou Le petit orphelin de la Maison de Tchao, tragédie Chinoise*),后见录于耶稣会士杜赫德(Jean-Baptiste Du Halde, 1674—1743)所编《中华帝国全志》(*Description géographique, historique, chronologique, politique, et physique de l'Empire de la Chine et de la Tartarie chinoise*, 1735)卷三而风行欧洲②,乃中国戏曲译入欧语之先。前朝戏曲之外,马若瑟更谙熟的绝对是中国古典经籍,他师承白晋的索隐之学(figurism),对《易》《诗》《书》诸经娴熟异常,中文造诣非常人能至,所著基督宗教文言小说《梦美土记》(1709),乃在华传教士以小说布道的嚆矢。就中西文学底蕴的

---

① 见 Louis Pfister, *Notices biographiques et bibliographiques sur les Jésuites de l'ancienne mission de Chine*, 1552 - 1773, 2 vols., Variétés sinologiques 59 - 60, Shanghai: Imprimerie de la Mission Catholique, 1932 - 1934, 1:501 - 507。另参顾卫民:《中国天主教编年史》1699—1736年诸年史事,上海书店出版社,2003年。

② 马若瑟译文见 Joseph de Prémare, *Tchao Chi Cou Ell, ou Le petit-Orphelin de la Maison de Tchao, tragédie Chinoise*, in *Description géographique, historique, chronologique, politique, et physique de l'Empire de la Chine et de la Tartarie chinoise, enrichie des cartes générales et particulières de ces pays, de la carte générale et des cartes particulières du Thibet, & de la Corée; & ornée d'un grand nombre de figures & de vignettes gravées en taille douce*, edited by Jean-Baptiste Du Halde, 4 vols., Paris: chez P.G.Lemercier, Imprimeur-Libraire, rue Saint-Jacques, au livre d'Or, 1735, 3:339 - 378。
《赵氏孤儿》故事在欧洲中国热(Chinoiserie)时期的流播赜衍,无论就比较文学抑或翻译史甚至形象学的角度观之,都是脉络颇为复杂的课题。前人的深入研究已夥,此处不赘。近期的研究可见杜欣欣:《文学、翻译、批评:从贝尔曼翻译评论看马若瑟之〈赵氏孤儿〉》,《编译论丛》第三卷第二期(2010年9月);陈硕文:《翻译异国、想象中国:张若谷译〈中国孤儿〉探析》,《编译论丛》第九卷第一期(2016年3月)。

融贯而言,《梦美土记》也将西方梦境文学的传统与中国古经的典故结合,用寓言的方式引申基督信仰。①

至于本文篇题中的《汉语札记》(1728)则是第三处滥觞。尽管在《汉语札记》之前,早期来华的西方传教士已经编有不少学习汉语的专著(稿):以耶稣会士来说,罗明坚(1543—1607)与利玛窦(1552—1610)在1583—1588年间尝合编"葡汉词汇对照表"(即后人所题《葡汉辞典》)②;金尼阁(1577—1628)的《西儒耳目资》(1626)从音韵入手,创造拉丁字母注音系统,早在20世纪30年代语言学家罗常培(1899—1958)已经关注③;而真正论中国文法的第一本专著,则应以卫匡国(1614—1661)的《中国文法》(*Grammatica Sinica*, 1651—1652)④当之,卫匡国的手稿经柏应理(1623—1693)修订后尝在欧洲出版,以《中国语言文法》(*Grammatica Linguae Sinensis*)为名,添附于当时东方学家泰夫纳(Melchisédech Thévenot, 1620—1692)《云游志异》(*Relations des divers voyages curieux*, 1655)再

---

① 《梦美土记》用词佶屈,用典古奥,若无详博的笺释辅助,读来并不易理解。现今学界的研究除前注所示之外,仅可另见李奭学:《中西合璧的小说新体——清初耶稣会士马若瑟著〈梦美土记〉初探》,《汉学研究》2011年第2期。

② 这本《葡汉辞典》已由葡萄牙国家图书馆东方葡萄牙学会利玛窦中西文化历史研究所重新编辑出版,见 Michele Ruggieri and Matteo Ricci, *Dicionário Português-Chinês*, ed. John W. Witek, S. J. 魏若望, Lisbon and San Francisco: Biblioteca Nacional Portugal, Instituto Português do Oriente, Ricci Institute for Chinese-Western Cultural History, University of San Francisco, 2001。

③ 见罗常培:《耶稣会士在音韵学上的贡献》,《中央研究院历史语言研究所集刊》第1本第3分册,1930年。

④ 关于卫匡国的《中国文法》,白佐良(Giuliano Bertuccioli, 1923—2001)有深入研究与意文翻译,见 Giuliano Bertuccioli, "Martino Martini's *Grammatica Sinica*," *Monumenta Serica* 51(2003), pp. 629 – 640; Giuliano Bertuccioli, La *Grammatica Sinica* di Martino Martini S. J.: Introduzione, trascrizione del testo manoscritto conservato nella Biblioteca di Glasgow, traduzione e note a cura di Giuliano Bertuccioli, in *Martino Martini S. J. (1614 – 1661) Opera omnia*, Volume II: *Opere minori*, edited by Franco Demarchi, Trento: Università degli Studi di Trento, 1998, pp. 349 – 481。另可见卫匡国著,白佐良意大利文翻译,白桦中文翻译:《中国文法》,华东师范大学出版社,2011年。

版(1696)之后,因此该书或许是在欧洲出版的第一部汉语文法专著。① 耶稣会士的编著之外,道明会士万济国(Francisco Varo, 1627—1687)也卓有成绩,先后编有《华语官话字典》(Vocabulario de la Lengua Mandarina,1692)及《华语官话语法》(Arte de la lengua Mandarina,1703)②,乃继卫匡国之后第二部正式出版的汉语文法专书。然按汉学家雷慕沙(Jean-Pierre Abel-Rémusat, 1788—1832)之见,《汉语札记》乃举世第一部划分白话与文言两种类型的汉语专书。③尽管按马若瑟在《汉语札记·上编》第一章前那段开宗明义的弁言,这是一本帮助耶稣会士学习汉语的书:首先在于介绍日常使用的语言(linguâ usu familiari tritâ/language in common use),其次在于精确说明书籍中使用的语言(linguâ librorum/language of books)。因此上编旨在使传教士能听懂庶民日常谈话,表得己意,还能看懂通俗文学作品,若是竿头更进,则能以这种语体写作;下编则旨在使传教士沉浸醲郁,含英咀华,领略坟典精粹(librorum sensum rectrò capiant/discovering the sense of ancient books),最后能写出黼黻文章(NLS,1831,p.38;1847,p.25)。④然

---

① 这份出版,陆商隐(Luisa M.Paternicò)有专文研究,见《Martino Martini and the First Grammar of Mandarin Chinese Ever Written and Published》,《汉学研究》2011年第3期。
② 这两部著作,柯蔚南(Weldon South Coblin)都有专书研究,见 Weldon South Coblin, Francisco Varo's Glossary of the Mandarin Language, 2 vols., Monumenta serica monograph series 53/1 - 2, Sankt Augustin: Monumenta Serica Institute, 2006; Francisco Varo, Francisco Varo's Grammar of the Mandarin Language (1703): An English Translation of Arte de la lengua Mandarina, edited by Weldon South Coblin and Joseph A.Levi, Introduction by Sandra Breitenbach, vol. 93 of Amsterdam Studies in the Theory and History of Linguistic Science, Series III, Amsterdam: John Benjamins Publishing Company, 2000。
③ 李真:《马若瑟〈汉语札记〉研究》,商务印书馆,2014年,第52页。
④ 1.雍正禁教时期,马若瑟与会中同学蛰居穗城(1724—1732),《汉语札记》即成书此间(1728)。《汉语札记》出版的命途塞舛,尽管19世纪初雷慕沙发现尘封于巴黎皇家图书馆的手稿,但真正面世则要等到马礼逊(Robert Morrison,1782—1834)携回儒莲(Stanislas Aignan Julien,1797—1873)(转下页)

而,《汉语札记》却绝不只是一本学习汉语的书。如同雷慕沙的评价,《汉语札记》的定位不能仅以文法专书甚或修辞专书衡之,而几可视之为一部中国文学全书(un traité de littérature presque complet)。①而就本文的关怀续而言之,《汉语札记》这部不以过去西方传统语言学习方法,而自成一格从汉语文学典籍取材学习说写的伟构,还有一处特出:若按马帝亚努(Martianus Capella,410—420)在托物陈喻的《训诂学与信使默丘利的婚耦》(De nuptiis Philologiae et Mercurii/On the Marriage of Philology and Mercury)中提出的西方博雅教育(artes liberales/liberal arts)七科观之②,那么《汉语札记》是一本兼及"文法"(De arte grammatica)与"修辞"(De arte rhetorica)两门学科的专书。

(接上页)抄本,在马六甲英华书院刊行(Malaccæ: Academiæ Anglo-Sinensis,1831)。拉丁文本外,《汉语札记》另有英译本,乃裨雅各布(James Granger Bridgman,1820—1850)应堂哥裨治文(Elijah Coleman Bridgman,1801—1861)之请而译,由《中国丛报》出版。见 The Notitia linguæ Sinicæ of Prémare, translated into English by J[ames] G[ranger] Bridgman, Canton: The Office of Chinese Repository, 1847。这段出版史也标记了《汉语札记》的另外一种第一:马礼逊是首先来华的英籍新教传教士,裨治文则是首先来华的美籍新教传教士;之所以催生《汉语札记》,或许正因他们意识到该书对于传教士洞习汉语的补益。

2. 关于《汉语札记》的出版历程与版本,学者已有研究,本文不另述,详参李真:《马若瑟〈汉语札记〉研究》,第 51—106 页,以及 Lundbaek, Joseph de Prémare, 1666 - 1736, S.J., pp.28 - 63, 1728 年后诸信。

3. 为便于行文,此后援引《汉语札记》拉丁文版与英文版原文,不另增脚注,直接于引文后夹附页码,以 NLS 简称 Notitia linguæ Sinicæ, 并以年份区别两版。

① Pfister, Notices biographiques et bibliographiques sur les Jésuites de l'ancienne mission de Chine, 1552 - 1773, 1:524.

② 参见 Martianus Capella, Martianus Capella and the Seven Liberal Arts, Vol.1: The Quadrivium of Martianus Capella: Latin Traditions in the Mathematical Sciences, 50 BC-AD 1250, by William Harris Stahl, with a Study of the Allegory and the Verbal Disciplines, by Richard Johnson with E[van] L[aurie] Burge, Records of Civilization: Sources and Studies 84, New York: Columbia University Press, 1971, "Introduction, Part II: The Allegory and the Trivium"一节,在第 81—121 页。

马若瑟在《汉语札记》里谈文法①,也谈修辞;我们不妨延续前节的修辞之旅,先取道《梦美土记》一观。《梦美土记》以全知观点写两位主角:一位旅人,一位老翁。故事开始谓康熙丁亥年(1707),这位"乐善怀真"的好古旅人,深知古圣之道至真至善,而今虽圣人已殂,"幸而其道尚存于方策",故欲求圣统之渊源,当发愤谛读"《易》《诗》《书》等古经"(1a)②。旅人自知本性愚驽,所以每每兀坐灯下,讽诵古经以待东方既白,乃深知"宝在其中矣"(1b)。某夜旅人酖读《诗经》,览及芮伯刺厉王的《桑柔》之篇,感叹篇中的百姓深受龇世谬政蹂躏剥夺,如同被无度采撷的桑树,枝叶稀落,于是诗中芮伯"倬彼昊天,宁不我矜"的慨叹,竟然引发旅人情感的共鸣,将"身溺于荒野之苦,则心思美土之安"(1b)的蒸民处境,对比自身侨寓的现世。《梦美土记》的主角既然以"旅人"为称,马若瑟在故事的设计上自然也因此暗喻了现世不过旅居而已,因而一如陶渊明(约369—427)《自祭文》的感喟"陶子将辞逆旅之馆,永归于本宅"③。旅人自知这趟尘世的旅程终将结束,因而心生"归乡之望",是故《桑柔》里那句"忧心殷殷,念我土宇"(1b),似乎也变成旅人其时心境的写照。尽管马若瑟并未借用《桑柔》该段的后半四句,但设若我们留心一看,马若瑟隐而未宣的那层旅人心境与《桑柔》的关联,恐怕正在这四句之中——"自西徂东,靡所定处。多我

---

① 《汉语札记·上编》的主轴是"俚俗语言(口语)与普通文体"(*De lingua vulgari et familiari stylo*/Spoken Language and Familiar Style),其中第一章就简论"俚俗语言的文法与句法"(*De grammatica et syntaxi linguæ vulgaris*/Grammar and Syntax of the Spoken Language)。见 *NLS*,1831,pp. 38 - 49;1847,pp. 26 - 40。

② 《梦美土记》迄今未见刊本,法国国家图书馆(Bibliothèque nationale de France)藏有王若翰抄本,档案编号为 Chinois 7045。本文所用《梦美土记》,取自 BnF Gallica 数字图书馆网站:http://gallica.bnf.fr/accueil/?mode=desktop,检索日期:2017 年 7 月 12 日。原抄本无页码,本文引用后依序编次,另以 a、b 表示抄本单页之正反面。

③ 本文所引《自祭文》,见陶潜撰,陶澍注:《陶靖节集》,台湾商务印书馆,1968 年,第 94 页。

靦瘨,孔棘我圉"①。而这自西徂东者,无论是因为厉王戾虐,故不堪于命仅能道路于目的黎甿,或者是《梦美土记》里欷歔人生寄旅恍惚若瘨,因而心生"已矣乎! 寓形宇内复几时"②的归去天乡之念的旅人,又或者是自泰西扬航东来的马若瑟自况,我们切不可遗漏其中隐含的旅途意象。

此刻的旅人裹裹青衫已湿,然而兹忧何止? 鸡鸣喈喈之际,旅人暂止哀思,卧床假寐,乃发吉梦。旅人梦境所见,自然是篇题所系的那方美土;而美土默寓者自是在宗教意义上具有神圣性质的空间③,而其嘉美莫可名状,就算穷尽笔墨才情亦难得其仿佛,虽然如此,马若瑟还是用他造诣精邃的文言中文,为这片美土撰写了一段格高意远的"描述":

> 潾潾其水,猗猗其华,芬芬其风。其山菀菀,其林蓁蓁,其壑窈然而鲜荫。沂湘之流也,其混且浊矣;洛阳之春也,其燂且臭矣;舞雩之凉也,其溧冽风也矣。杞梓梧桐之林也,云何其刘,而不可以休矣。舞雩沂洛,皆有欠耳。独我美土,其如白玉,而无玷焉。(2a—2b)

这段描述多方自《诗》取典,谓"舞雩沂洛,皆有欠耳"——盖美土如白玉无玷,尽管是流如沂湘、春如洛阳、凉如舞雩,相较于美土佳致俱等而下之矣。然而在这些比较之外,马若瑟"描述"之下美土之内的种种景物——渌水、芳华、暄风、琼林、鲜荫,倘若再加上或为巧合的梧桐之林——岂不在在令人联想《斐德若篇》老者苏格拉底"引导"青年斐德若抵达的那片审判灵魂的草地? 而吉梦之中,旅人飞升于天堂

---

① 本文所引《桑柔》,毛亨传,郑玄笺,孔颖达疏:《毛诗正义》,阮元校刻:《十三经注疏》第一册,中华书局,1980 年,第 558—561 页。

② 见陶渊明《归去来兮辞并序》,陶潜撰,陶澍注:《陶靖节集》,第 76 页。

③ 详参李奭学:《中西合璧的小说新体》,第 86—87 页;《天堂的路要怎么走?》,第 9—10 页。

美土,岂不又是另一段旅程,一段就形而上的升华而言垂直的旅程,将旅人羁寓尘世的人生之旅,引导到精神层面的信仰启蒙之旅。由崎岖凡土腾升天堂美土,吉梦中的旅程正如同爱若斯那辆飞骥战车,灵魂借翅翼的引曳升腾天宇,在天界的顶巅俯瞰"善"与"真"的理型,此梦较诸前文苏格拉底所称的"精神'引导'",可谓符节合矣。

由此顺势再进,梦中的旅人目瞻美土,弥望莹然,然跂踵切盼之际,却惊觉身弗及之;旅人"心欲之之,而莫之之路"(2b),辗转反侧间,竟幸见通往美土之路:

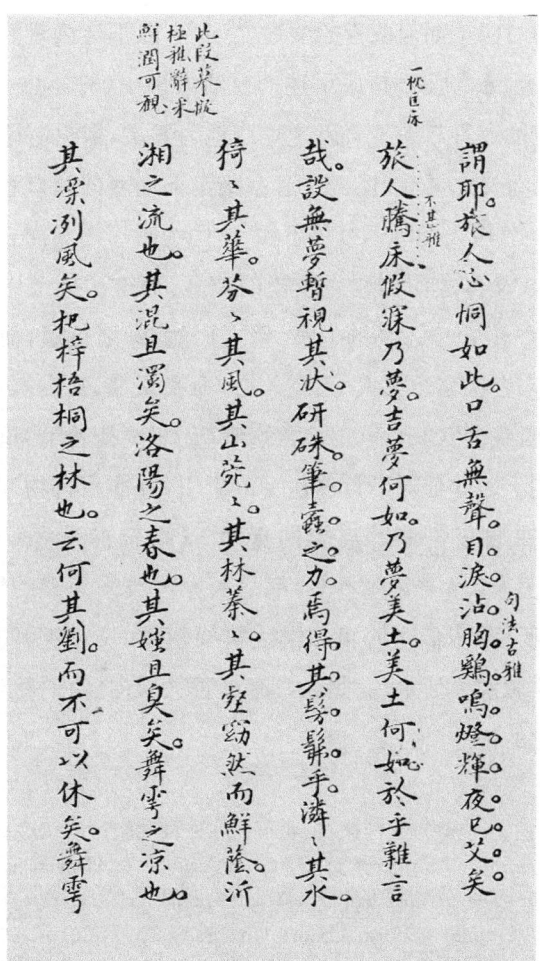

图三　法国国家图书馆藏《梦美土记》页面之一（王若翰抄本）

路分三歧,旅人右进而趋奔。然其愈趋,美土愈远;反行而出,则其愈出,美土愈近。左道广阔,行之者蛙蛙也。旅人入诸,美土泯泯而散,呜呼惜哉! 旅人惶惶,弃邪道而回,美土在前。(2b)

　　设若如前所述,马若瑟对美土景胜的"描述",以及两段旅程的空间隐喻,都使《梦美土记》的读者联想伊利索斯溪畔草坪上,老年苏格拉底以修辞给青年斐德若带来的那场精神引导,那么阅及这段美土何在乃对应于如何取程的缕述之词,怎能不让读者们再联想到前及《国家篇》末卷苏格拉底讲述的复活故事中(614b3—615a5),那片审判灵魂的青青草地——以这片草地为发端,取道右路走上天空的裂口者乃行义之灵魂,反之取道左路走下地表的裂口者乃行不义之灵魂。①随着旅人的际遇续往下探,这因为呜呼惜哉而自邪道急返的惶惶旅人,又再次回到原先跂望的位置,而这次他道中所遇乃一如卜商口中"君子三变"②的老翁,望之俨然,即之也温,而老翁指点迷津的厉言"咨! 格汝旅人,天监尔心,命我来兹,来提携尔,引尔安逸之地,利听我训"(3a),不正又再次呼应了《斐德若篇》里修辞的精神引导功能。盖此处对不觉迷途者的挈引,并非来自物理上身体的带领,而是来自哲学修辞启导的真理。《高尔吉亚篇》与《斐德若篇》,甚至《国家篇》中某些卷节,都是西方古典修辞观的导源之一。那么,综上所析,我们是否可以继之再探枢辖——《梦美土记》是否也袭承了这脉源头活水,而此脉津流是否又导向《汉语札记·下编》第四章所论的修辞(格)之中?

---

　　① 详见前文注释所述《国家篇》卷十里苏格拉底转述的死后复活故事,另参 Jan N. Bremmer, "Descents to Hell and Ascents to Heaven in Apocalyptic Literature," in *The Oxford Handbook of Apocalyptic Literature*, edited by John J[oseph] Collins, Oxford: Oxford University Press, 2014, pp.348 – 349。

　　② 在《论语·子张》,朱熹集注:《四书集注(甲种本)》,世界书局,2014 年,第 192 页。

《梦美土记》的西方修辞真身,马若瑟在《汉语札记·下编》第四章里申之甚明,其"梦境文学"(dream literature)的传统,乃师法西塞罗(Marcus Tullius Cicero,公元前 106—前 43)《国家篇》(De re publica/On the Commonwealth)第六卷中的《西比欧之梦》("Somnium Scipionis")而来(NLS, 1831, p.218; 1847, p.262)。①《国家篇》仅存残编,对话剧情架构约略为公元前 129 年某节日,发生在罗马雄将小西比欧(Scipio Aemilianus, or Scipio Africanus Minor,公元前 185—前 129)府邸花园连续三天的对话,西塞罗拟以六卷分述之,而压轴的《西比欧之梦》也几乎是现存第六卷残编的全部(VI.ix.9—xxvi.29)。②就书题观之,西塞罗《国家篇》与柏拉图《国家篇》的对话录传统间自有密不可分的关涉,都有一圣智的耆老作为对话间智慧与精神的引导者,因而西塞罗《国家篇》中的小西比欧,抑或可以"柏拉图(式)的苏格拉底"分身目之。案小西比欧乃将门之后,其祖大西比欧(Publius Cornelius Scipio Africanus,公元前 236—前 183)在罗马与迦太基第二次布匿战争(Secundum bellum Punicum,公元前 218—前 201)尝大败迦太基名将汉尼拔(Hannibal Barca,公元前 247—前 181),因而获"阿菲加努"(非洲征服者)美名,而小西比欧乃第三次布匿战争(Tertium bellum Punicum,公元前 149—前 146)主帅,率军攻陷迦太基,结束两邦间的百年争雄。《西比欧之梦》故事伊始,鼓兵驱赴迦太基战线的小西比欧(一段旅途),途经北非努米底亚(Numidia,公元前 202—前 46)亲访国王马西尼萨(Masinissam,公元前 238—前 148)。马西尼萨的骑兵原为迦太基

---

① 《梦美土记》承袭的西方"梦境文学"传统,详参李奭学:《中西合璧的小说新体》,第 83—85 页;《天堂的路要怎么走?》,第 5—8 页。

② 本文所用西塞罗《国家篇》,拉英文本对照参考 Marcus Tullius Cicero, De re publica, in De re publica/De legibus, translated by Clinton W[alker] Keyes, rpt. ed. vol. 16 of Cicero in Twenty-Eight Volumes, Loeb Classical Library 213, Cambridge: Harvard University Press, 1988, pp.12 - 285。中译参考西塞罗著:《国家篇》,沈叔平、苏力译:《国家篇 法律篇》,商务印书馆,2002 年,第 1—139 页。

盟军劲旅,第二次布匿战争期间马西尼萨倒戈转与罗马同盟,故与大西比欧曾有比肩鏖战的战友之义。小西比欧与马西尼萨交言间追忆其祖过往种种,而日有所思,返帐就寝竟夜乃生一梦,梦中祖父阿菲加努带领他飞升天界,徘徊天光云影,由九重天(*novem tibi orbibus*/nine circles, VI. xvii. 17)外的天堂之天俯瞰人间(又是一段垂直的旅途)。如马若瑟在《汉语札记·下编·第四章》指出的,《梦美土记》师法《西比欧之梦》,所继承的乃欧洲上古以来"梦境文学"的传统;然而我们若就前文所论空间的隐喻质而再言,其实"梦美土记"与"西比欧之梦"岂不正如《斐德若篇》里的双重旅途那样,由老者带领一段精神的引导。《西比欧之梦》与《斐德若篇》间的关系,学者析之已详,如马可罗比(Ambrosius Theodosius Macrobius, 399—422)传世的《西比欧之梦评注》(*Commentarius in somnium Scipionis*)中就尝点出①;若以《梦美土记》中马若瑟那段"美土"的叙写为中心,在西方修辞学史的时间轴度向上沂溯本源,我们亦确实可见其承学于古典修辞观点中精神引导的幽旨。若再据这段美土的叙写为发端,在时间的轴度向下推考,在《汉语札记·下编》第四章中我们则又可见另一层次西方修辞观的展现。

三、耶稣会士的辞格之学

马若瑟《汉语札记》的主要篇帙有三,即《绪论》(Introductio

---

① 见 Ambrosius Theodosius Macrobius, *Commentary on the Dream of Scipio*, translated with an Introduction and notes by William Harris Stahl, Records of Western Civilization Series, New York: Columbia University Press, 2015, pp. 22 & 226(II. xiii. 6). 另可参阅 Stephen Gersh, "The Medieval Legacy from Ancient Platonism," in *Platonic Tradition in the Middle Ages: A Doxographic Approach*, edited by Stephen Gersh, Marten J. F. M. Hoenen, and Peiter Th. van Wingerden, Berlin: Walter de Gruyter, 2002, pp. 9 - 10; R. W. Sharples, "Plato's *Phaedrus*—Argument for Immortality and Cicero's *Somnium Scipionis*," Liverpool Classical Monthly 10(1985), pp. 66 - 67。

Praevia)与上下二编,而《下编》所论则如前文所揭,乃典雅文学作品中的汉语该怎么说(*Pars secunda*:*De Sinica oratione in nobiliori librorum*),亦即书面的文言用语;而《下编》第四章的主题则是论辞格(*De figuris orationis*/figure of speech)之学(NLS,1831,pp.204 - 247;1847,pp.244 - 306)。在文艺复兴辞格之学的思考骨干之下,马若瑟依照派分类例的方式,将此章以七节分述——第一节论对偶(*Antithesi*/Antithesis),第二节论骈复(*Repetitione*/Repetition),第三节论层进(*Gradatione*/Climax),第四节论驳辩设问(*Confutatione*;*Interogationibus inter disputandum*/Didactic interrogation),第五节论描摹(*Descriptione*/Description),第六节论汉语风格三十种(*exponuntur triginta modi*,*quibus variatur sinica stylus*/Thirty Varieties of Style),第七节论模拟诸法(*omnibus speciebus comparationis*/The Several Varieties of Comparison)。按马若瑟章前自述,他当然知道若就西方辞格之学动辄百余之谱的分类列举惯例衡之,这样的数目显然有缺,但他宁取少例却详申,而不愿以丛伙纷庞的类别取胜,因为他的期待是东来会士们"对于中国文体的正确认知"(*veram sinici styli notitiam*/correct knowledge of the Chinese style,NLS,1831,p.204;1847,p.245);倘此功得奏,那么在辞格的主题上此章为他人视作寡陋又何足挂齿。马若瑟此言想必并非夸诞,因为以他在汉语无论文言古籍或白话小说熟研与博识的程度观之,他对于汉语脉络下的辞格,认识必非泛泛,他的选择或许只是更在乎语言的实用。举例来说,《商书·盘庚》中因为迁殷招致民怨,盘庚答辩的说理之中借先祖商汤之口发言"失于政,陈于兹,高后丕乃崇降罪疾,曰:'曷虐朕民?'汝万民乃不生生,暨予一人猷同心,先后丕降与汝罪疾,曰:'曷不暨朕幼孙有比?'"马若瑟认为《盘庚》中尽管可见如状声(prosopopœia)、拟人(personification)与顿呼(apostrophe)等格,但这些辞格在文言或者其所谓典雅的文体上毕竟罕用,因此他无意着墨(NLS,1831,p.204;1847,p.245)。我们且由《汉语札记·下编》第四章马若瑟选择的几种辞格入眼,一探其中蕴含的西方修辞观;尽管近年学者的研究甚茂,在此之前请先容再次略述东来会士传入由古典而至文艺复兴的西方修辞观,而这势必得回顾马若瑟的会中前辈,明末意大利耶稣会士艾儒略(1582—1649)与高一志(1566—1640)二人。他们也是利玛窦之外,第一代来华耶稣会士中著作最丰的二人。

若先从人文主义时期的教育制度着眼,艾儒略在《职方外纪》(1623)、《西学凡》(1623)、《西方答问》(1637)等书中即见敷述。例如李之藻(1564—1630)辑《天学初函》(1628)理编首篇的《西学凡》开篇即六科昭列,由文入理同时也依照学习的顺序介绍如下:其一文科乃指"勒铎理加"(Rethorica),为其后所有高等教育的基础准备;其二理科乃指"斐录所费亚"(Philosophia);其三医科乃指"默第济纳"(Medicina);其四法科乃指"勒义斯"(Leges);其五教科乃指"加诺搦斯"(Canones);其六道科乃指"陡录日亚"(Theologia);①而"文科如中国之小学,理科则如中国之大学"②。艾儒略又将文科即修辞的学习分为四种细项:"一古贤名训,一各国史书,一各国诗文,一自撰文章议论。"③而在艾儒略之后,高一志《童幼教育》(1628)卷

---

① 此处《西学凡》(附〈景教流行中国碑颂〉),取自李之藻辑:《天学初函》册一,台湾学生书局,1965年,第27页;另可见艾儒略著,叶农整理:《艾儒略汉文著述全集》,广西师范大学出版社,2011年,第79—108页。

② 引自《四库全书总目·西学凡一卷附录唐大秦寺碑一篇》提要,中国宗教历史文献集成编纂委员会编纂,周燮藩主编,王美秀、任延黎分卷主编,《中国宗教历史文献集成》系列之三:《东传福音》第11册,黄山书社,2005年,第507页;另可见艾儒略著,叶农整理:《艾儒略汉文著述全集》,第107页。

③ 在《天学初函》第一册,第28页;另参:李奭学:《中国晚明与欧洲文学——明末耶稣会古典型证道故事考诠(修订版)》"勒铎里加"一节,生活·读书·新知三联店,2010年,在第28—34页的析论;Erik Zürcher, "Renaissance Rhetoric in Late Ming China: Alfonso Vagnoni's Introduction to His *Science of Comparison*," in *Western Humanistic Culture Presented to China by Jesuit Missionaries (XVII-XVIII Centuries): Proceedings of the Conference Held in Rome, October 25-27, 1993*, edited by Federico Masini, Bibliotheca Instituti Historici S.I., vol.49, Rome: Institutum Historicum S.I., 1996, p.340 等处的说明。此外,参艾儒略《西方答问》上卷的《西学》一章,艾儒略著,叶农整理:《艾儒略汉文著述全集》,2:135—136。

下的《西学》一篇,也已然将西塞罗《致贺仁宁论修辞书》(Rhetorica ad Herennium)中的修辞五法(officia oratoris; facultas in quinque partes/five offices)①融贯于幼童启蒙教育的译介:"太西之文,总归于五而成:先究事物人时之势,而思具所当言之道理,以发明美意(inventio/invention)焉。次贵乎先后布置有序(dispotio/arrangement),如帅之智者节制行伍:勇者置于军之前后,而懦者屯之于中。次以古语美言润饰(elocutio/style)之。次以所成议论娴习成诵,默识心胸(memoria/memory),终至于公堂或诸智者之前辩诵(actio/delivery)之。"②至于理科,艾儒略则谓"理学者,义理之大学也。人以义理超于万物,而为万物之灵,格物穷理,则于人全而于天近。然物之理藏在物中,如金在沙,如玉在璞,须淘之剖之以斐禄所费亚之学"③,因此理科又必须立为五家而经过四年的学习方成:第一年学习的"明辨之道"乃指"落日加"(Logica);第二年学习的"察性理之道"乃指"费西加"(Physica);第三年学习的"察性之上之道"

---

① 《致贺仁宁论修辞书》论修辞五法,见 Marcus Tullius Cicero, *Rhetorical Treatises: Rhetorica ad Herennium* (*Ad C. Herennium de Ratione Dicendi*), translated and Introduction by Harry Caplan, rpt. ed., vol.1 of Cicero in Twenty-Nine Volumes, Loeb Classical Library 403, Cambridge, MA: Harvard University Press, 1988, I.ii.3。修辞五法亦散见于西塞罗其他著作如《论演说家》,见 Marcus Tullius Cicero, *Rhetorical Treatises: De Oratore*, *Books 1-2*, translated by E[dward] W[illiam] Sutton and Harris Rackham, Introduction by Harris Rackham, rpt. ed., vol.3 of Cicero in Twenty-Nine Volumes, Loeb Classical Library 348, Cambridge, MA: Harvard University Press, 2001, I.xxxi.142-143。

② 以上《童幼教育·西学》段落,见钟鸣旦等编:《徐家汇藏书楼明清天主教文献》(*Chinese Christian Texts from the Zikawei Library*)第一册,台湾辅仁大学神学院、方济出版社,1996年,第371—372页。另参李奭学:《中国晚明与欧洲文学》,第28—29页及《译述:明末耶稣会翻译文学论》(香港中文大学出版社,2012年)《著书多箴言》第一章,第257—258页等处的解析。或详林熙强:《修辞·符号·宗教格言——耶稣会士高一志〈譬学〉研究》,中原大学基督教与华人文化社会研究中心、台湾基督教文艺出版社,2015年,第15—17、47—48、152页等处。

③ 见艾儒略:《西学凡》,李之藻辑:《大学初函》,1:31,或见叶农整理:《艾儒略汉文著述全集》,1:91。

乃指"默达费西加"(*Metaphysica*);第四年学习的"几何之学"乃指"马得马第加"(*Mathematica*),而"修齐治平之学"乃指"厄第加"(*Ethica*)。据此我们可知,耶稣会士最早译介的西方文科之首"勒铎理加",显然着重于古典修辞学中的公众演说之道;而此处论及以西塞罗领挈的罗马时期修辞观点,自然还可由之再推究其希腊时期的修辞道源——盖"议论"与"公堂"二辞隐示者,恐怕正是亚里士多德在《修辞术》(Τέχνης Ρητορικῆς/*The Art of Rhetoric*)与《亚历山大修辞学》(Ρητορική προς Αλέξανδρον/*Rhetorica ad Alexandrum*)中按听众种类而别分的演说三型:议事演说(συμβουλευτικόν/the deliberative or δημηγορικόν/the parliamentary)、法庭演说(δικανικόν/the forensic or judicial)和展示性演说(ἐπιδεικτικόν/the epideictic or ceremonial)①。

马若瑟在所著《天学总论》(1720)中,谓欧罗巴诸国论天学大道之昏明,与汉唐宋明大同小异,如"人之既死,其神常在不灭"之说,西贤"西恻隆"便是持此论者之一,而论西儒所习心法,又以"西测隆"为例曰"富贵爵禄,安逸得足,而后真福乃备已矣"②,由此可见马若瑟对于这位罗马共和时期的古典修辞学代表人物并不陌生——当然这"其神常在不灭"之说的导源,还是得推回本文第一节所述柏拉图笔下的苏格拉底所言(e.g., ψυχὴ πᾶσα ἀθάνατος/every soul is immortal, *Phaedrus*, 245c6)。然而我们若从《汉语札记·下编》第四章入手,则更可见马氏对于文艺复兴时期的辞格之学亦有学养,

---

① 亚里士多德《修辞术》中所谓三型,见 Aristotle, *The Art of Rhetoric*, translated and Introduction by J[ohn] H[enry] Freese, rpt. ed., vol. 22 of Aristotle in Twenty-Three Volumes, Loeb Classical Library 193, Cambridge, MA: Harvard University Press, 2006, 1358b.3。另见《亚历山大修辞术》, Aristotle, *Rhetorica ad Alexandrum*, translated and Introduction by H[arris] Rackham, rev. and rpt. ed., vol. 16 of Aristotle in Twenty-Three Volumes, Loeb Classical Library 317, Cambridge, MA: Harvard University Press, 2001, 1421b.10。另参林熙强,《修辞·符号·宗教格言——耶稣会士高一志〈譬学〉研究》,第43—44页。

② 见马若瑟:《天学总论》,钟鸣旦、杜鼎克、蒙曦主编:《法国国家图书馆明清天主教文献》第二十六册,台北利氏学社,2009年,第492页。

盖其于章首弁言即以繁星与群花之譬，形容辞格之于言语文章的妙用。马氏谓辞格之于言语，如同繁星之于颢穹，群花之于大地；繁星映耀霄汉，丰华使大地绽放光彩，而辞格乃语言的生命（Qnod stellæ cœlo et pratis flores, hoc orationi sunt figuræ. Cœlum sine sideribus non lucet, prata sine floribus non rident; sine figuris languet oratio）。① 在这个看似平凡的比喻背后，其实正暗示了《汉语札记·下编》第四章的文艺复兴辞格研究身份——因为文艺复兴时期的修辞学家常把各类辞格比喻为花朵或色彩，因此修辞学的专著便常以花园或亭台（bower）等形象出现②，英人亨利·皮坎（Henry Peacham，1547—1634）集文艺复兴辞格分类于一书的《说苑》（The Garden of Eloquence，1577，1593）③ 即为最显例，而皮坎在初版《献词》（Dedicatory Epistle）中使用的繁星与丰华的模拟，与马若瑟的比喻在概念上几乎可谓同符合契：

> When of late I had consydered the needefull assistaunce that the one of these do requyre of the other, that wisedome doe require the light of Eloquence, and eloquence the fertillity of Wysedome, and saw many good bookes of Philosophy and preceptes of wysedome, set forth in english, and very few of Eloquence: I was of a sodaine mooued to take this little Garden in hande, and to set therein such Fyguratyue Flowers, both of Grammar and Rhetorick, as doe yeelde the sweete sauour of Eloquence, & present to the eyes the goodly and bewtiful coulors of Eloqution: such as shyne in our speech

---

① See NLS，1831，p.204；1847，p.244.
② 可见从莱庭、徐鲁亚编著：《西方修辞学》，上海外语教育出版社，2007年，第 44、203 页等处。
③ 关于《说苑》成书的西方修辞学史背景，详参林熙强：《修辞·符号·宗教格言——耶稣会士高一志〈譬学〉研究》，第 65—84 页。

like the glorious stars in Firmament; such as bewtify it, as flowers of sundry coullors, a gallant Garland.①

继前述古典修辞思想外,耶稣会士传入中国的第二套西方修辞之学,即马若瑟《汉语札记·下编》第四章里所论的辞格之学,而其学不能不提的开路先驱,亦可谓文艺复兴修辞之学在华传布的楷模之作,乃近百年前会内前贤高一志振铎绛州时期的两版《譬学》(1632、1633)。高一志应"九章段子"之请,以"用譬之规"弁《譬学》之首,故在《譬学·自引》里他也明白点出辞格的妙用。当然既名之以"譬",高一志书中的"辞格之学"几乎是施设模拟的手法大全——虽然不见群星与繁花的形容,但高一志以为设譬之道"正如俗传点化之术,以铁为金;又如珍宝嵌物,俾增美好焉"②。这里的美好所指自然是文字或语言的美好,换句话说正如上引皮坎《说苑·献词》中的那句"bewtify it, as flowers of sundry coullors",也正是文艺复兴修辞学的奥旨。

西方修辞学在文艺复兴时期特别着重"喻况语言"(figurative language)的讨论,经过前述古典时期如亚里士多德、西塞罗及昆体良(Marcus Fabius Quintilianus, 35—100)等以政治法律性质公众演说为宗的古典修辞学,再到中世纪圣奥斯定(St. Augustine of

---

① 见 Henry Peacham, *The Garden of Eloquence: Conteyning the Figures of Grammer and Rhetorick, from Whence Maye Bee Gathered All Manner of Flowers, Coulors, Ornaments, Exornations, Formes and Fashions of Speech, Very Profitable for All Those That Be Studious of Eloquence, and That Reade Most Eloquent Poets and Orators, and Also Helpeth Much for the Better Understanding of the Holy Scriptures* (London: H. Jackson, 1577), pp. Aii [verso]- Aiii[recto];该《献词》全文另可见林熙强:《修辞·符号·宗教格言——耶稣会士高一志〈譬学〉研究》附录五,第 486—489 页。

② 见《譬学·自引》,吴相湘编:《天主教东传文献三编》第二册,台湾学生书局,1984 年,第 575—586 页。另可见李奭学、林熙强主编:《晚明天主教翻译文学笺注》第三卷,台湾"中研院"文哲所,2014 年,第 89—94 页;或参林熙强:《修辞·符号·宗教格言——耶稣会士高一志〈譬学〉研究》,第 368—371 页。此后引用不另夹附页码。

Hippo,354—430)以布道为宗的宗教或谓神圣修辞学,西方修辞学的语用(pragmatic)倾向在千年后的文艺复兴欧洲,几乎为辞格研究的语义(semantic)转向所取代。相较于古典修辞学说的语言实用趋势,文艺复兴修辞学转而强调在语义上的运用,特别是辞格的分析与分类;对于风格的强调,也使得文艺复兴时期的修辞学专精于西塞罗修辞五法中"文体风格"(elocutio)的范畴,各类辞格分类专书与手册如前述《说苑》等遍布全欧,其中又多以字词与字词间的"转义"(trope)及句段的"格式"(schemate)变化为两大探讨领域。修辞一门乃耶稣会士养成教育中的必修学科,学者于此主题已有诸多考据与讨论,许理和(Erik Zürcher,1928—2008)甚至认为,在对于人文主义教育主轴如历史、语言、文学等学门几未着墨的情况下,耶稣会士保留并且传达至中国的文艺复兴时期欧洲文明内涵,实际上仅有"修辞学"一项。[1]许氏的论点或许偏颇,但他也点出了"修辞"这门技艺之于耶稣会士的重要性,并非仅止于语言习得(language acquisition)之后在文法层面的进阶运用,更是传教上论辩说理的逻辑铺陈手段。论及耶稣会士东传的文艺复兴修辞学,即前述的辞格之学,首先不能忽略的自是高一志的两卷《譬学》,或者精确言之,是高氏的《譬学·自引》。《自引》中所论的譬法十种,其中明、隐、曲、直、单、重六种譬法,究其精要乃修辞格上对于"转义"手法的运用,而其后解、无解、对而相反、无对而迭合为一者这四种譬法,则在模拟的基础之上,进阶至"句式"的探讨,因此视高一志《譬学·自引》为耶稣会士在晚明中国的第一篇"文艺复兴修辞学专论",洵名副其实矣。

---

[1] Erik Zürcher, "Renaissance Rhetoric in Late Ming China: Alfonso Vagnoni's Introduction to His *Science of Comparison*," in *Western Humanistic Culture Presented to China by Jesuit Missionaries* (XVII - XVIII Centuries): *Proceedings of the Conference Held in Rome*, October 25 - 27, 1993, ed., Federico Masini, Bibliotheca Instituti Historici S. I., vol. 49, Rome: Institutum Historicum S. I., 1996, pp. 331 - 360.

马若瑟在《汉语札记·下编·第四章》里所论辞格,与高一志《譬学·自引》与两卷《譬学》格言中所用的各式譬法,固然异趣而同归,都是为了基督的信仰服务,然其间最大的不同,恐怕在于高氏的例句取材乃得自西方文献,即伊拉斯玛士(Desiderius Erasmus, 1466—1536)编撰的《譬喻集》(*Parabolae sive similia*, 1514)中所辑西哲言行诸例,而马氏所援例句乃出自中国古典经籍与小说。例如在马若瑟归纳的第一大类辞格对偶中,首先就以西塞罗的演说辞为例,举出这种拉丁文修辞中常见的手法,如道德高尚与厚颜无耻、忠贞高洁与奴颜媚骨等对比。在文艺复兴时期的辞格分类里,对偶或所谓相反对句,常被归纳在"铺展"(*amplificatio*)的句式类目之下,这类渐次铺陈扩大的辞格往往能达成"文意气势的渐增"(*incrementum*),当然这类辞格因为兼其正反比较所致,所以仍然属于"模拟"(*comparatio*),即《譬学·自引》中所称的"一譬二端,各端又兼二相反之端"。然而《汉语札记》中论及对偶时,精通《易》的马氏列出一汉语的"对比字表"(*Litteræ oppositæ*/Characters of opposite significations, *NLS*, 1831, pp.206-209; 1847, pp.247-250),指出中文里的对偶并非意味绝对的相反,而可能是一种互补或应和(*correspondentiam et necessitudinem mutuam*/mutual relation and correspondence, *NLS*, 1831, p.205; 1847, p.246),例如乾卦与坤卦、天与地的关系。是以在马若瑟的对比字表里,可见"理/气"与"神/形"这类看似对偶实则为不可分割之集合的对字,以对应西方哲学甚至神学上的概念理 *ratio*/principle↔气 *matteria*/matter;神 *spiritus*/spirit↔形 *corpus*/form,尽管以单字确实不足以解释闳深观念若是。

而这层未见于先前耶稣会士讨论修辞时的中西观念交会,自然是因为马若瑟综览汉语赍典所致。马若瑟在《汉语札记·下编》第四章讨论的第三种辞格是层进,马氏译为"连文"。按文艺复兴时期辞格之学的分类,所谓层进或递进仍然置于铺展句式的类目之下,脉属布置类辞格(*distributio*)之一,同时具有语法及逻辑上的双重增添:

就逻辑上来看,其铺展必定按照强弱、遐迩、轻重等的条理顺序排列而至顶点,而马若瑟举《道德经》第二十五章"人法地,地法天,天法道,道法自然"等例说明之(*NLS*,1831,p.213;1847,p.255)。今人或因马氏所取例句,而将"层进"的形式等同于汉语辞格中的"顶真",实际上是一种过度简单的等化①,因为这种希腊文称作"κλῖμαξ/climax",拉丁文称作"gradatio"的辞格,早已见于奥斯定(St. Augustine of Hippo,354—430)《论天主教义》(*De doctrina Christiana*,libri I—III,*c*.397;liber IV,*c*.426)第四卷第七章所论:奥斯定援《新约·罗马书》为例:"我们连在磨难中也欢跃,因为我们知道:磨难生忍耐,忍耐生老练,老练生望德,望德不叫人蒙羞,因为天主的爱,借着所赐予我们的圣神,已倾注在我们心中了。"(罗5:3—5)这段经文里,奥斯定以为由磨难(tribulatio)而至望德(spes)的推展,实遵循了修辞的规则,乃"字词间及概念间相互依赖的关系",而这种关系如同阶梯般层层递进。②在这里我们再次看见《汉语札记·下编》第四章申衍辞格之学的独到之处:层进这种西塞罗常用的修辞手法,马若瑟不若奥斯定从《圣经》取典,反而转以"连文"的眼光向中国典籍中寻例③。

---

① 如李真在《马若瑟〈汉语札记〉研究》中将马若瑟笔下的"连文"一格等同于中文"重言"与"复文"等格,而概以"顶真"视之,却忽略了无论"κλῖμαξ"或"gradatio"的层进本质;其最后推进而达到的目标顶点,才是此格修辞劝服的真髓所在。见该书第234—235页。

② 参见 St. Augustine, *On Christian Doctrine*, translated by J. F. Shaw, in *The Confessions/The City of God/On Christian Doctrine*, vol.18 of *Great Books of the Western World*, Chicago: Encyclopædia Britannica, 1952, IV.vii.11;拉英对照另见 St. Augustine, *De Doctrina Christiana*, edited and translated by R. P. H. Green, Oxford Early Christian Texts, New York: Oxford University Press, 1996, pp.208-209。中译可参奥古斯丁著,石敏敏译:《论基督教教义》,《论灵魂及其起源》,中国社会科学出版社,2004年,第138—139页。

③ 马若瑟在《汉语札记》中引用的中文例句约有12000条,这些例句出处,千叶谦悟十多年来在《马若瑟"中国语文批注"(*Notitia linguæ Sinicæ*)例句来源考》(2013),以及《或问》(*Wakumon: Journal of Studies on Cultural and Linguistic Exchanges Between China and the West*)诸期有详尽的考释,(转下页)

高一志的《譬学·自引》是耶稣会士入华的首篇文艺复兴譬喻专论,而尽管它罗列譬法十种,究其义髓仍几可以"模拟"一言以蔽之;是故马若瑟在《汉语札记·下编》第四章中的辞格之学,与高一志《譬学·自引》中的用譬之规,其间最显而易见的关联,因此在于该章第七节所论的模拟诸法:这一节马若瑟分作四个门类:其一论"简单模拟"(De simplici comparatione),其二论"譬喻"(De pi-yu),其三论"隐喻"(De metaphora),其四论"寓言"(De yu-yen)。东汉赵岐(108—201)在《孟子注疏·题辞解》中谓"孟子长于譬喻,辞不迫切而意以独至"[②],娴熟于中国古典的马若瑟自然不会视而不见,因此在"譬喻"这个门类,马若瑟便引两段《孟子·梁惠王上》章句为例(NLS, 1831, pp.239-241; 1847, pp.293-297);至于模拟诸法中所论其余门类,同样的取材状况仍多,例如《庄子》满载寓言,故马若瑟在"寓言"一门所举文例便可见《庄子·山木》中的首则寓言(NLS, 1831, p.246; 1847, p.304)。马若瑟模拟分门下的譬喻、隐喻与寓言,都是辞格研究的重头戏,势必还需另文周细敷衍,此处暂先搁置不赘。马若瑟的分门中另有"简单模拟",其下又再分作"取自人物的模拟"(comparatione a certis hominibus deducta)与"取自自然事物的模拟"(comparatione petita ex rebus)。前者在文艺复兴辞格分类中与取人物为喻依的辞格如"虚构人物形象描绘"(prosographia)与"借虚构人物形象模拟形容真实人物"(icon)等手法相关,而后者由自然万物取譬的手法,又正如高一志在《譬学·自

(接上页)可参《或问》以下六期所录"プレマール《中国语文》'批注'"(Notitia linguæ Sinicæ):1.在《或问》8(2004),第 105—140 页;2.在《或问》9(2005),第 113—152 页;3.在《或问》10(2005),第 121—144 页;4.在《或问》14(2008),第 183—208 页;5.在《或问》19(2010),第 95—114 页;6.在《或问》23(2013),第 107—122 页。以下三期所录"プレマール《汉语札记》(Notitia Linguae Sinicae)"第二部译注:1.在《或问》27(2015),第 107—122 页;2.在《或问》28(2015),第 197—224 页;3.在《或问》29(2016),第 211—228 页。

② 见赵岐注,孙奭疏:《孟子注疏》,阮元校刻:《十三经注疏》第二册,第 2663 页。

引》中所谓"古今书籍,汗牛充栋,皆具美譬之资,即天文、地理、山峙、水流、空际万众、四行乖和、卉花之鲜美、羽禽走兽之异性奇情,无不可借以为譬"。《汉语札记》拉丁文本里,马若瑟在层进辞格的举例后,又有段落讨论"格物"(See NLS, 1831, p.214),这一段讨论英译本并未译出。高一志在《譬学・自引》破题便谓譬喻之法乃是一种"洞彻物理"的"格致之学",随后又论"善用譬者,又须先明诸物之性,否则譬或不切而旨愈晦。故人之深于物理者,其取譬无曲不伸、无隐不灿、无高不至、无理不通、无论不效、无学不着也",因此马若瑟所以在辞格专章讨论"格物",自然也有相同的出发点:盖"格物"即明诸物之性,乃通晓万物情理的第一步(格物 i. e. cum hunc primum passum feceris, ad alios gradus sine ullo negotio conscendes, NLS, 1831, p.214)。

四、辞格之外——再回伊利索斯

值得一探的是,尽管自高一志乃至马若瑟译著中介绍的辞格之学,在看似西塞罗《论演说家》(De oratore)与《布鲁图》(Brutus)中所论"悦人"(delectare/to please)的演说者职责外表下①,其本质却仍然如柏拉图式的修辞理想,在于对真理的追求甚至是具有某种层次道德与伦理意味的精神引导,本文首节所举中期对话《斐德若篇》如此,在早期对话《高尔吉亚篇》论修辞的本质时更早已可

---

① "感人/移人"(movere/to move, or flectere/to persuade)、"悦人/娱人"(delectare/to please)与"教人"(docere/to teach)三种职责,见于 Cicero, De oratore, translated by E[dward]. W[illiam]. Sutton and Harris Rackham, introduction by Harris Rackham, rpt. ed., Loeb Classical Library 348, Cambridge, MA: Harvard University Press, 1982, III. lii. 199 - 200 与 Cicero, Brutus, translated by G[eorge] L[incoln] Hendrickson, rev. and rpt. ed., Loeb Classical Library 342, Cambridge, MA: Harvard University Press, 1988, xlix. 185, lxxx. 276 等段落。

见。① 我们且再将眼光投诸《汉语札记·下编》第四章第四、五二节。马若瑟在第四节伊始便谓此节所称之驳辩设问并非一般意义下如同审讯的质问,本节所以援引《孟子·滕文公章句上》陈相见孟子一段②,原因在于他欲凸显中国古哲辩难驳诘的心法,实际上与西土古哲柏拉图及苏格拉底如出一辙(quem semper observat Socrates apud Platonem/as is always observed by Socrates and Plato):他们一开始看似以全然离题的方式传达教诲(minirum quærendo longe melius docent/convey instruction by the far preferable mode),而非就论题提出适切的主张;借由绵联的简单设问,在哲人的善诱善导之下,原先看似不切题的论点却一步一步将听者引导到哲人早就预期的结论。这岂不正如前文《斐德若篇》的精神引导模式?或者我们再究其详,这正是耶稣会《教学章程》(Ratio studiorum, 1599)中修辞训练的运作模式。

按《教学章程》中的规范,特经刷选后,禀赋优异的高级学员(the academy)会再接受哲学、神学、修辞学与人文学科等训练;在高级学员的修辞训练中有如下的规范:学员中德才兼备者受任为主司(moderator),在修辞训练的课程中随时仲裁论辩,此外针对如亚里士多德或西塞罗等大家的修辞核论,主司或担任主讲,或担任主持引导高级学员间的讨论,当然高级学员也可根据记忆诵习诗什,甚至依据当时(ex tempore)的心得高谈雄辩。倘若主司认为可行,则高级学员得就讨论的主题及时搬演一场"模拟审断"的言语攻防(inuicem accusationes & defensiones/mock trial):学员可据自身见解发表演说,再就反方意见骋辩以维护自己的论题,但必须基于雄

---

① Cf *Gorgias*, 502e: "... one part of it would be flattery, I suppose, and shameful public harangue, while the other—that of getting the souls of the citizens to be as good as possible and of striving valiantly to say what is best, whether the audience will find it more pleasant or more unpleasant—is something admirable. But you've never seen this type of oratory..."

② "陈相见孟子道许行之言"(*NLS*, 1831, p.215; 1847, p.257),见赵岐注,孙奭疏:《孟子注疏》,阮元校刻:《十三经注疏》第二册,第2705页。

辩之术,辩证之术次之(*oppugnentque oratorio magis more, quam dialectica* /in an oratorical rather than a dialectical way)——学员可以自设象征,自撰格言,也可自行铺陈以简单的描摹(... *aut descriptiones*),在风格的练习上学员亦得使用适理的隐喻或者贴切的句构,以达论辩鹄的。①《教学章程》中的修辞操演最重亚里士多德与西塞罗,仅见柏拉图之名的两处,也只是参列于必读的古昔经典(*antiquorum* & *classicorum*)而已,甚至只是书信(*ex epistolis Platonis*)。②对于以亚里士多德与西塞罗为宗的古典修辞之前的柏拉图修辞观,特重修辞之学的耶稣会,在《教学章程》中却只字未提。然而通过前文寻绎《梦美土记》《西比欧之梦》同《斐德若篇》间的源津头绪,以及此处《汉语札记·下编》第四章第四节强调的柏拉图那套驳正辩明的修辞引导——马若瑟的修辞观与会中前辈们不同甚至可说卓有贡献之处,恐怕是在辞格之学以外,他似乎还有意将亚里士多德修辞观之前的柏拉图修辞观,与他的传教理念结合;这也使马若瑟的修辞(格)之学不致陷入今人所谓文艺复兴修辞学的衰败,即"无尽的术语命名表"(endless nomenclature)窠臼之中。③

我们且再看《汉语札记·下编》第四章第五节马若瑟所论描摹的宗旨。就文艺复兴辞格之学的分类观点,马若瑟所引这种希腊人称作"ekphrasin"(源于动词"ἐκφράζειν")的辞格,实际上不能以单一的辞格视之,而应定位以一种书写甚至绘画的表现手法;因为若再借前文曾及的辞格专著《说苑》里厘分的类目,辞格之学中所谓"描

---

① 本文所用 1599 年《教学章程》英译版,见 Allan P. Farrell, *The Jesuit Ratio studiorum of 1599*, Washington, DC: Conference of Major Superiors of Jesuits, 1970, p.110. 拉丁文采 1606 年版,见 *Ratio atque institutio studiorum Societatis Iesu*, Romæ: In Collegio Rom, eiusdé Societ, 1606, pp.165–166。

② 出处同前注所揭二版:Allan P. Farrell, *The Jesuit Ratio Studiorum of 1599*, pp.77 & 83; *Ratio atque institutio studiorum Societatis Iesu*, pp.118–119 & 127。

③ Cf. Group μ, *A General Rhetoric*, translated by Paul B. Burrell and Edgar M. Slotkin, Baltimore: Johns Hopkins University Press, 1981, pp.2–3ff.

摹",其分类的层级并非"种"(species),而当是更上一层的"属"(genus)。盖于"描摹"这个总称之下还共有十余种辞格纳于其中,诸如拟人(Prosopopoeia)、事件描述(Pragmatographia)、地点描述(Topographia)、描述虚构地点(Topothesia)、时间描述(Cronographia)等。①而在《汉语札记·下编》第四章中,马若瑟的辞格之学却有不同的选择:他固然先定义描摹的心法乃是一目即了(luculentis/clear and vivid)又生动写实(graphice/graphic)的高雅语言,但他选择描摹的对象并非具象的实物,而是抽象的美德——仁。是以他先选择的三段文例,其一乃《孟子·滕文公章句下》的"居天下之广居,立天下之正位,行天下之大道"一段,其二乃《书·皋陶谟》所论"九德",其三乃《中庸·第三十一章》所论"天下至圣"之聪明睿智、宽裕温柔、发强刚毅与齐庄中正(NLS, 1831, pp.216-218;1847, pp.259-262)。尽管取法中华经籍并谓之满载神圣的教诲(doctrinae divititas/divine teaching),马若瑟却也认为就神圣的雄辩而论,无人能出其右者乃《新约·格林多后书》中宗徒保禄对格城信众描绘的传教表样:

> 像是迷惑人的,却是真诚的;像是人所不知的,却是人所共知的;像是待死的,看!我们却活着;像是受惩罚的,却没有置于死地;像是忧苦的,却常常喜乐;像是贫困的,却使许多人富足;像是一无所有的,却无所不有。(格后 6:8—10)

---

① 见 Henry Peacham, *The Garden of Eloquence: Conteining the Most Excellent Ornaments, Exornations, Lightes, Flowers, and Forms of Speech, Commonly Called the Figures of Rhetorike. By Which the Singular Partes of Mans Mind, Are Most Aptly Expressed, and the Sundrie Affections of His Heart Most Effectuallie Uttered. Manifested, and Furnished with Varieties of Fit Examples, Gathered Out of the Most Eloquent Orators, and Best Approved Authors, and Chieflie Out of the Holie Scriptures. Profitable and Necessarie, as wel for Private Speech, as for Publicke Orations*, London: R. F. for H. Jackson, 1593, pp.134-156;或参林熙强:《修辞·符号·宗教格言——耶稣会士高一志〈譬学〉研究》附录四,第 472—477 页。

然而在精神性质的德行描摹之后，马若瑟话锋一转，援引了一段如同文艺复兴"描摹"辞格类别之下的"*Topothesia*"，即对于虚构地点的描摹。由精神层面的描摹转向景物的描摹，岔入这段景致的叙写看似唐突，但实际上马若瑟用心非常，因为描摹中的这个虚构地点，确有其精神层面的象征。这个地点隐指草草侨寓的尘世之旅（*perigrinatione*/pilgrimage，sojourm）中基督的教会（*Ecclesiam Christi*/church of Christ），更意味着未来必得归返的天乡（*patriam cœlestem*/celestial country）。而这段描摹并非出自故国古贤篇卷或中华曩哲贲典，而是前文那段旅人夜读《桑柔》之后，噙泪腾床假寐的吉梦中所见，即马若瑟在所著《梦美土记》中对那方无玷美土的"描述"（见图四）！如前所述，描摹一词所指并非是单纯的辞格，更是一种书写甚或绘画上的手法。就文类来看，现代诗论所谓"读画诗/视觉艺术诗"（ekphrastic poetry），取用的正是描摹的概念。盖"*Ekphrasis*"一词意指使图像说话，因此任何描摹视觉经验的文字俱可以此概念视之。[①]马若瑟对美土那段栩栩如画的描述，因此自然也属于"*Ekphrasis*"的范畴，而为他引申描摹辞格时触类而长的得意不二选项。设若就绘画的观点再探，艺术论者推溯描摹手法的西方渊源，除了点明其源绪乃西方修辞学之外，甚至叩源推委明白指出这脉源头活水乃是柏拉图对话录《斐德若篇》所论修辞的艺术（275d6—10）[②]！我们不妨由此趸回伊利索斯溪畔，再看苏格拉底对斐德若那段未完的精神引导。

---

① 相关研究详参刘纪蕙：《超现实的视觉翻译：重探台湾现代诗"横的移植"》，《中外文学》1996 年第 8 期；古添洪：《论"艺诗"（ekphrastic poetry）的诗学基础：以中国题画诗及英诗中以空间艺术为原型的诗篇为典范》，刘纪蕙主编：《框架内外：艺术、文类与符号疆界》，台湾立绪文化事业公司，1999 年，第 87—122 页。

② 比方可见 Mona Lisa Foundation，*Mona Lisa*：*Leonardo's Earlier Version*，featuring special contributions by Alessandro Vezzosi, John Asmus, and Pascal Cotte, Zurich：The Mona Lisa Foundation, 2012, p.25,对于"Ekphrasis"概念的探源。

218 *AD LINGUÆ SINICÆ NOTITIAM.*

翔所之天
載所之地
照所月日
墜所露霜
親尊不莫者氣血有凡
天配曰故

hendit his duabus litteris 天配 *poei-tien*, quæ integram dissertationem postulant. Sed tales dissertationes angustis hujus operis spatiis exclusas prætereo, et ad alia tempora reservo. 6°. Licet quoad sententiam totum hunc locum plurimi facio, mihi tamen semper visus est nimium splendescere præsertim in sex phrasibus articuli quarti: 至所車舟 &c. Hæc luxuries leniter depascenda. Nondum ita sentiebam anno 1709, cum primum mihi venit in mentem tentare unum aliquid Sinice scribere possem. Itaque feci descriptionem ad instar somnii scipionis apud Tullium, et opusculum illud appellavi 美夢記土 quia sub imagine terræ formosissimæ adumbrabam Ecclesiam Christi in hac perigrinatione, et patriam cælestem in saeculo futuro. Sic autem terram illam calamo juvenili describebam.

" Proh! quam limpidae sunt ejus aquae! quam amæni flores! quam suaveolentes zephy-
" rorum animae! In eâ laeti montes, opaci lucus, valles tacitæ et umbrosæ. Si velis jactare
" rivos famosos *Kin* et *Siang*, lutosos ac turbidos esse fateberis. Si nobis affers frigus opa-
" cum quod captatur in *vou-yn*, senties ventum esse furentem et infestum. Si loqueris de
" amabili vere quod regnat in *Lo-yang* ejus fœtorem et turpem speciem ferre non poteris.
" Sylvas formosis arboribus *ki, tsee, ou, tong* consitas, raris frondibus calvas esse dices, nec
" sub eis poteris requiescere. Prospectus quem efficiunt luci *vou-yn* et rivi *kin-lo* habent
" semper aliquid quod desideres. Pulcherrima mea terra sola velut conditissimus onyx
" sine ullâ maculâ nitet &c."

玷獨舞也漂且濁窮風潾
焉我雲云洌孅且然其潾
耳美沂何之矣混而山其
矣土洛其風舞矣鮒菀水
也之睋矣雲洛蔭菀猗
其景劉杞之陽沂其猗
如也而梓涼之湘林其
白皆不梧也春之蓁花
玉有可桐嗚也流蓁芬
始欠休之呼其也其芬
無焉矣林其巽其莖其

图四 英华书院版《汉语札记·下编》第四章第五节引《梦美土记》(1831)

翻案演说之后,《斐德若篇》的第四折剧情乃苏格拉底在梧桐树下的那片草坪,申述他对于修辞之艺的见解(259e1—278b4),也继续以修辞引导着斐德若,一如他谆谆相告斐德若的那样:“医术穷究身体的本性,而修辞术穷究灵魂的本性。”(270b4—6)对话的最后,老少二人渡涉伊利索斯,行至对岸的潘神庙里祷告。柏拉图的对话录中,我们常可看见其重口说而轻文本,因为书写将导致遗忘,然而

《斐德若篇》里强调的修辞,一来并非西方古典修辞观中亚里士多德式或者西塞罗式,目标为文学或作文的修辞(书写),亦非以公众演说为主轴的法庭修辞等(口说),而是强调精神引导的修辞或者哲学性修辞(同时强调修辞与论辩)。本文首节所以多处保留《斐德若篇》的希腊原文与英译,乃因这些钥词在在显示了柏拉图的修辞观点,即修辞这项劝服之术的追求,必须以道德上的"善"与"真"为先,一如《西比欧之梦》中阿菲加努带给小西比欧的精神引导,祖孙讨论的是正义与义务,在九重天外注视天堂藐视尘世,唯有美德才是真正的光荣。来华耶稣会士的论著中,但引及柏拉图,多因其灵魂不灭之见与基督信仰的义理有若合符节之处,而非因其对于修辞这门学问或者技艺的观点。卫匡国在《真主灵性理证》下卷(约17世纪50年代,别题《灵魂理证》)即援柏拉图为证①:

> 霸辣笃曰:"人为万物之中,可以合与上焉者,可以合与下焉者。"顾虽可上可下,然人魂之去禽兽也远,而去天神也近。盖人之爱欲明悟,虽天神以直通,吾人以推通,似微有辨,然后善乐德之能,尽类天神,无所不可往,无所不可想,无所不可受。且人神相接,昕夕可以祈求,心志可以默悟,神之性情美好,人亦克透达之。

此处卫匡国释柏拉图时所称的"去天神也近",以及"推通"爱欲明悟,正如高一志《譬学·自引》破题要义:"人虽万物之灵哉,不若天神,不烦推测,洞彻物理也,则必由显推隐,以所已晓,测所未晓,从其然,渐知其所以然,此格致之学也。"在《譬学·自引》最后,高一志以"时日如珍玉,不可不惜也"这则直譬为发端,铺展出一条"其数可至无穷焉"的重譬,此譬不仅"兼包各品",甚至还可"详阐任意",

---

① 以上《灵魂理证.下卷.第七证》,钟鸣旦、杜鼎克、蒙曦主编:《法国国家图书馆明清天主教文献》第14册,第456—457页。

可谓高一志辞格之学的极致宣演。在这则繁丽的重譬最后,高一志把"尺璧非宝,寸阴是竞"的惜时主题引导到宗教的层面,亦兼示他的修辞之学最终鹄的当然是为传教服务:"彼委弃其珍玉者,或无明律严司审之究之;若废时之咎,必有严主审而究治之,乃可不兢兢于寸晷之惜乎?"在《汉语札记·下编》第四章第六节论汉语风格三十种之后,马若瑟也安排了类似的文章演迤,他借用会中某同学所撰《天主总论》,其中因为用上章前所论所有修辞手法,故而可以用作耶稣会士学习汉语作文贯彻传教宗旨的型范(NLS,1831,pp.229-234;1847,pp.278-285)①,易言之乃经由修辞,"推通"真理,带领宗教上精神引导的旅途。在正确模仿优美的汉语写作之外,引领信众进入"美土",恐怕还得靠修辞而致的"美文"(belles-lettres)与"至德之美言"。而这层由修辞而就的精神引导,或许正是马若瑟由《梦美土记》而至《汉语札记·下编》第四章所论辞格之学,带给我们的西方修辞观。

---

① 马若瑟所引《天主总论》,另可见钟鸣旦、杜鼎克、王仁芳编:《徐家汇藏书楼明清天主教文献续编》第14册,第203—212页。

浅谈明治和制汉词的多元特性

日本横滨外国语学校　周圣来

一、前　　言

从历史来看，日本的"汉语"大致可以分为两大类。第一类是中国制汉语，其中可细分为：1.出自古代汉籍的词汇；2.汉译佛典的词汇；3.西方传教士翻译的词汇。第二类就是和制汉词，也就是说，在中国制汉语上"动手脚"，由日本自行"开发"、重新"制作"的汉字词汇。由于日语"和制汉语"（わせいかんご）一词本身就是和制汉词①，直译为中文就是"日本制造的中国汉字词汇"的意思。"和制汉词"一词是日语语言学范畴中的专业术语，日语以"わせいかんご"称之。

明治时期是日本创造和制汉词的顶峰时期。这时出现了明治和制汉词逆向输入汉字文化圈的现象。中国方面，《现代汉语词典》（第5版）中的和制汉词一共有768个，从西方翻译的外来语有721个，和制汉词的数目占一半以上。经过整理《现代汉语词典》《汉语外来词词典》《现代汉语词汇的形成——十九世纪汉语外来词研究》中的日文外来词，结果显示，日源外来词共有1305个。②本文的研究对象是明治时期创造的汉字新词，为免混淆，以"明治和制汉词"称之。

---

①　周圣来：《论白话文中的日语外来语是"和制汉语"还是"和制汉词"》，《名作欣赏》，2012年。

②　《现代汉语词典》（第5版），商务印书馆，2005年。

二、明治和制汉词的数量及分布

世界上任何国家的语言中都存在外来语,一般情况下都是采用词源的发音。特别是欧洲语言之间互相借用、流动,其过程自然、圆滑,不留痕迹。但中文和日语同样使用汉字,在吸收西洋文化、概念的过程中,除了借用西洋词汇的发音,还必须面对意译的现实。日本明治时期开始创造了大量个性丰富的意译词汇,但在昭和以后,则转向使用片假名音译外来词语。而在中国,现在依然倾向使用意译的方法,也就是说,从日本传入中国后,在中国广泛使用的外来语——和制汉词,大部分是在明治时期在日本诞生的。

以《汉语外来词词典》为调查对象,将进入中国分布社会的各个领域的和制汉词,分为12个范畴,经统计:

领　域	数量	领　域	数量	领　域	数量
政　治	104	法　律	49	文学艺术	73
经　济	74	思想哲学	121	社会生活	125
医　学	62	科学技术	158	教　育	43
军　事	54	宗　教	8	度量衡	18

从上表的统计数字可见,若将《汉语外来词词典》中收录、曾经传入中国的889个和制汉词,按学科分类,文科包括思想哲学、文学艺术、教育及宗教,共245个,若再加上社会生活方面的词汇就共有370个;理科的医学、科学技术等合占220个;财经政法科包括政治、经济及法律合共227个。由此得知,虽然日本明治维新的核心目标为富国强兵、置产兴业,以及文明开发,但当时传入中国的和制汉词,以文科占多数,文科中则以哲学的词汇占最多数,可见当时国人最渴求的是思想上乃至意识上的文明开化。

三、明治和制汉词的特征及分类

明治期的和制汉词具有两个特征:首先,与明治或近世前的和制汉词相比,对中国人而言,意思简单易明。例如,"世话""无闇"等这些明治以前的和制汉词,并非解作"世间的话""没有黑暗",而是解作"关照""乱来"的意思。单凭字面难以理解及推测字义。但是,明治和制汉词如"细胞",有"细小地包裹着"的意思,其他还包括"飞行机""电话"等新词,一般都较易理解其词义并掌握其使用方法。相对英语的专业术语,一般民众对和制汉词更有亲切感及理解更方便。

虽然和制汉词的出现为人们理解汉字新词的字义带来了不少方便,但同时其另一特点也随之浮现,就是随着大量的和制汉词被制造出来,辨别同音字词成为一大问题。众所周知,在中文的汉字里有很多同音异义字,这种情况到了日语就更加严重,因为日语只有五个元音,本来在中文发音各异的汉字到了日语,却变成相同发音,也就是日语的同意异义字比中文更多。此外,和制汉词一般都是由双音节或三音节词语组成,同意异义词也大量出现。例如,"协议""狭义""教义""竞技""行仪""经木"的发音都是"きょうぎ",凭一个单字,不理解文脉的前后关系,根本就无法理解词义。

在当时维新运动掀起的这股翻译潮流下,并随着一批汉学根底坚固的学者的努力,大量的和制汉词接连不断地诞生了。"社会""哲学""形而上""意识""抽象""交通""英国""女性""土地"等数之不尽的、在现代日常生活中使用的词汇被创造出来。虽然这些新的词汇数量庞大,但主要的造词方法分为以下五个范畴:

一、发明新"国字":翻译西洋医学、度量衡等专业术语。例如,为了与普通的"线"区分,创造"腺",用来表示人类或某些哺乳动物的一些分泌某种体液的器官。此外还有"糎""吨"等。不过这些都属于"和制汉字",并非"和制汉词"。

和制汉字	词　源
腺	英语:gland
膜	德语:vlies
素	丹麦语:stof
呎	英语:foot
吨	英语:ton
糎	法语:centimetre
瓩	法语:kilogramme

二、音译:例如英国的译名是"英吉利"(イギリス)的缩写。同样,米国是"亚米利加"(アメリカ)的缩写。德国的略称"独"以及法国的"仏"来自"独逸"(ドイツ)和"仏兰西"(フランス)。除了地名,煤气在当时用"瓦斯"(ガス)来表示,巧克力以"贮古龄糖"(チョコレート)译之。这些词都是利用汉字的音译法创造出来的新汉语。还有"俱乐部""浪漫""亚细亚",等等。日本人在翻译上述这些外来语时一般主要用片假名,但部分词也用汉字音读来音译西洋术语。如"俱乐部"(クラブ)是英语"club"的音译,在这里,"俱"有"大家都","乐"有"快乐、娱乐","部"有"聚会的地方"的意思,采用三个字的组合,不但谐意,且有"大家都开心快乐聚集的地方"的意蕴。

和制汉词(音译)	词　源
瓦斯	荷兰语:gas
俱乐部	英语:club
浪漫	法语:roman
柠檬	英语:lemon
亚细亚	拉丁语:Asia
仏兰西	法语:Française
独逸	德语:Deutschland
伊太利亚	意大利语:Italiana
露西亚	俄语:Федерация

三、经重新组合后的汉语译词：相对上述"循环再造"的意译方法，这类新译词则是"原创"的汉语。例如：cheese"干酪"（チーズ）、tulip"郁金香"（チューリップ）、tunnel"隧道"（トンネル）、tabaco"烟草"（タバコ），等等。虽然大部分这些日语词汇如今在日本很多都是用片假名来书写表示的，但仍然在使用的也有不少，例如"speech—演说""philosophy—哲学""herbivore—草食""kleptomania—窃盗症"，等等。另外还有"理学""玄学""形而上学""美学"，等等，都是日本学者经过深思熟虑，精选汉字组合，自创汉字新词。

和制汉词（译语）	词源
抽象	英语：abstraction
象征	法语：symbole
催眠	英语：hypnotize
错觉	英语：illusion
消极	英语：negative
积极	英语：positive
绝对	英语：absolute
科学	英语：science
美学	英语：Aesthetics
哲学	德语：Philosophie

四、"新"汉字和读法：他们还继续利用过去日本固有的汉字训读造词法，把新含义注入一些被训读的汉字，以翻译西洋词语。例如，"场合""身分（份）""见习""取缔""打消"等都是纯粹按照和语的发音和造词法，并经过一段长时间慢慢在日本社会固定下来，而之前在古汉语中并没有出现类似的用法。

新汉语
手续
取缔
引渡
场合
身分
见习
打消
取消

五、为古代汉籍及佛教经典里的汉语,赋予新的意义,或者称为"循环再造"。例如,"共和"源于《史记·周本纪》,有合众人之力共同统治的意思。但在近代,却成为对应"republicanism"的译词。还有,"社会"在古代汉语里是指为祭祀土地神而聚集一起,而在明治以后,却变成了"society"的译词。"革命"在中国最早出现于《易经》,《易经》的象辞里说:"汤武革命,顺乎天而应乎人。"不过,它的含义跟现代汉语的"革命"不一样。本义为革除破坏天地人事运转者的天命,使其回归正常的轨道,因此本义为重置而非改变。日本人则把"革命"作为"revolution"的译词使用。这些词都是由重新改造后用意译的方法创造出来的。其中比较出名的有"哲学"这个词语,一度在汉语和日语里都找不到能够对应英语"philosophy"的译词,创造这个词语的人是曾经在荷兰留学的启蒙思想家西周(にしあまね)。西周还翻译了"科学""肯定""主观"等词汇。另外,当时还有不少如"经济""文学""近代"和"权利"等含有"近代社会"特有观念的语汇,也是在明治维新前后创造出来的和制汉词。

古汉语	出典	旧意
文 化	《说苑·指武》	文治教化
文 明	《易·干》	文采光明
文 法	《史记·李将军列传》	法制;法规
物 理	《鹖冠子·王鈇》	事理
讽 刺	《文心雕龙·书记》	以婉言隐语相讥刺
学 士	《周礼·春官·乐师》	古代在国学读书的学生
具 体	《抱朴子·备阙》	指个别而细微的事情
保 险	《三国志·魏志·郑浑传》	据守险要之处
封 建	《礼记·王制》	封邦建国
法 律	《庄子·徐无鬼》	律令或刑法
经 理	《荀子·正名》	常理
经 济	《晋书·殷浩传》	经世济民
共 和	《史记·周本纪》	中国西周时期的年号
政 治	《周礼·地官·遂人》	治理国家所施行的一切措施
社 会	《东京梦华录·秋社》	旧时用以称村塾逢春秋祀社之日举行的集会

明治时期的日本学者在翻译西洋术语创造新词语时利用了一种"宝石箱效应"（カセット効果）。例如，"政治""经济""法律""社会"等词，如今无论在日本还是中国，都是作为对应英语"politics""economics""law"的译语使用。当初，在日本明治维新期间，翻译这些词都是极其困难的事，因为无论在日语或汉语中，都无法找到完全相对应的词语，而其背后最大的原因，是因为东西方的世界观在某些方面存在着偏差。最后虽然日本人决定以"政治""经济""法律"作为对应的日语译词，而且最终获得社会各界的承认，但当时日本人对这些新汉语背后所反映的世界观却似乎是一知半解。柳父章这样形容"宝石箱效应"：

> 一个小小的宝石箱，可以把宝物放进去，无论什么宝石都可以放进去的。但是，因为是刚做好的宝石箱，所以里面什么也没有。不过，只看宝石箱的表面，已经让人感到十分有魅力。而且，让人觉得里面似乎放着些什么东西，应该是藏着什么东西吧，这种感觉令人对它越来越有吸引力。新造的词汇，很像这个宝盒，极具魅力，大家都认为里面一定包含了重大的意义。一个词语在刚诞生的时候，虽然缺乏明确完整的意义，尽管如此，这个词语还是吸引了大家的目光，然后在不断被使用的过程中，意义变得越来越丰富。[1]

四、"宝石箱效应"和汉字符号

上文所述，"宝石箱效应"是明治和制汉词的一大特征，也是当时日本翻译界特有的现象。我们通过考察，翻译过程中的某些现象确确实实为我们提供了观察和制汉词的一个途径。

---

[1] 柳父章：《翻译语成立事情》，岩波书店，1982年，第23—25页。

汉语符号具有语言符号的一切特征。汉语符号也是这样的语言符号系统：由能指和所指构成双面体，由组合轴和聚合轴构成双轴关系，由音位—词—句—文本等构成多平面的符号系统。符号有两种基本的关系：一种是纵向的意指关系，即在符号内部，能指与所指或符号与指涉对象的结合关系；一是横向的结构关系，即符号与符号之间的联结关系。汉字的形音义关系主要是一种纵向的意指关系。德里达在符号的能指和所指两个项中间加上了第三个要素：意指——符号的结合方式。[1]他论证了能指和所指不是一种等级制的同一关系，他认为要恢复能指的"外在性"，就要将能指和所指看作具有独立的意指性质，这样，二者之间的结合就不再是等级制的同一，而靠的是一种意指方式。

符号＝能指＋意指＋所指

人们容易把符号简单地看成符号的能指，而在实际上，符号是由能指和所指组成的双面体，能指是表达面，所指为内容面。人们也容易把编码看成只属于能指或表达的事情。实际上，编码作为一种符号行为，是在特定的符号对象领域里，应用某种编码规则把能指和所指结合起来，并在能指和所指的关系上体现符号的意指作用。编码的过程是符号用户之间的一种约定，这些使用者承认能指与所指之间的关系并在使用中遵守这种关系的规则。汉字编码功能的不确定性，导致汉字为适应不同的使用目的而创制不同的编码功能变体。如为了适应汉字读音认知的需要，人们不得不在汉字基础上进行再编码，即为汉字注音。

例如，以下就是日本人在"宝石箱效应"下创造的新汉语，请注意，这些新汉语都以片假名注音，可想而知，当初这些和制汉词被创造出来的时候，能指和所指没有完全结合起来，而"宝石箱效应"则

---

[1] 黄亚平、孟华著：《汉字符号学》，上海古籍出版社，2001年，第193页。

弥补了其欠缺的部分与不足。

ヤクゴメン 免职	インキョ 致仕	フソク 阙乏	タクサン 夥多	シヤウチ 许诺
テウシ 音节	シヤウチ 领承	カタソニン 从犯人	クジ 诉讼	シヤクザイ 负债
ガテン 了解	ヤクシヤ 俳优	シハイ 管辖	ヨウジン 细心	カンジヤウチヤウ 会计簿

一般认为,汉字借词与表音文字体系的借词最大的区别是,汉字借词以意译为主,表音文字体系则以音译为主。以音译的方式书写外来词,尤其是所谓字母对应转写的音译方式,其借贷词与被借贷词之间具有结构上的简单对应关系。例如印欧系语言之间,一种语言的词可以相当自由地转写为另一种语言的词。例如"形态"一词：

英语：morphology

法语：morphologie

德语：morphologie

可见,拼音字母之间的对应性及同构关系使得它们之间的代码转换非常简单。而汉字是形音义结合体。"一个形体、一个音节、一项音义"的结构使得汉字的单位多达上万个。拥有上万个单位的汉字与只有几十个单位的拼音文字之间在结构上是不对应、不同构的,二者之间的代码转换必须经过二次转换。明治和制汉词的其中一种制造方法是由表音的片假名转换为表意的汉语,意译西洋语言的词。这种造词方式是一种重新编码和代码转换的综合行为。

其实汉字代码转换的二次性就是汉字文化与其他文化的不同构性,这种不同构性一方面保持了民族文化的纯正传统,另一方面又阻隔了不同文明之间的交流。编码功能和代码转换功能是文字最重要的两种信息处理功能。编码功能涉及的是文字与语言的对应性问题,代码转换功能涉及的是文字元号系统之间的信息交换问题。日本人基于"宝石箱效应"这种特殊的现象,在明治期间翻译了大量西洋术语,按照符号学的原理及观点,这批译语(明治和制汉词)的"能指"是"汉语"——未注入任何意义的汉字,也就是空的宝石箱,"所指"是西洋术语——宝石,"意指"是对西洋文化的一种崇拜、对西洋知识的一种渴求、对西洋思想的一种受容,这是一种创造性意指,具有思想性和文化性。

阵内正敬①认为,当某种语言和另一种外来语言接触时,为了翻译,这种语言就得做出选择,接受并转化为外来语言的某种形态。在这过程里,首先是以借用的形态来把对方语言的语素转移至己方,然后再产生各种各样的变化。这种借用的形态分为三种:

  单纯借用:原封不动地借用来源语的语形。也就是用日语的片假名翻译。
  翻译借用:经过意译,重新安排汉语或和语的排列组合位置。
  挪用:扩展现成以及既存语汇的意义及用法,以对应新的事物和概念。

以上的第二项及第三项所产生的译语即"明治和制汉词"。下文以"社会"及"宗教"为分析对象,讨论"宝石箱效应"对明治和制汉词的产生、意义的固定所带来的作用及其文化内涵。

五、"社会"一词的来源及演变

"社""会"两字本来是由中国传入日本的汉字。"社"在《说文》

---

① 阵内正敬:《外来语の社会言語学・日本語のグローカルな考え方》,世界思想社,2007年,第35—39页。

中的解释为:"地主也。从示、土。《春秋传》曰:'共工之子句龙为社神。'"中国古代把土地之神称为"社";同时,又可以解释为以"社"为中心,围绕在同一地域生活的共同体。民众聚集,一起参加"社"的祭典,就是"会",《说文》:"合也。从亼,从曾省。曾,益也。凡会之属皆从会。"也就是说,"社""会"两字在古代中国的含义是:组织拥有共同信仰、兴趣、娱乐、商业等活动或目的的人聚集在一起,成为一个团体。这两个汉字传入日本后,在德川末年至明治以前,曾经也被视为"地域性的聚落""同业者的团体""同人会"的意思使用,比如"社""社团""会社",甚至"社会"。兰学家在翻译兰书的内容时,一般把欧洲的修道院等教会组织译为"社会"。这种用法和中国的宗教、地缘共同体非常接近。但是,以上的用法或翻译,具有小规模的、具体的组织意思,与现代表示整体的、抽象的等概念的"社会"的含义是不一样的。因此,在明治初期,曾经出现把"社会""会社"等词语形容现代"法人"含义的现象。

日本人借用汉语"社会"两字作为对应英语"society"的翻译,经过了一段颇长的过程,在这一段过程中出现了"宝石箱效应"。明治初期,日本的知识分子对如何翻译"society"这个词汇,感到束手无策,无从入手。福泽谕吉曾经把此词翻译为"交际""人间交际",中村正直也曾经为翻译《自由论》内的"society"一词大伤脑筋。当时他采取了并用法,使用各种各样的译语作为翻译的方法。包括"政府""人伦交际""仲间连中""世俗""仲间""人民ノ会社""仲间会社""朋友会社""朋友会社""会社""总体人""总体仲间""会所"[1],等等。如此一来,就出现了一些负面的效果:第一,太多的日文译语,在意义上产生矛盾。第二,来源于"society"的概念,并没有直接从这一大堆词汇里被归纳出来。但是,因为出现了大量对应的译语,《自由之理》的读者认为,通过接触各式各样对应"society"的译语,总体来说,大致上一个朦胧的轮廓应该已经浮现在众人的眼前。

---

[1] 中村正直:《自由之理》,1871年,第185页。

1874年(明治七年)对应"society"的正式译语依然没有固定下来,西周在第二号《明六杂志》发表的文章里使用了"社会"一词,他在第一号《明六杂志》上发表的《洋字ヲ以テ国语ヲ书スルノ论》,却使用了"世道上"(ソシウル)一词,没有人肯定以上哪一个才是对应"society"的译语。①

同年,福地源一郎在《东京日日新闻》里也使用了"社会"这个译语。同期,森有礼也在《明六杂志》发表的文章中使用了这一词语。而"社会"这一词语在1875—1876年(明治八年至九年)后,开始在日本社会被广泛使用。"社会"这个词语作为正式对应"society"的译语,不知不觉地在社会扎下了根。其实,在这段时间里,"社""仲间""交际"等译语也曾被同时使用,似乎和"社会"共存了一段日子,但最终只有"社会"得到了人们的认同。到了1877—1887年,其他译语已经完全被淘汰,"社会"也终于登上了作为"society"译语的唯一宝座。这里,本人想强调的是,并非"社会"正式成立的年份或首先使用"社会"的人是谁,而是"社会"这个词语,本来是一个在古代中国、日本都不存在的概念,当时日本的知识分子,如何把握、并把这种概念具体物质化,最后受到民众接受的过程,才是最重要的。

六、"宗教"一词的来源及演变

"宗教"一词,则是日本人采取"挪用"的方式来翻译西方的"religion"。综合字义解释及语源分析,"religion"一词包含以下几个核心概念:1.God:超自然存在的神或上帝;2.Creation:造物主、创世者;3.Worship:对神的敬畏与崇拜;4.Belief:对神的信念和信仰;5.System:组织、团体。因为"religion"一字含有"与神同在"及"严守誓约"之意,因此其语意带有较为浓烈的主导性与规范性,充分显现

---

① 西周:《洋字ヲ以テ国语ヲ书スルノ论》,《明六杂志》,1874年。

出西方启示性宗教的特质。

在中国汉语中,"宗教"作为一合成词,首先出现在中国的佛教论典中。佛教最初由印度传入中国,印度佛教中,佛所说为教,佛弟子所说为宗。①在南北朝至隋唐之际,中国佛教中就已经广泛使用"宗教"这一术语了。佛教天台宗、华严宗和禅宗之学者多用"宗教"表示佛教的教理。所谓"宗教"者,即为诠表佛教教义而使用的各种语言文字。②佛典中作为独立词汇所使用的"宗教",和西方语言(拉丁语)的"religion"(或是受西方语言影响的现代汉语"宗教"一词)的所指并不对应,当时的"宗教"可以理解为中国历代佛学家用以消化及重新理解从印度传入的佛教典籍所兴起的诠释概念,亦专指佛教而已。

综合两部日语国语辞典,《大辞林》和《广辞苑》的描述内容,分别对"宗教"的定义有以下描述:1."借由对神佛的信仰而促使心灵上获得安详。还有,神佛的教诲。"(神仏などを信じて安らぎを得ようとする心のはたらき。また、神仏の教え);2."对神或某些超自然绝对性的存在;或者从世俗的事物里分隔出来并被忌讳的圣物有关的信仰和仪式活动。"(神または何らかの超越の絶対者、あるいは卑俗なものから分離され禁忌された神聖なものに関する信仰、行事。また、それらの連関の体系。)"宗教"一词包含了圣物、神、佛和超自然力量/存在等多个元素。佛教在日本的影响可谓举足轻重,传入以后日本国民都有信仰佛教的传统,再加上当时大量传入日本的汉字基本上都保留了完整的古义,毫无疑问当时"宗教"一词及其最初的词义是随着佛教东传进入日本的。

根据矶前顺一的介绍,1858 年出现在《日美和好通商条约》中的"religion",最初被翻译为"宗旨"或"宗法"。③除此之外,幕末至明治初期还曾被翻译作"宗教""宗门""法教""教门""神道""圣道",等

---

① 慧开:《"宗教"一词的文化脉络比较诠释》,《普门学报》,2005 年,第 9 页。
② 普济:《五灯会元》,中华书局,1994 年。
③ 礒前顺一:《近代日本の宗教言说とその系谱——宗教・国家・神道》,岩波书店,2003 年。

等。1869年在日本和德国相互签订的友好通商条约第四条"居日德国人有自由信奉本国宗教的自由"(日本在住の独乙臣民は自国の宗教を自由に行うの理あるべし)的译文中,德语"religionsübung"被译作"宗教",后来被编入1884年出版的词典——《改定增补哲学字汇》。①"宗教"作为对应"religion"的译语,充分体现了当时在日本西洋化的过程中,日本的精英阶层和知识分子的价值观受到欧洲文化思想的深刻影响。这除了是一种学术行为,也是一种政治行为,因为当时日本政府朝野上下和主流社会一致认同这个译语,间接对这一定义达成了共识。由此可见,日语汉字"宗教"一词结合了早期日本、中国和西方对宗教所诠释的各种含义,具有广义的概念。

可见,无论以"借用"或"挪用"的方法产生的明治和制汉词必定附带了一定的"宝石箱效应","宝石箱效应"通常会持续一段时间,短则一年,甚至十年以上,通过这段时间人们对相关词语的使用、接受以及对言论、文本的解析,最后形成了其终极的意义。

七、"宝石箱"变成"废物箱"

如果说符号的编码是属于表达,那么译码则属于理解。表达者运用符号的编码传达某一信息,理解者接收这一信息,必须对其译码,也就是根据符号的编码重建意指。编码者根据规则,把能指和所指结合成符号或符号系统,所指即"释义"。译码者根据符号的能指重建符号的所指,这也是释义。但是这编码中的释义并不等同于译码中的释义,它可能同符号本来的所指相一致,但也可能不相一致。解读一篇文学作品或者欣赏一幅书法作品,都是译码,所谓"仁者见仁,智者见智",不同解码者所释之"义",有时候可能相距甚远。

---

① 石井研士:《手に取るように宗教がわかる本》,かんき出版,2002年,第237页。

早年孙文著作可看到"democracy"的译词为"德谟克拉西"、"virus"的译词为"微生物"、"revolution"则译为"造反",可见现代汉语在向日语借词的过程中,并非全盘接纳,其中也经过排斥、抵抗,但最后日语借词仍大量涌入。

例如严复就强烈反对使用日语借词,他提倡使用"计学"取代"经济学","群"取代"社会"(类推"群学"取代"社会学"),"玄学"取代"形上学","天演"取代"进化"等,学界习称"严译"。而严复也不是一概否定日本译词,例如他接受"自由"一字作为 liberty、freedom 之译名,并尝言:"西名东译,失者固多,独此无成,殆无以易。"不过,严复从1899年起,开始采用"自繇"而非"自由",这是因为"繇"与"由"字在含义上有微妙的差异。

也有少数新制汉语取代日语借词的例子,如"逻辑"(logic的音译)取代和制汉词的"论理"。

以下是曾经"进军"中国的明治汉语,但最后却无功而返,随着"宝石箱"所发挥的效应逐渐在中国淘汰。

万年笔、日伞、车掌、残念、夕方、相场、支那、手形、切手、雰围气、无邪气。

八、和制汉词的文化功能

文化是人类精神文明、物质文明和社会文明成就的总概括,是人类全部思想和行为的总记录,是人类在进行过程中创造出来的那些积极的、进步的、优美的东西。通常人们在提到文化的时候,为了研究的方便,往往要加上一些限定条件。这种附加的限定条件一般是从时间和空间这两个角度出发来提出的。和制汉词是汉字文化圈的产物,也属于一种文化。研究和制汉词文化,自然要涉及中日两国之间关系的问题。严格地说,离开中日两国民族的历史、政治和文化的关系,就不可能对和制汉词进行科学的研究,因而也就不可能正确地认识和制汉词文化的价值。

　　从中国传入日本的汉语,如同进入一个加工厂,千百年来被不同方式改造加工,虽然日语本来就是一种与汉语很不一样的语言,但日本人把汉语融入和语的系统中,而且并没有令两者之间出现排斥,他们使用"假名汉字混合文"至今,并发展出一系列的和制汉词。和制汉词的形体结构虽然出现了变化,但是性质却没有发生根本的改变,就其所使用的字符的性质来看,和制汉词始终都在使用意符、音符、记号,且体现了一种综合性的造语法。上文提到的"宝石箱效应"就是和制汉词其中一个最独特的结构特征,其功能就是能够输入并储存新的意识、含义以及审美观,但却能同时保留古老的文化和含义。值得一提的是,特别是明治时期的和制汉词,它不仅仅是翻译了西方的词语,而且同时引进了西方的文化观和包含了西方人的思维方式。因此,和制汉词还是一定社会人群的文化符号,是对美的欣赏,是一定地域、一定时间内社会人群的集体创造物。从文字创造者和用户的文化背景的角度来看,和制汉词还应该是文化交流和碰撞的产物。这些和制汉词后来回传中国,弥补了汉语在这方面的不足,同时为汉语的进化起了催生的作用。例如,语言中往往因音节等因素的影响,音译词被排斥改为意译。改译中的有些现象是值得注意的,如"德律风"(telephone)、"斯不难读"(esperanto)改为"电话""世界话"。以上两词均为和制汉词,还有"瓦斯""组合""取缔"等,这些词都借用了源自日本的和制汉词。和制汉词的影响也通过种种管道渗透在中国的现代社会中,渗透在中国人的精神意识和日常生活当中。

　　更重要的是,汉字代表了文明的延续和基础。帕默尔指出:"一个学生学了 4 000 个左右的视觉符号之后,四千年的文献就立刻展现在他的面前了。"[1]汉字具有自给自足,可以凝聚不同语言的文化

---

① 帕默尔著,李荣等译:《语言学概论》,商务印书馆,2003 年,第 99 页。

力量,具有同化异质文化的大一统品格。汉字的超方言性使得汉字文化圈的国家都获得了一种跨文化、跨语言、跨地域的交际工具。任何文字都有两个文化指向:其一是通过指向母语而指向本土文化,其二是通过指向其他文字而指向他族文化。因此文字的文化功能确切地讲应该叫作"文化联系功能",即文字在同质文化的继承和凝聚功能而言的,我们称之为汉字的同质文化的联系功能。当汉字指向其他文字进而指向异质文化时,也就是说,汉字与其他拼音文字发生代码转换关系的时候,汉字行使的则是异质文化的联系功能。比如汉字总喜欢用意译而不是音译的方式、喜欢用符号的方式而不是记号的方式来借代外来词语,这就造成两种文字在代码转换过程中的结构上的不对应性、不同构性。同样,和制汉词也发挥了"汉字文化圈"的"文化联系功能",能够把同属"汉字文化圈"的中、日、韩三个国家紧紧地联系在一起。而和制汉词所具有的"文化联系功能"源于其文化要素的多元性。因为,古代经中国传入日本的"汉字"本来就是二元或三元的。例如古代从中国直接传入日本的汉字就是二元的;经中国传入日本、含印度佛学含义的词汇则为三元。同样,近代从日本回归中国的和制汉词亦为三元,具有中国(古字和古文化)、西洋(主要是欧美)和日本(派生的新释义)的三元性。

明清时期汉文西学书在明治日本的流传*

日本学术振兴会　新居洋子

众所周知,日本位于东亚汉字文化圈之内,从中国传来的汉字、律令制、儒教、佛教等要素都对日本国家的建立有深刻影响。日本通过汉文吸取儒家等中国固有文化,也吸收了佛教等外来文化。另一方面,随着 16 世纪葡萄牙商人与天主教传教士进入日本,日本开始与欧洲建立密切联系。天主教传教士于日本战国时代末期进入日本,比进入中国早 30 年,他们翻译的天主教教义和欧洲哲学直接介绍到日本,出版了一批被称为"吉利支丹版"的书籍。进入德川时代后,江户幕府基于锁国政策仅允许与清和荷兰通商。日本学者通过荷兰语书籍接触到以医学为首的欧洲科学技术,其学问被称为"兰学"。可以说日本从 16 世纪到 19 世纪存在两条直接吸取天主教教义和欧洲学术的途径。

天主教传教士在 16 世纪末也进入中国,明清两朝期间向皇帝、士大夫,以及一般民众用汉文及满文翻译、解释天主教教义和欧洲各门学术,编纂出版了一大批书籍,本文将此两方面著作统称为"西学书"。在中国活动的天主教传教士用汉文撰写的西学书中有不少

---

* 本文得到日本学术振兴会科研费 17K13327 及 18J00160 的资助,在此作者深表感谢。本文初稿于 2019 年 3 月 16 日在中山大学主办的"中国与日本之间的西学"国际学术会议上口头发表,参加会议的各位教授,特别是内田庆市教授提供了许多宝贵的意见及建议。本文撰写过程中,潘凤娟、钟鸣旦、祝平一等教授也提供了许多有益的修改意见,特此敬致谢忱。同时,我还要真诚感谢东京大学博士生王雯璐对本文文字的润色。

流传到朝鲜、日本等自古使用汉字的国家。

　　正如海老泽有道和村冈典嗣等学者的研究指明,明清时期来华传教士用汉文刊刻的书籍中有不少公然或者秘密地流传到江户时代的日本。例如,著名儒学者林罗山(1583—1657)、荻生徂徕(1666—1728),以及国学者平田笃胤(1776—1843)曾阅读过《天主实义》《坤舆万国全图》《畸人十篇》等。此外,《职方外纪》《泰西水法》《西方要记》等明代传教士的著作,以及《西洋新法历书》《历象考成·前后篇》等供职于清廷的传教士奉敕尽力编纂的清朝钦定书籍也广泛流传于江户时代日本学界。① 而且根据海老泽有道的著作和最近王雯璐的研究,这类从中国传来的西学书中的天主教书籍在宽永禁书令(1630)以后也很可能在日本学者之间流传。② 海老泽有道在《天主教关系汉籍江户时代流布本所在目录》所列举的1868年以前日本从中国所输入的相关西学书籍及丛书达170种以上。③ 不仅如此,甚至连兰学的先驱者青木昆阳(1698—1769)也曾不少利用《远西奇器图说》《历象考成·前篇》等明清汉文西学书。④

　　但是明清汉文西学书在日本的传播不仅限于江户时代,日本的汉文西学书接受史在明治开国以后实际上进入了新的阶段。在华基督教及天主教传教士所翻译与撰写的汉文《圣经》、汉文西学书在幕末日本广泛流传。⑤ 在明治维新以后,日本政府逐渐解除基督教禁教,巴黎外方传教会的传教士率先正式展开传教活动,主要在居留地(横滨、长崎、函馆、神户、筑地、新潟等)设立天主堂。巴黎外方传教会的传教士出版了许多天主教教义书,如宗座代牧珀蒂让

---

①　参见海老泽有道:《南蛮学统の研究:近代日本文化の系谱(增补版)》,创文社,1978年;村冈典嗣著,前田勉编:《日本思想史研究:村冈典嗣论文选》,平凡社,2004年。

②　海老泽有道:《南蛮学统の研究(增补版)》及王雯璐:《日藏西学汉籍研究初涉》(北京外国语大学硕士学位论文)2014年。

③　海老泽有道:《南蛮学统の研究(增补版)》,第301—317页。

④　海老泽有道:《南蛮学统の研究(增补版)》,第219—220页。

⑤　海老泽有道:《南蛮学统の研究(增补版)》,第351—360页。

(Bernard Thad,逐渐解除基督教禁教,巴黎,1829)根据从17世纪留传下来的"吉利支丹版"编纂了一批天主教教义书,这批广为人知的出版物被称为"珀蒂让版"。珀蒂让1865年在长崎大浦天主堂"发现"在禁教下维持信仰的长崎浦上村村民之后,企图使用日本天主教的传统用语编纂并复刊教义书。巴黎外方传教会的传教士罗兹(Marc M. de Rotz)因其擅长石板印刷的技术,应珀蒂让的邀请来到日本。① 上述21种珀蒂让版没有得到明治政府的允许,而是由罗兹利用石板印刷技术出版的。②

珀蒂让版不仅利用吉利支丹版,也采用从中国传来的汉文教义书为底本。珀蒂让版《炼狱说略》(1872)和《圣经理证》(1873)即为两个很好的例子。《炼狱说略》是上海慈母堂出版的《炼狱略说》(1871)的抄译,《炼狱略说》作者林问渔出生于天主教世家,加入耶稣会修道后,以司铎的身份在上海等地传教。③《圣经理证》以1852年出版的同名书籍为底本,并将原汉文改写成"书下文"(书き下し文,具体说明见下文)文体。汉文底本的作者是巴黎外方传教会传教士斯德范(Stephen Raymond Albrand,1805—1853),曾担任贵州代牧。

如上所述,珀蒂让版的一部分书籍采用清末汉文天主教教义书为底本。清末来华传教士出版的汉文教义书很多,这些也是与珀蒂让同时代出版的最新书籍,因此可以说明治时期在日本活动的传教士选择这类书籍作为底本是比较自然的行为。但是其实不仅珀蒂让版包含几种以明清时期天主教教义书为底本的书籍,珀蒂让版以外也有不少广泛流传于明治日本的明清时期汉文天主教教义书籍。

---

① 山崎浑子:《カトリック教会》,《宣教师と日本人:明治キリスト教史における受容と変容》,教文馆,第78页。

② 小岛幸枝:《キリシタン文献の国语学的研究》,武藏野书院,1994年,第3页。

③ 周萍萍:《从新发现的资料解读英敛之的早期思想》,吴昶兴主编:《再—解释——中国天主教史研究方法新拓展》,台湾基督教文艺出版社,2014年,第344页。

这些明清天主教教义书的翻译方式呈现多样化,不仅像江户时代一样以汉文原本的形式流传,还往往通过重版等经历各种变化后流传于世。

以往研究对这些明治时代重刊的明清天主教教义书,尤其有关其与汉文原本的异同,以及翻译方式多样化的历史背景等未给予足够关注。本文将以《圣教要理问答》《耶稣言行纪略》《真道自证》及《万物真原》为主要题材,试图阐明明清汉文天主教教义书在日本明治时代重刊的历史背景及意义。

一、珀蒂让版《圣教要理问答》:明治时代重刊明清天主教教义书之前驱

首先考察的珀蒂让版之一是由巴黎外方传教会的传教士皮埃尔·莫尼裘(Pierre Mounicou, 1825—1871)编纂的《圣教要理问答》(1865)。据《珀蒂让版集成》解说,该书以巴黎外方传教会的四川代牧冯若望(Jean de Saint-Martin, 1743—1801)的《圣教要理问答》为底本[①],是明治时代重刊明清天主教教义书的前驱。先行研究一般关注这部书采用书下文方式解读底本中的汉文。书下文与附加训点一样,是日本人读汉文的传统方式。附加训点是日本人自古采用的汉文解读方法,即汉文保持原状,汉文的旁边按照日本固有语法

---

① 参见《圣教要理问答:一八六五年(庆应元年)》,プティジャン版集成第 1 期(1865—1873 年),雄松堂书店,2011 年,以及中村博武:《宣教と受容:明治期キリスト教の基础的研究》,思文阁出版,2000 年。本文参考法国国家图书馆所藏版本(Chinois 7246),该部《圣教要理问答》未著明著者及出版日期,与《天堂直路》及《求诸己式》合缀。CCT Database 中《圣教要理问答》的出版日期为自 1582 年到 1840 年,也没有明确著者。依据 CCT Database 及马雷凯(Roman Malek)的著作,《天堂直路》以巴黎外方传教会神父的教义书(1776)为底本,出版于 1781 年前后。Roman Malek, *The Chinese Face of Jesus Christ: Volume 4a, Annotated Bibliography*, Leeds: Maney Publishing, 2015。《求诸己式》的著者及出版日期不明,CCT Database 中其出版日期为 1582 年到 1840 年。

用小字添上训点和送假名,读者能按照这些记号调整语序,将汉文转换成日文。书下文与附加训点一样保留汉文原文的词汇,但不是在汉文上附加训点,而是直接按照日语语法调整语序写成日语句子。

依中村博武所说,珀蒂让对将莫尼裘所重刊的《圣教要理问答》分发给长崎信徒表示为难,因为其保留汉文原文的文体及词汇,与长崎信徒们祖祖辈辈传承下来的文体及词汇差异很大,很可能给信徒们留下珀蒂让及其同辈所说的"一种陌生的教义"的印象。① 为了比较原文与珀蒂让版《圣教要理问答》,特将"初造世"一章的开头节录于下:

原文《圣教要理问答》之"初造世"	珀蒂让版《圣教要理问答》之《天地始マルの事》②
问:是谁造成了天地万物。	天地万物を造成せる者ハ谁ぞや
答:是全能天主。	是即全能有て天主と云ふ者也やと
问:是谁保全掌管。	天地を保存掌管するは如何成者にや
答:亦是天主。	是も亦天主に有
问:天主用什么作了万物。	天主何を以て万物を作なされて有か
答:原不用什么。	元いかにとても用ひ玉ふるなし

表格中用下划线标记的是珀蒂让版与底本原文不同的部分。总体来说,珀蒂让版与原文不同的部分不多,基本使用汉文底本的词汇,将原文改写成带平假名。由于珀蒂让版与原文的差异性很小,可以说其解读方式不是翻译,而是书下文。

但是珀蒂让版有独自补充的部分,即"玉ふる"等敬语表现。书下文一般不常使用敬语③,但是在珀蒂让版《圣经要理问答》中谈到天主时,经常添加"玉ふ"等敬语。依据姊崎正治、杉本つとむ的研究,吉利支丹版中日语固有的敬语表现极为突出,甚至可以说是"过

---

① 中村博武:《宣教と受容》,第4页。
② 虽然珀蒂让版的平假名在表中改为现行假名,实际使用变体假名。
③ 前田勉:《汉文训读体と敬语》,中村春作、市来津由彦、田尻佑一郎、前田勉编著:《「训读」论:东アジア汉文世界と日本语》,勉诚出版,2008年,第178页。

剩"。杉本也指出,日语中丰富的敬语表现可能给传教士留下深刻印象,所以他们在吉利支丹版中采用了敬语。①此外,珀蒂让版大部分汉字的右边还标有读音,例如在"天地万物""保存掌管""如何成者"的右边标有读音"てんちばんもつ""ほぞんせうかん""いかなるもの",这些读音都是音读方式的读音。其中有些词句同时在其左边也标有训读方式的读音,例如在"保存掌管"左边标有读音"まもり/たもち/つかさどり/おさむ"。音读和训读都是日本自古存在的汉字阅读方式,音读是模仿中国的汉字读音,训读是日本固有的读法。采用这种方式的目的,可以认为是使内容通俗易懂,这本身也是吉利支丹版的特征。

从整体来看,珀蒂让版《圣教要理问答》基本上保留汉文原文的文体及词汇,较为相近。但这部书同时也有一些日语化的要素,例如补充敬语及附加训读的读音,这可以说继承了吉利支丹版的既有倾向。

二、《耶稣言行纪略》:从汉文"翻译"成日文的教义书

日语化的倾向在另一部重刊的明清天主教教义书中更为明显。这就是巴黎外方传教会的传教士若望·玛利亚(Jean Marie Marin,1842—1921)重刊的《耶稣言行纪略》(以下简称《耶稣纪略》,1880)。若望·玛利亚来自法国的 Gibles,1866 年进入日本后在各居留地设置的教堂当主任司铎,为修建教堂等竭尽全力。他为了开拓传教地,果断开展的"旅行"也比较有名。若望·玛利亚在 1872 年 5 月从函馆出发,途中经过南部(岩手)、秋田、仙台(宫城)、羽前(山形)、新

---

① 姊崎正治:《切支丹宗教文学》,同文馆,1932 年,第 15 页。杉本つとむ:《近代日本語の成立と発展》,八坂书房,1998 年,第 444 页。

潟、会津(福岛)、上州等,于同年6月到达东京及横滨。①他除了重刊《耶稣纪略》以外,还自己撰写了《西教分派论》(1879)等书。这部书的主要内容是批评基督教(新教)、东方正统教会(希腊正教会)、俄罗斯正教会及主张天主教的正当性。

与此同时,若望·玛利亚还在筑地天主堂(建于1878)附属学校教授了原敬(后成为日本第19任首相,1856—1921)等日本青年。依据吉野作造所撰写的《原敬与天主教》,若望·玛利亚在天主堂学校不从事法语语言教学,而是重视讲授天主教教义,他教授时频繁利用了从中国输入的天主教教义书,尤其是《圣教明征》(万济国著)、《天主实义》(利玛窦著)、《三山论学纪》(艾儒略著)等明清汉文教义书。②

若望·玛利亚重刊的《耶稣纪略》由北纬日本圣会司教伯多禄玛利亚(Pierre Marie Osouf, 1829—1906)准印,在东京筑地圣心大堂出版。关于《耶稣纪略》,至今为止仅有比较简单的解说。其中笹渊友一做了比较详细的分析,他指出该书特别在敬语表现方面的日语化倾向比较强等。③但是目前不存在通过与其底本进行比对考察《耶稣纪略》特征的研究。因此本文首先将讨论日译《耶稣纪略》底本的问题,随后比较两者关系。

在日译《耶稣纪略》的序文中,若望·玛利亚称:"此《耶稣言行纪略》原来在汉土出版了。这部书是将四圣史之福音合在一起做成的。但是该书到处有从泰西之书所摄译而不直译的部分。"④他所谓

---

① "Voyage de' Hakodaté à Yocohama", *Les Missions catholiques*, Tome 247-253, 255-259, 261, 263, 265, 267-271, 275-276, 1874, pp. 105-106, 121-122, 134-135, 146-147, 155-157, 169-171, 182-183, 204-205, 217-218, 228-229, 241-242, 250-252, 280-281, 303-304, 329, 352-354, 365-366, 377-378, 390-391, 400-402, 453, 464-465.

② 吉野作造:《原敬と天主教》,《主张と闲谈》,文化生活研究会,1927年,第10—13页。

③ 笹渊友一编:《圣书编》,教文馆,1982年,第274—275页。

④ 若望·玛利亚译:《耶稣言行纪略》,出版社不详,1880年,序。

"在汉土出版"的书,无疑指为意籍来华耶稣会士艾儒略(1582—1649)的《天主降生言行纪略》(以下简称《天主纪略》)。《天主纪略》可谓"根据《圣经·新约》中《四福音书》译述而成的首部中文耶稣传记"①。最早对《天主纪略》底本进行考察的是钟鸣旦,根据其研究,《天主纪略》以路多弗斯(Ludolphus de Saxonia,1295—1378)所著《基督生平》(Vita Christi,1474)简本为主要底本。②潘凤娟做了进一步研究,指出:"基本上我们可以说艾儒略的《纪略》一书根据《基督生平》简本的大致章节顺序重新建构基督生平。但是仅撷取《基督生平》简本内容中所引用的福音书经文以中文重新叙述一次。"③

《天主纪略》之后在中国还出版了一种题为《耶稣纪略》的汉文文献。宋刚谈到罗马国家图书馆所藏的汉文《耶稣纪略》④时称,汉文《耶稣纪略》未标明编者及年代,但是从避讳角度看,"该刻本可能刊于道光年间(1821—1850)"⑤。宋刚将汉文《耶稣纪略》与《天主纪略》进行比较,得出《天主纪略》是《耶稣纪略》底本的结论,并称《耶稣纪略》"大体保留了原作的条目及内容",但是除在结构上与原本有所不同,《天主纪略》中"大部分注解、绝大部分'西史'资料,以及全部的按语论赞,在《纪略》中都不复存在",《天主纪略》体现的"经史相参、随处落注的学究式写作风格"在《耶稣纪略》中"已无迹可寻",而其文字方面"改变了原作的典雅之风,转而显露出通俗化的取向"⑥。

---

① 李奭学、林熙强主编:《晚明天主教翻译文学笺注》卷三,台湾"中研院"文哲所,2014年,第184页。
② Nicolas Standaert, "The Bible in Early Seventeenth Century China", in Irene Eber, Sze-kar Wan and Knut Walf(eds.), *Bible in Modern China: The Literary and Intellectual Impact*, Sankt Augustin: Monumenta Serica, 1999.
③ 潘凤娟:《艾儒略〈天主降生言行纪略〉的跨语言叙事初探》,《中国文哲研究集刊》第34期,2009年,第124页。
④ 关于这个罗马图书馆所藏的版本,潘凤娟教授对笔者惠赐了宝贵意见,特此表示感谢。
⑤ 宋刚:《从经典到通俗:〈天主降生言行纪略〉及其清代改编本的流变》,《天主教研究学报》2011年第2期,第236—237页。
⑥ 宋刚:《从经典到通俗〈天主降生言行纪略〉及其清代改编本的流变》,第238页。

宋刚同时注意到日译《耶稣纪略》，称这部书"似为艾儒略原作的又一种改编本"①。《耶稣纪略》的底本毫无疑问是《天主纪略》，但是《天主纪略》可能不是其唯一的底本。据笔者调查，日本国立公文书馆也藏有与罗马国家图书馆所藏汉文《耶稣纪略》同一版本。②为比较《天主纪略》、汉文《耶稣纪略》、日译《耶稣纪略》的章节标题，下面列出三者自第一章至"山上圣训"的标题（日译《耶稣纪略》大部分的汉字右边或左边标有读音，下表中省略读音。此外，《天主纪略》与汉文《耶稣纪略》之间的差异用双下划线标出，汉文《耶稣纪略》与日译《耶稣纪略》之间的差别用方框圈标出。下同）：

《天主纪略》	汉译《耶稣纪略》	日文《耶稣言行纪略》
卷之一	卷之一	卷之一
天主许生若翰将为前驱	天主许生若翰	天主若翰ノ生ルヽヿヲ许シ玉フ
圣母领天主降孕之报	圣母领报	圣母 天神ノ御告ヲ蒙リ玉フ
耶稣历代之祖		
圣母往见艾萨克伯尔	圣母往顾圣妇依撒伯	圣母圣妇エリザベットヲ见舞ヒ玉フ
圣若翰诞	圣若翰洗者诞	圣ジョアン洗者ノ诞生
天神示若瑟异胎之由	天神示若瑟异胎之由	天神ジョセフニ异胎ノ由ヲ告示シ玉フ

---

① 宋刚：《从经典到通俗〈天主降生言行纪略〉及其清代改编本的流变》，第212页。

② 日本公文书馆所藏资料（编号：内阁文库311-0106）。但是日本公文书馆所藏《耶稣纪略》与罗马国家图书馆所藏《耶稣纪略》之间有一些细微差异。例如罗马国图所藏本第七十叶之后一叶的版心页码为"七十二"，随后一叶为"七十一"。但是从内容来看，两叶应调换顺序。日本公文书馆藏本的该部分顺序没有颠倒。此外，罗马国家图书馆所藏本有部分被涂黑处，例如第七十叶（下）第三行到第六行"亦必为奸人矣"中的"为奸"、"婚姻之事如此则为婚姻也"中的"此则"、"此义岂人人能知者也"中的"也"，而日本公文书馆藏本没有被涂黑的部分。

续表一

《天主纪略》	汉译《耶稣纪略》	日文《耶稣言行纪略》
卷之一	卷之一	卷之一
天主耶稣降诞	耶稣圣诞	稣耶 御 诞 生
天神降谕灵迹叠见	天神降报牧童	天神 天 降リテ牧童ニ报 知 シ 玉フ
遵古礼定圣名	耶稣受割损礼	
三王来朝	三王来朝	
圣母献耶稣于圣殿	圣母献耶稣于主堂	圣母耶稣ヲ主堂ニ献ジ 玉フ
耶稣避居陀日多国	耶稣避居陀日多国	耶稣厄日多国ニ避居シ 玉フ
耶稣十二龄讲道	耶稣十二岁讲道	耶稣十二岁ニシテ道ヲ 讲义 シ 赐フ
卷之二	卷之二	
耶稣受洗示表	耶稣受洗	耶稣洗 礼 ヲ受ケ 玉フ
耶稣四十日大斋驱魔诱试	耶稣到旷野守斋	耶稣旷野ニ到リ 大 斋シ 玉フ
圣若翰再三证耶稣为真主	圣若翰再三证耶稣	圣ジョアン再三耶稣ヲ证ス
耶稣初招门徒	耶稣初招门徒	耶稣初テ门徒ヲ招キ 玉フ
婚筵示迹	婚筵示迹	婚 姻ノ席 ニテ 不思仪 ヲ示シ 玉フ
初净都城圣殿	初净都城圣殿	都城ノ圣殿ヲ净メ 玉フ
尼阁得睦夜访谈道	尼阁得慕夜访谈道	ニコデモス夜 分 访フテ道ヲ谈 话 ス
西加乞水化人	耶稣化西加城人	耶稣シカル城ノ人ヲ化 度 シ 玉フ
加理勒亚化众愈王子疾	耶稣化众愈王子疾	耶稣众 人 ヲ化 导 シ王子ノ疾ヲ愈シ 玉フ

续表二

《天主纪略》卷之二	汉译《耶稣纪略》卷之二	日文《耶稣言行纪略》
招四宗徒	招四宗徒	四宗徒ヲ招キ賜フ
命渔得鱼	命渔得鱼	渔ヲ命ジテ鱼ヲ得タリ
葛发翁诸圣迹	加法翁诸圣迹	カファルナラムノ诸圣迹
训责三徒	训责三徒	三徒ヲ训责シ玉フ
渡海止风	渡海止风	海ヲ渡テ风ヲ止メ玉フ
驱魔入豕	驱魔入豕	恶魔ヲ驱テ豕腹ニ入レ玉フ
起瘫证赦	耶稣痊瘫者	耶稣瘫者ヲ痊シ玉フ
招玛窦为徒	招玛窦为徒	マテヲスヲ招テ徒トナシ玉フ
葛发翁又救淋者、死者、瞽者、瘖者	耶稣又行多圣迹	耶稣又多クノ不思议ヲ行ヒ玉フ
瞻礼日起瘫喻人		瞻礼日ニ瘫者ヲ起シ人ヲ喻シ玉フ
耶稣自证真主逾异端	耶稣自证真主	耶稣自ラ真主ナルコヲ证シ玉フ
论食麦穗	论食麦穗	麦穗ヲ食ヘル事ヲ论ジ玉フ
瞻礼日起瘵者	瞻礼日疗瘵者	瞻礼日ニ瘵者ヲ疗治シ玉フ
立十二宗徒	立十二宗徒	十二宗徒ヲ立玉フ
卷之三		
山中圣训	山中圣训	山中ノ圣训
		(卷之一终)

从上表可以看出，日译《耶稣纪略》的标题虽然与《天主纪略》差异比较大，但是与汉文《耶稣纪略》差异较小。例如《天主纪略》"圣母往见艾萨克伯尔"一章，汉文《耶稣纪略》中加上"圣妇"一词，日译

---

① "コ"是"コト"的合字(也称为合略假名)。

《耶稣纪略》的该章标题中也有"圣妇"一词。

但是日译《耶稣纪略》与《天主纪略》及汉文《耶稣纪略》两者之间也有差异。"见舞ヒ""诞生""婚姻""不思仪""谈话""化度""化导""恶魔""疗治"等词汇不见于两种汉文文献。实际上，这些日译《耶稣纪略》中独特的词汇都能在《日葡辞书》(Vocabvlario da lingoa de Iapam com a declaração em Portugues，1603—1604)中找到。①《日葡辞书》由16世纪末进入日本传教的耶稣会传教士所编纂，收录了3万余条日语词汇，以葡萄牙语解释词义，所收的词汇以日常用语为中心。因此可以说日译《耶稣纪略》基本上使用传统的日常用语。

除标题外，正文中也多见与两种汉文本不同的用语，《耶稣纪略》能称为真正意义上以明清天主教教义书为底本的"翻译"书。不是通过保持原有词汇及调整汉文原文的语序而改写成日文，而是"翻译"成日文，这样的著作可以说是明治时代首次出现的产物。因为以前日常读写汉文的文化基本上仅限于以武士及僧人为中心的知识人，他们一般不翻译汉文，而是用"训读"的方式阅读汉文。

下表中对照比较三种文献中"招玛窦为徒"及"葛发翁又救淋者、死者、聋者、瘖者"部分的各个句子(日译《耶稣纪略》无标点，大部分汉字左右标有读音，下表中省略读音并加上标点。下同)。

"招玛窦为徒"(全文)：

《天主降生言行纪略》	汉译《耶稣言行纪略》	日译《耶稣言行纪略》
招玛窦为徒	招玛窦为徒	マテヲスヲ招テ徒トナシ玉フ
宗徒玛窦,初名肋味,海滨司税吏也,人咸鄙焉	宗徒玛窦,初名肋味,海滨司税吏也,人咸鄙焉	宗徒ナリケル玛窦,初ノ名ハ肋味ト云テ,海滨ニテ运上ヲ取立ツル┐ヲ司レル役人ニテ,人々ニ鄙メラレタル人ナリ

---

① 参见土井忠生、森田武、长南实编译：《日葡辞书：邦译》，岩波书店，1980年。

续表

《天主降生言行纪略》	汉译《耶稣言行纪略》	日译《耶稣言行纪略》
一日,耶稣过,而目之曰,尔宜从我	一日,耶稣过,而目之曰,尔宜从我	或日,耶稣 経歴ノ折柄,コレヲ視 玉ヒテ,尔宜シク我ニ 随従 セヨト 宣ヒテ
又内照其心	又内照其心	又モ其人ノ心ノ中ヲ照シケレバ
一闻呼,便弃俗务,投入圣门	一闻呼,便弃俗务,投入圣门	一度呼 玉フ御声 ヲ聞テ, 塵俗 ノ務ヲ 抛チ 弃テ,圣門ニ入リタリ
因具宴以歆耶稣及诸徒,邀同辈与焉	因具宴以歆耶稣及诸徒,邀同辈与焉	依テ 宴ヲモウケテ耶稣ヲ 飨応奉リ, 御弟子ト同僚 ドモハ 倍食ノ席ニ 与リタルニ
或窃厌之,耶稣知其隐,责曰,医,医病者,不医不病者	有人窃厌之,耶稣知其隐,责曰,医生医病者,不医不病者	其内ヒソカニ 忌厌フ 人ノアリケルヲ,耶稣ハ 早クモ 其 密念 ヲ知ロシメシテ,责玉フヤウ,无病ナル者ハ医者ノ 疗治 ハイラザレドモ,病人ハ医者ノ 疗治 ノイルモノナリ
此人似不善,我将医之	此人似不善,我将医之	此人ハ不善者ニコソ似タルナレバ,我コレヲバ 疗治 スベキナリ
尔不闻经云,与丰于祭,宁慈于人	尔不闻经云,与丰于祭,宁慈于人	尔等 経文 ニ云ルヿヲ聞ザルヤ, 祭典 ニ丰カニナスヨリモ,人ニ 慈心 アレ
与人为善也,宜不择人	于人为善也,宜不择人乎	人ノ为ニ 善根 ヲ行フニハ,人ヲ择バザルベキナリト

"葛发翁又救淋者、死者、瞽者、瘖者"（摘抄）：

《天主降生言行纪略》	汉文《耶稣言行纪略》	日文译《耶稣言行纪略》
葛发翁又救淋者、死者、瞽者、瘖者	耶稣又行多圣迹	耶稣又多クノ 不思议 ヲ行ヒ 玉フ
葛发翁城有尊者，泣跪耶稣前曰，我仅一爱女，年十二矣，病剧濒死，求往救之	加法翁城有尊者，泣跪耶稣前曰，我仅一爱女，年十二矣，病剧垂死，求往救之	カファルナラム府ニ一人ノ尊者アリ， 号泣 シツヽ耶稣ノ 御前 ニ跪キテ，我一人ノ爱女アリテ，今年渐ク十二岁ニナリツルガ，剧病ニ侵サレテ死スルニ 近ク候ヘバ， 何卒 コレヲ救ヒ 给ヘ ト 愿 ヒ出タレバ
耶稣往，从者如归	耶稣往，从者如归	耶稣其家ニ往 玉フ ニ，从ヒ 奉ル 者 殊ニ多クアリ ケリ
行次，一女人患血漏十有二载，因于医药，思手点耶稣之衣必愈	行时，一女人患血漏十有二载，因于医药，思手摸耶稣之衣必愈	其道ニテ ，一女人アリシガ此者ハ血漏ノ 病 ヲ患ヒテ十二年ヲ 经タレ ドモ，医药ノ シルシサヘナカリケレ バ，已レノ手ヲモテ耶稣ノ 御 衣ニ触ナバ必其病ノ愈ナンコヲ思ヒ
遂奋力蹑耶稣后，潜以手微点圣衣，即觉身安血止	遂奋力蹑耶稣后，潜以手微摸圣衣，即觉身安血止	遂ニ力ヲ奋ヒテ耶稣ノ后ヲ 追ヒ奉リ ，手ニテ微シク 御衣 ニ触タリケレバ， 身体 モ安ラカニナリ血モ止リシ样ニ觉ヘキ
耶稣询众曰，谁点我衣者	耶稣询众曰，谁摸我衣者	耶稣 此时 ，吾衣ニ触タルハ谁ナルゾヤト 众人 ニ询 玉ヒ タルニ
伯铎罗及诸从者曰，稠人杂踏，何止问点衣哉	伯多禄及诸从者曰，稠人杂踏，何止问摸衣哉	ペトロ其外ノ诸从者达ハ云フ样， 多人数 ノ杂踏ニ 候バ ，何ゾ衣ニ触タル者ノミヲ问 玉フ ニヤト

续表

《天主降生言行纪略》	汉文《耶稣言行纪略》	日文译《耶稣言行纪略》
耶稣曰,必有点我衣者,自觉我能通于有形之外也	耶稣曰,必有搉我衣者,自觉我能通于有形之外也	耶稣 宣ヘル 样,必シモ我衣ニ触タル者ノアルベキ也,ソハ我レヨリ 病者ヲ愈ノ奇特 出タリト知リ 通ジタルゾト 仰 ニ
女人乃战栗拜耶稣前,备道其故,求赦	女人乃战栗跪耶稣前,诉告其故,求赦	彼女人ハコレヲ闻テ战キ栗ヒ耶稣ノ御前ニ跪キ, 详ニアリシ事共ヲ 诉ヘテ,赦 玉ハン ヲ愿ヒケレバ
耶稣顾之曰,尔毋恐,即尔信,已能保尔愈矣	耶稣向之曰,尔毋恐,即尔信,已能保尔女愈矣	尔ヨ恐ルマジ,尔ノ 信仰 ニヨリテ,尔ノ 全快ヲ许タリ ト 宣ヒ タルニ
女果永愈	女果永愈	其女人ハ果シテ 其时ヨリ 病气全快シテ 永ク 发ラザリキ

日译《耶稣纪略》中"运上(运上)""取立て""役人""经历""折柄""弟子""慈心""善根""殊に""シルシ(验)""身体""多人数""奇特""信仰""病气"等词不见于两种汉文文献。这些词汇也能见于《日葡辞书》。

这些在日译《耶稣纪略》章节标题及正文中采用的词汇中,含有"不思议""谈话""化度""化导""慈心""善根""奇特""信仰"等多数日常化了的佛教语。这种现象在吉利支丹版中也经常看到。[1]而且日译《耶稣纪略》中与《圣教要理问答》一样屡次出现"玉フ""赐フ""奉ル""宣フ""仰""御声""御前""御衣"等敬语。如上所述,这也是频繁见于吉利支丹版中的倾向。

---

[1] 尾原悟编:《コンテムツスムンヂ(キリシタン文学双书)》,教文馆,2002年,第296页。

另外，日译《耶稣纪略》不仅在大部分的汉字词汇右边标有读音，在《圣经》中的人名、地名等译名的左边也标有读音。例如对于"若翰""如德亚国""黑落忒""匝加里亚""依撒伯"等译名，以下划线标记出来，并用片假名注上"ジョアン""ジュデヤ""ヘロデス""ザカリア""エリザベット"等读音。但有一个现象颇有意思：各个专有名词第一次出现时用汉字表现，同时附上片假名读音，第二次以后出现时则仅用片假名写出来。现在一般认为日语中用片假名表现从西洋输入的新概念这一习惯最早出现于江户中期，进入明治时期以后逐渐扎根。比较早的例子可以追溯至熟悉海外事情的学者新井白石(1657—1725)及兰学者。若望·玛利亚翻译的《耶稣言行纪略》可以说也受到江户中期以来出现的这一新习惯的影响。

但是日译《耶稣纪略》不仅反映吉利支丹版及兰学的影响，也存在明显的汉语化倾向。吉利支丹版在使用天主教用语时，一般采用其葡萄牙语的发音，例如"あにま"(anima)、"あんじょ"(anjo)、"くるす"(crus)、"みすてりよ"(mysterio)、"おらしよ"(oratio)、"はらいそ"(Paraiso)、"びるぜん"(virgem)等。但是这些用语在日译《耶稣纪略》中都采用其汉字词语及其发音，例如"灵魂""天神""十字架""秘迹""祈祷""天国""童贞"等。因此可以说在日译《耶稣纪略》中日语化的同时，汉语化倾向也很显著。

三、三岛良忠重刊教义书："哲学"转向

珀蒂让版及日译《耶稣言行纪略》之后在日本重刊的明清天主教教义书，大部分经三岛良忠之手。三岛良忠的生平不详，但从他所重刊的《真道自证》(1886)、《万物真原》(1886)等明清天主教教义书①，

---

① 三岛良忠担任编辑及发行的天主教月刊《天主之番兵》中也将《圣记百言》以书下文的方式刊载，连载于《天主之番兵》第 102 号(1885 年 12 月 1 日)至第 106 号(1886 年 4 月 1 日)。《圣记百言》的底本是意籍耶稣会士罗雅谷（转下页）

以及他所出版的《公教新教两歧问答》(Antoine de Cournand 著，广濑源八译，1886)、日本早期天主教月刊杂志《天主之番兵》(1885—1889)等可以了解到一些信息。三岛良忠(有时也自称"三嶋")原籍岐阜县，后来来到东京，受洗入教，教名为"方济各"(Francisco)，有时也自称"三岛方济各玛利亚"。

据《真道自证》刊记页所记载，三岛良忠的居住地或者他所主导的出版社公友社的地址在东京筑地新荣町七丁目一番地。"新荣町"是筑地明石町外国人居留地中央大街的旧称。据负责筑地天主堂看守的石川音次郎讲，筑地天主堂的地址在明治时代被称为"明石町"之前，被称为"新荣町三丁目"②，可能很靠近三岛良忠的居住地或者公友社。此外，三岛良忠不仅与巴黎外方传教会传教士利涅尔(François-Alfred-Désiré Ligneul, 1847—1922)合作编辑及发行《天主之番兵》，而且在《天主之番兵》上连载由利涅尔口述、三岛良忠笔记的题为《天主公教要论》的一系列文章。《公教要理》和《公教证略》的内容，尤其是其攻击新教、东方正统教会(希腊正教会)、俄

(接上页)(Giacomo Rho, 1592—1638)的著作。《天主之番兵》所刊载的《圣记百言》未写明译者名。《天主之番兵》第 102 号(1885)所刊登的《圣记百言》的开头部分及其原本对应部分的内容如下：

原文《圣纪百言》	日文译《圣记百言》
一、持敬讲绎。天主经书及天神圣人圣物而赞颂之	一、敬を持ちて。天主经书及ひ天神圣人圣物を讲绎して之を赞颂せよ
二、在众友中，减言寡语	二、众友の中，に在りてハ言を减し语を寡ふせよ
三、身在友朋，间常当自饬威仪	三、身朋友の，间に在りてハ常に自ら威仪を饬ふへし

日文译《圣记百言》所使用的词汇与原文几乎完全相同。但是大部分汉字词句的左边有日文译语。例如在"讲绎""赞颂""户墉""突""威仪""关切""美行""卑""玩弄"的左边有"はなしたつぬる""ほめる""まど""けむだし""なりふり""かゝわる""よきおこなひ""いやしきもの""もてあそぶ"等日文译语。《天主之番兵》第 102 号，明治十八年(1885)12 月 1 日，第 57 页。

② 石川音次郎：《东京筑地记忆录》，私家版，1942 年，第 14 页。

罗斯正教会,以及为天主教("公教")辩护的主张,也明显受到若望·玛利亚所撰写的《西教分派论》之影响。以此来看,他与巴黎外方传教会传教士之间的关系特别密切。

三岛良忠在重刊《真道自证》《万物真原》时为其附加了训点。附加训点是日本人自古采用的汉文解读方法,即汉文保持原状,汉文的旁边按照日本固有语法用小字添上训点和送假名。读者能按照这些记号调整语序,将汉文转换成日文。《真道自证》原底本是法籍来华耶稣会士沙守信(Emeric Langlois de Chavagnac, 1670—1717)的著作,《万物真原》原底本是艾儒略的著作。三岛良忠为底本的汉文附加レ点、一二点、上下点和甲乙点等训点,用片假名添上送假名,其中还用到合字(ㄱ、Ⅰモ、〆等)。①

三岛良忠采用这种办法的意图何在?如前所述,三岛良忠与巴黎外方传教会传教士之间关系很密切,除此之外,在他主办的杂志《天主之番兵》上所刊载的天主教书籍类出版广告中,能看到《耶稣言行纪略》及珀蒂让版《圣经理证》《圣教要理》等书目。②该《圣教要理》(1885)是珀蒂让所撰写的《圣教初学要理·信徒之解》的重刊本③,后来三岛良忠所出版的《公教要理》(1887)以《圣教要理》为其原底本。因此可以说三岛良忠虽然熟悉《耶稣纪略》及珀蒂让版等,但还是采用了保持汉文原状的方式。广告中对《公教日课》《耶稣言行纪略》《圣教要理》《圣经理证》加以解说称"想要了知天主大道的人不可不置于座右",可知《耶稣纪略》等书的主要对象为天主教信徒。这与刊载于同一广告中对三岛良忠所重刊的《万物真原》及《真道自证》两本著作的介绍形成鲜明对照。《万物真原》及《真道自证》

---

① 但是他也用片假名给《圣经》中的人名及地名等专有名词标明读音,例如对于"亚当""厄娃""若翰""如德亚"等名同时用片假名注上"アダン""エワ""ジョアン""ジュデヤ"等读音。

② 例如在《天主之番兵》第 107 号(1886 年 5 月 1 日)所刊载的广告中,《耶稣言行纪略》为"和装中本绘图入,全四册定价金六十钱"。

③ 伊藤敦子:《日本におけるカトリック要理の歴史を辿る》,《南山大学图书馆カトリック文库通信》第 14 号,2000 年,第 4 页。

的介绍文称:"这两本著作的原本是中国书籍,因用白文写而比较难读,所以这次附加训点出版了。各位如果对于哲学有志向,必须将这部书置于座右。"①由此可见,三岛良忠所设想的《真道自证》及《万物真原》的读者不限于天主教信徒,他更期待这两本书在"对于哲学有志向"的知识人之间广泛流传。当然,"哲学"是日本学者西周(1829—1897)在其《生性发蕴》采用为 philosophy 之译语之后传播于东亚地区的新词语②,三岛良忠也很可能意识到这一当时引领时代的社会思潮而试图向其靠近。

　　三岛良忠不仅重刊明清天主教教义书及担任编辑出版,他自身也撰写了《公教证略》(1880)、《公教要理》等天主教著作。三岛良忠在这两本书的各处使用明治时代以后通用的新词语,例如"建设""建筑""基础""组织""传播""报道""政府""自由""抵抗""抑制""开明""进步""人类""宗教""思考""精神""野蛮""幸福"等。尤其是"幽瞑界"在当时日本知识人之间有特别的含义。三岛良忠在《公教要理》序文使用了该词语,他在此序文中主要为从事"宗教"的意义辩护,以"在幽瞑界上费尽思虑"为"宗教"的主旨。此"幽瞑界(或"幽冥界")"是国学者平田笃胤在其文章中频繁提到的概念,指死后世界。他提倡日本人需要保有不被鬼神妖怪的假象蒙住眼的坚固"大倭魂",为此各人需要对"幽冥界"进行深刻探究。③平田笃胤关于"幽冥界"的研究对于后代学者,例如井上圆了(哲二郎,1858—1919)等有关"妖怪""幽灵"的研究影响深远。三岛良忠使用"幽瞑界"的背后无疑受此种新思潮的影响。

---

① 在该广告中,《万物真原》为"洋装小本全一册,定价金六钱",《真道自证》为"洋装小本全一本,定价金三十钱"。
② 关于西周采用"哲学"为 philosophy 的译语,参见高坂史朗:《西周の「哲学」と东アジアの学问》,《北东アジア研究》第 14—15 号,2008 年,第 151—167 页。
③ 关于平田笃胤的"幽冥界",参见星山京子:《新たな知性の诞生:平田笃胤考察》,《日本思想史学》第 26 号,1994 年;原武史:《出云神道と国家神道》,《东洋学术研究》第 40 卷第 1 号,2001 年,第 178—193 页。

结　　语

进入明治时代之后,巴黎外方传教会的传教士企图向日本社会传播天主教教义时,特别重视从中国输入的明清天主教教义书。他们在重刊这些书籍时利用原本的汉文天主教用语,同时加以各种日语化的工夫,例如对天主、耶稣、圣母等的动作补充敬语表现,以及采用包括不少佛教语在内的日常语。采取该种方式的目的可以认为是使内容通俗易懂,此"日语化""通俗化"的倾向至《耶稣纪略》到达顶点。若望·玛利亚等传教士为"日常化""通俗化"采用的各种方式,承接了传教士将葡萄牙文及拉丁文的天主教书籍翻译成日文的吉利支丹版时的传统。另一方面,用片假名表现从西洋输入的新概念等方式自江户时代至明治时代逐渐扎根,《耶稣纪略》等可以说也受到这一新习惯的影响。因此可以说,明治时代重刊的明清汉文天主教教义书反映着日本自古以来直至江户时代的吸取和翻译外来文化之经验。

图一　筑地天主教堂于1923年关东大震灾中被全部烧毁之前的老照片
（石川音次郎《东京筑地记忆录》所载）

但是明治时代重刊的明清汉文天主教书之特征不止于此。继承珀蒂让版、若望·玛利亚等事迹并为汉文天主教书重刊事业尽力的三岛良忠虽然熟悉珀蒂让版及若望玛利亚所翻译的《耶稣纪略》，但他在重刊《真道自证》及《万物真原》时毅然选择附加训点、保持汉文原状的方式。这体现了三岛良忠试图利用汉文——知识人之通用语的侧面，背后显然有以"哲学"为代表的新时代思想潮流的影响。

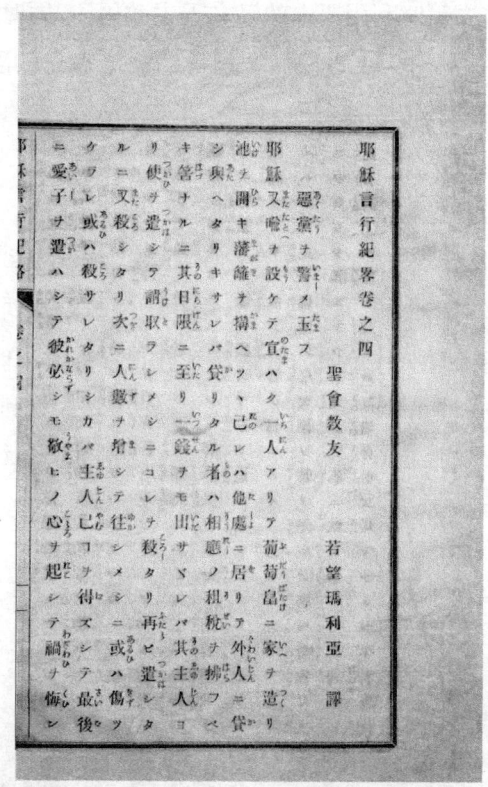

图二 《耶稣言行纪略》卷之四第一页（笔者所藏）

中国与日本之间的传教士印刷出版事业[*]

——比较互动的视阈

日本东京大学人文社会系研究科　王雯璐

引　言

中日两国的天主教传教一般认为分别始于1549年沙勿略（Francisco de Xavier）登上日本鹿儿岛，以及1583年罗明坚与利玛窦定居中国内陆。以耶稣会士为主体的天主教传教士在两国都开展了印刷出版事业，有所谓天主教文献（日本称吉利支丹文献，详见下文）流传至今。中日两国学者对其本国传教士印刷出版事业的研究都有相当积蓄，本论文的目的则在于将至今一直在不同国家，以及学术领域展开研究的中国天主教文献及日本吉利支丹文献置于同一视野当中，从比较互动的视野来讨论两国以耶稣会士为中心的传教士印刷出版事业。

一、天主教东亚早期活动及其出版

"刊书传教"是明末入华的天主教会传教士所采用的一大重要

---

[*] 本文基于2019年3月于广州中山大学"中国与日本之间的西学"国际学术会议上宣读的论文修改而成。感谢与会各位老师提出的问题及宝贵意见。

传教手段,传教士与中国文人共同合作创作、翻译,促使了中国历史上最早的一批西学文献的出现。以耶稣会士为主体的入华传教士较早就意识到在中国通过刻书传播教义的重要意义。利玛窦在1608年3月8日致总长阿桂委瓦(Claudio Acquaviva)神父的信中,介绍《几何原本》《浑盖通宪图说》的出版、《天主实义》多次再版,以及《畸人十篇》广受欢迎时写道:"因此,我尽量让所有神父都研习中国书籍,并学会用中文写作。因为在中国,书籍的作用比语言要大,这确实是一件令人不可思议的事。"①在1609年2月15日致远东副省会长巴范济(Francesco Pasio)的信中,作为中国传教能有获得丰硕成果的理由,利玛窦也谈到利用书籍传教:"我们的圣教或者说是圣教的美名借助已刊印的这四五本书的力量而广泛传播,而此前我们只是用嘴宣传,或采取别的什么方式。由此我发觉,如果没有这些书籍,中国人会认为我们的圣教言过其实。这种手段我们只在中国使用,而其他任何一个东方国家都没有。我可以向您保证,如果我们能把天主教中的所有东西都准确地写入书中,那么中国人便会在这些书的感召下主动来壮大我们神圣信仰的队伍。即便是我们的神父不在他们中间的情况下,也能使那些已归信天主的教友坚定信念。"②

由于中国领土广、各地区方言不同,再加之中国存在非常悠久的印刷出版传统,先行研究中多提及刊书传教在中国的特殊意义,而较少注意到天主教传教士在其他地区的出版,并与其进行比照。余安道(Antoni Üçerler)指出,实际上若把这一时代天主教传教士在世界其他地区的活动纳入视野,可以看到印刷出版其实是各地区早期传教的一项共通事业。参与中国早期传教的人士进行书籍出版时主要借用中国已经成熟的木板印刷技术,与此相对,在亚洲的印度、日本、菲律宾,美洲大陆的墨西哥、秘鲁等地,传教士们在带去

---

① 利玛窦著,文铮译,梅欧金校:《利玛窦书信集》,商务印书馆,2018年,第302页。

② 利玛窦著,文铮译,梅欧金校:《利玛窦书信集》,第336页。

书籍的同时，也同时带去了西欧式的印刷机及必要的金属活字。①1613年10月13日，日本耶稣会士麦士奇塔（Diogo de Mesquita）致总长的信中可以读到在日本活动的传教士对印刷出版重要性的认识："在迫害持续且神父们不能自由出入非基督徒领主国家的情况下，我们所印刷出版的书籍起到了非凡的效果。这决不是夸张。因为这些书籍可以替代我们传教士进行传教，不论是受到迫害的人还是没有受到迫害的人，都可以（通过这些书籍）滋养和强化信仰。"②

在上述各传教士开展印刷活动的地区当中，日本可以说是和中国联系最为密切且最具可比性的地区。首先因为两国印刷出版事业起步的时间较为接近，中国第一部天主教文献一般被认为是1584年出版的罗明坚的《天主实录》，而日本的印刷事业起步于1590年印刷机被设置在加佐津的神学院。同时，与同属亚洲地区的印度相比，中国和日本在语言上较为单一，在考虑书籍翻译过程及传播等情况时，两者存在一定的比照意义。

二、天主教·吉利支丹文献概况

明清时代出版的天主教文献的收集、整理、公开事业近十数年来取得极大进展。③鲁汶大学中国天主教文献数据库（Chinese

---

① 余安道（ウセレル・アントニ）：《大航海时代のアジアとアメリカ大陆における宣教师の印刷事业》，浅见雅一编：《近世印刷史とイエズス会系「绘入り本」》，庆应义塾大学文学部，2014年，第15页。

② 余安道：《大航海时代のアジアとアメリカ大陆における宣教师の印刷事业》，第20—11页。

③ 收藏在欧洲和中国的西学汉籍中的一大部分近年来已经陆续通过影印的形式得以重新问世：《徐家汇藏书楼明清天主教文献》（全5册，方济出版社，1996年）、《耶稣会罗马档案馆明清天主教文献》（全12册，台北利氏学社，2002年）、《法国国家图书馆明清天主教文献》（全26册，台北利氏学社，2009年）、《徐家汇藏书楼明清天主教文献续编》（全34册，台北利氏学社，2013年）、《梵蒂冈图书馆藏中西文化交流史文献丛刊（第一辑）》（全44册，大象出版社，2014年）。

Christian Text Database)的中文文献部分已收录有约 1050 条数据。①自罗明坚的《天主实录》出版起,天主教传教士的印刷出版事业虽然有所起伏,但至 19 世纪从未完全中断。作为主体的耶稣会士之外,方济各会、多明我会、奥古斯丁会、巴黎外方传教会、遣使会等随后进入中国的修道会皆加入这一事业,积极地开展印刷出版。有关天主教文献的总体概况,近年出版的各部丛书的前言等已经有较为详细的介绍,此处不再赘言,本章重点介绍中文学界还不太了解的日本吉利支丹文献概况。

天主教传教士在日本的印刷出版物根据范畴及其所包含的内容不同存在不同的指称。其中"吉利支丹文献"②是一个较为宽泛的概念,是包括印刷出版的"吉利支丹版",以及以写本流传的"吉利支丹资料"的总称。③本报告主要涉及的对象是其中以刊本形式流传的吉利支丹版。吉利支丹版又根据出版地、印刷出版手段等不同存在广义理解及狭义理解。广义理解泛指 16—17 世纪用于日本传教的出版物,包括耶稣会士在罗马、里斯本、澳门印刷的书籍,以及多明我会士在马尼拉及罗马刊行的出版物。④狭义理解指 16 世纪末起至 1614 年基督教徒被驱逐出境为止,耶稣会士使用从欧洲带来的印刷机在日本国内为传教所刊行的出版物。⑤

---

① Ad Dudink & Nicolas Standaert, Chinese Christian Texts Database (CCT-Database)(http://www.arts.kuleuven.be/sinology/cct), "ABOUT CCT-DATABASE";最终访问 2019 年 9 月 29 日。

② 吉利支丹是葡萄牙文 christão 一词的音译,不同时代、不同立场的人使用不同的汉字用来记录这一发音,其他汉字表示还包括"切支丹""鬼利至端""贵理志端"。

③ 小岛幸枝:《キリシタン文献の国语学的研究》,武藏野书院,1994 年,第 1 页。

④ 小岛幸枝:《キリシタン文献の国语学的研究》,第 1 页。豐岛正之编:《キリシタンと出版》,八木书店,2013 年,第 2—3 页。

⑤ 小岛幸枝:《キリシタン文献の国语学的研究》,第 1 页。折井善果:「キリシタン版の研究からわかること——和书と洋书のあいだ」,德永聪子编:《出版文化史の东西——原本を读む乐しみ》,庆应义塾大学出版会,2015 年,第 98—99 页。

由于根据对吉利支丹版定义的不同,各研究中采取的计算方式和所得数据有所差异。根据目前最新的研究,有实物传世的吉利支丹版如文末附表一所列出,共41种。①但需要注意,这里面也包括断简,如果去掉断简则共计为34种。

各先行研究对吉利支丹版的分类也不同。如文末附表一中吉利支丹版被分为"语学书""教理书""修德书""典礼书""文学书"五类。②另有研究将吉利支丹版分成"语学书""文学书""宗教书"三类③,其中"语学书"包括辞典及语法书,"文学书"包括《平家物语》《伊索寓言》等东西方文学经典,"宗教书"还可进一步细分为"教理书""修德书""信心书"。④整体上来说,研究者倾向于把书籍按照是否直接与天主教信仰有关分为"教内"与"教外"两大类,"语学书"与"文学书"都属教外书籍,需要注意的是,在日本出版或与日本传教有关的出版物当中,没有相当于中国天主教文献中如《天学初函》"器编"所收的科学类书籍,但有少数科学类书籍以写本的形态流通。⑤

若论吉利支丹版与中国的关联,这41种吉利支丹版中有5种收藏于中国国家图书馆,且其中2种仅有中国国家图书馆藏本。过往的研究对在中国出版的天主教文献流传日本多有言及,但对日本出版的吉利支丹版流通至中国的情况少有介绍。调查目前国图所藏的日本吉利支丹版何时通过何种途径进入中国,或将有助于进一步明晰中日早期天主教文献在两国间的流通及相互影响。

---

①② 豊島正之编:《キリシタンと出版》,附录第1—6页。

③ 小岛幸枝:《キリシタン文献の国语学の研究》,第9页。折井善果:《キリシタン版の研究からわかること——和书と洋书のあいだ》,第100—102页。

④ 折井善果:《キリシタン版の研究からわかること——和书と洋书のあいだ》,第101—102页。

⑤ 近年来发现的16世纪末期在日本的耶稣会学院曾作为教材使用的《讲义要纲》(*Compendium*)中就包含天文学方面的知识,存在拉丁文本及日文本,目前还能看到日本人小林谦贞(1601—1684)在17世纪后期基于该书第一部分"天球论"著成的《二仪略说》。上智大学キリシタン文库监修、编集:《イエズス会日本コレジヨの讲义要纲(コンペンディウム)》,大空社,1997年。

三、中日之间的天主教·吉利支丹文献

余安道曾在研究中指出从比较的角度来研究中日天主教史存在其内在及外在合理性。首先,有不少传教士在中日两国都有活动,如巴范济和陆若汉;此外,两国传教都受到范礼安理解的影响,范礼安认为两国文化类同性高,可以采取同样的传教策略;另外,两国教会发展过程中的联系也不可忽视,如中国在1623年才从日本副省区独立出来,两国传教士也在共同的据点澳门有定期交流;同时,中国文化长期以来对日本有着深厚影响,两国在语言、宗教、儒家思想、伦理等各方面都有着千丝万缕的联系。①

伴随着两国天主教会发展所产生的出版物在上述背景之下自然也不会毫无关系。迄今学者已经对天主教·吉利支丹文献在中日之间的互动从以下三个角度展开研究:(一)日本吉利支丹文献对中国天主教文献编纂及出版的影响;(二)天主教·吉利支丹文献的比较研究;(三)中国出版的天主教及西学文献在江户时代日本的流通与接受。

第一个角度的代表有梅谦立对范礼安《日本教理书》(*Catechismus Christianae Fidei*)及对利玛窦《天主实义》创作影响的研究。②关于第二个角度,日本研究吉利支丹版的学者很早就开始关注在中国出版的天主教文献,并尝试进行比较研究。小岛幸枝在其从日本国语学角度对吉利支丹文献进行全面研究的著作中特别辟出"中国语资

---

① Üçerler. M.Antoni. ed., *Christianity and Cultures: Japan & China in Comparison*, Institutum Historicum Societatis Iesu, 2009, pp.2-3.

② Thierry Meynard, "The Overlooked Connection between Ricci's *Tianzhu Shiyi* and Valignano's *Catechismus Japonensis*", *Japanese Journal of Religious Studies* 40/2(2013), pp.303-322. 他在"中国与日本之间的西学"国际学术会议上所宣读的有关戈麦斯(Pedro Gómes)《讲义要纲》(*Breve Compendium*, 1593)对艾儒略《性学觕述》(1646)影响的论文也属此类。

料"部分,收录了从翻译语词角度比较日本的《圣教要理》(《どちりいなきりしたん》)与多明我会士在马尼拉出版的汉译《圣教要理》(Doctrina christiana en letra y lengua china,1605),及耶稣会士在中国出版的《念经总牍》(1628)的研究。①第三个角度的研究成果较前两者更为丰富。思想史家伊东多三郎早在 20 世纪 30 年代就出版了长文,探讨作为禁书的天主教文献在江户时代的阅读流通情况。此后基督教史家海老泽有道、科技史家吉田忠分别于 20 世纪 50 年代及 80 年代率团队对日本国内所收藏的中国天主教文献进行调查并出版了目录。研究汉籍在江户时代流播的大庭修的研究也为了解天主教文献进入日本提供了不少有用的信息。②笔者基于上述前辈学者的研究对日本一部分藏书机构所藏的天主教文献进行了更为细致的版本调查,对这批文献在日本江户时代的流通情况有了更具体的把握。③同时,随着欧洲所藏天主教文献公开于世,与日本所藏文献的版本比较研究也得以展开,可以发现日本所藏文献中有不少极为珍贵的罕见刊本。④

① 小岛幸枝:《キリシタン文献の国语学的研究》,第 383—433 页。
② 伊东多三郎:《禁书の研究》,《历史地理》第六十八卷第四号第五号。大庭修:《江户时代における中国文化受容の研究》,同朋舍出版,1984 年。基督教史学会编,海老泽有道督修:《日本基督教史关系和汉书目录:1590—1890》,文晁堂书店,1954 年。吉田忠:《イエズス会关系著译书所在调查报告书》,东北大学文学部附属,1988 年。
③ 分析基于笔者 2013 年 9 月至 12 月对日本内阁文库、静嘉堂文库、蓬左文库、东洋文库、京都大学、关西大学、天理大学、早稻田大学这八所主要汉籍藏书机构所藏的西学汉籍进行实地调查,涉及文献共 478 种(其中刊印本 288 种,抄写本 190 种)、150 余种不同书籍。其中 153 种根据序跋、藏书印、收藏机构历史藏书记录等信息可以初步判断为江户时代流通的书籍。笔者所谓江户时代流通指:一、江户时代船载进入日本的刻本;二、江户时代藏书机构、学者所收藏的刻本、写本;三、江户时代人所传抄本。这 153 种中,写本占多数,为 84 种,刊本为 69 种,可知天主教及西学文献在江户时代更多的是以写本的形式流通。王雯璐:《日藏西学汉籍研究初涉——以日本八所主要汉籍藏书机构为中心》(未刊),北京外国语大学硕士论文,2014 年。
④ 永富青地:《尊经阁文库所藏の明版〈圣朝破邪集〉》,《汲古》71,2017 年,第 30—35 页。王雯璐:《〈天主实义〉の初期刊本とその改订をめぐって》,《或问》2017 年第 31 号,第 2—11 页。

作为直接的比较研究,上述第二个角度应当说最为重要。随着长期以来对天主教文献及吉利支丹版底本判定研究的进展,可以看到天主教文献与吉利支丹版中存在一部分推定为译自同一西文著作的文献(汇总情况见附表一)①,为将来的比较研究奠定了坚实基础。例如,16世纪被称为"黄金之书"并在葡萄牙殖民地广泛流传的乔治(Marcos Jorge)的《圣教要理》(Doctrina Christā,1566)在1591年被译为日语,以"どちりいなきりしたん"(葡语标题的音译)为题出版;1623年左右,汉译本《天主圣教启蒙》在中国出版。1591年,日本耶稣会士基于多部西文的圣传类著作(格兰纳达的著作等)出版圣传集成《圣人行迹》(《サントスの御作業》);中国方面,被认为译自《黄金传说》等欧洲流行的圣传著作有高一志的《圣人行实》(1629)及龙华民(Niccolo Longobardi)的《圣若撒法始末》(推测1602年初刻、1645年重刻)等单行著作。吉利支丹版《轻世》(《コンテンツムスムンヂ》,1596)与阳玛诺的《轻世金书》(1640)皆被指译自当时欧洲广泛流传并有极大人气的《效仿基督》(De Imitatione Christi)。金尼阁的《况义》也与吉利支丹版《伊曾保寓言》(《イソポ物语》,1592—1593)同样源自西文的《伊索寓言》。此外,吉利支丹版《信仰导师》(《ヒイデスの导师》,1592)与《信仰之经》(《ひですの经》,1611)与多明我会士在菲律宾马尼拉出版的《无极天主正教真传实录》(著者高母羡,Juan Cobo,1593)及《格物穷理新编》(1607)被指与格兰纳达的《使徒信条入门》(Introducción del Symbolo de la Fe,1583—1587)关系密切。②

---

① 但由于这些西文著作也在欧洲频繁再版,是否译自同一年、同一语言的底本还需个别考察。

② 龙彼得仅提及《格物穷理新编》为《使徒信条入门》的翻译。Peter Loon Van Der, "The Manila Incunabula and Early Hokkien Studies", Asia Major, A British Journal of Far Eastern Studies 12(1966), p.31. 实际上《无极天主圣教实录》也受到《使徒信条入门》极大的影响。Juan Cobo O.P., Pien Cheng-chiao Chen-ch'uan Shih-lu/Apologia de la Verdadera Religion/Testimony of the True Religion, edited by Fidel Villarroel, O.P., Manila: University of Santo Tomas Press, 1986, pp.87-93.

参与在中国和日本的天主教文献与吉利支丹版印刷出版事业的耶稣会士在欧洲接受的教育相近,同样受到当时欧洲的思潮影响;此外其来到亚洲的时代接近,除耶稣会内部书信、报告等联系方式,在果阿、澳门等枢纽地也有能直接沟通交流的平台。天主教文献与吉利支丹版中存在译自同一西文著作的著作可以说是极为自然的事情。而这些被认为以同一西文著作为底本的著作的存在,是天主教文献及吉利支丹版直接比较研究的前提。

四、比较研究的具体课题

从前章所述第二个角度出发,本论文重视被认为译自同一西文著作(或与其密切相关)的天主教文献与吉利支丹版,接下来将以天主教教理书(《天主圣教启蒙》及其相应日译本)及圣人传(《圣若撒法始末》及其相应日译本)为例,探讨比较研究中的具体课题。

(一)上层关涉的可能性

《天主圣教启蒙》(以下简称《启蒙》)在目前的天主教中文文献研究当中是较少被关注的一部著作。该书作者为葡萄牙人耶稣会士罗儒望(João de Rocha),刊刻于 1623 年左右,全书采取学生与老师问题的形式讲解天主教教理。陈纶绪介绍耶稣会档案馆所藏该书时,称其为用对话体写成的第一部天主教教理书。[1]早在费乐德(Rodrigo de Figueiredo)1627 年编纂的目录中就提到《启蒙》译自乔治的《圣教要理》。[2]晚近学者柯毅霖(Gianni Criveller)的《晚明基督论》论及罗儒

---

[1] Albert Chan, *Chinese Books and Documents in the Jesuit Archives in Rome*, M.E.Sharpe, 2001, p.70.

[2] Henri Bernard, "Les adaptations chinoise d'ouvrages Européens: Bibliographique chronologique depuis la venue des portugals à Canton jusqu'à la mission française de Pékin 1514 – 1688", *Monumenta Serica* 10:1(1945), p.22.

望著作时概括了《启蒙》各章的大意,也提及该书译自上述乔治的葡萄牙语原本,然而在未对葡语原本与汉译本进行细致的比较基础之上,得出了"该书为翻译作品,并未呈现出明显的改编元素"这一结论。①

另一方面,上文提到的吉利支丹版《圣教要理》,或称耶稣会版要理书,是一部全面介绍天主教教义的著作。该书在日本曾四次出版,其中后期两种(国字及罗马字各一种)相对于前期两种(同上)在翻译策略上有相当大的发展,可以视为修订版。初版与修订版皆有留存的吉利支丹版仅此一种,有着极大研究价值。该书与罗儒望的《启蒙》译自同一底本,且基本可以确认是译自 16 世纪末出版的葡语本。日译最早出版于 1591 年,与汉译出版时期相差不远,且皆为两国传教初期的译作,对于比较中日两国传教初期在术语选择、教义解释等方面的策略同异有重要价值。笔者已在其他论文中基于与葡语底本的细致对照,分析了《启蒙》的内容及特征。②这里仅从中选取一个例子来讨论天主教文献与吉利支丹版在编纂时是否存在来自葡萄牙王室、耶稣会上层等高层的影响,也即是否存在左右两国传教士书籍编纂、出版的共同指针。

前面已经提到日译本存在初版(1591、1592)与修订版(1600),二者在翻译语言及部分内容上存在调整。笔者关注到的一处变化与对葡语底本中第 9 章教会规(Dos mandamentos da Sancta Madre Igreja)的处理有关。该章的主要内容为讲解教会的五大规条:主日及当守的节日应参与弥撒,应至少每年告解一次,复活节时领圣体,遵守教会规定的斋期,向教会奉上初穗及什一税(原文参见附表二)。③

---

① Gianni Criveller, *Preaching Christ in Late Ming China*, Ricci Institute, 1997, pp.130-132.

② 王雯璐:《汉译教理问答〈天主圣教启蒙〉の研究——明末天主教布教实态の一样相》,《中国—社会と文化》第 33 号,2018 年 9 月,第 125—147 页。

③ 现行的《天主教教理》(2042—2043 条)的五大规条基本内容与乔治一书中类似,为"主日及当守的法定庆节应参与弥撒,不从事辛劳的工作""应至少每年一次告明你的罪""应谦卑地至少在逾越庆节时领受你的造物主""应在法定日子遵守大斋和小斋""应支持教会的需要"。http://www.vatican.va/chinese/ccc/34_1987-2051_ccc_zh.pdf.最终访问 2019 年 3 月 7 日。

日译本初版翻译与原书几乎完全一致，而修订版中删去第五条，并为保持五条数量不变，将第一条分解成"主日及当守的节日应不从事各项工作""主日及当守的节日应参与弥撒"两条。然而，先行研究中未见对这一调整的具体解释。

值得注意的是，《启蒙》中也存在极为类似的调整。笔者目前已确认原本或照片的《启蒙》有罗马耶稣会档案馆藏本（Jap-Sin I, 43a）、梵蒂冈图书馆藏本（Borgia Cinese 336.5）、法国国家图书馆藏本（Chinois 6861、Chinois 6862）、美国盖蒂研究所藏本（1365—1379）。①其中，盖蒂藏本与其他各藏本内容有出入，应为初刻本，其他各藏本内容一致，皆为初刻之后的修订本。初刻本第九章"圣陁格勒西亚规诫"部分内容与葡语原书一致，为五条（原文见表2），第五条为"在每物十分中要报一分与天主堂。如诸果诸畜等。要报送头一的果，头一的畜物"。而这一条在修订本中被删除，第四条后以"此外尚有数端，未为甚要，姑缺以俟"作结（原文见附表二，盖蒂藏本见书影）。②杜鼎克曾关注到《启蒙》的这一内容删改，但没有注意到日译本中存在同样的现象。他基于汉译本的调整，认为这主要是因为除了极少部分人之外，当时的信徒都很穷，而且传教士也几乎不可能在中国扮演收税人的角色。③

然而，考虑到日译本和中译本都存在同样的修订，笔者认为这应当不仅是偶然现象或在特定一国活动的传教士作为，或许应该考虑是否存在源自高层、指导两者进行修改的指针。葡萄牙国王1570

---

① 此外，奥地利国家图书馆、罗马国家中央图书馆各藏有一种，参见 CCT database; Qu Yi, "Song Nianzhu Guicheng (Die Anweisung zur Rezitation des Rosenkranzes) ein illustriertes christliches Buch aus China vom Anfang des 17. Jahrhunderts", *Monumenta Serica* 60 (2012), p.206。

② 其他早期天主教文献中也可见省略有关教会规诫中维持费的说明的情况。如高一志在《修身西学》中省略了后四卷主要参考底本莱修斯的《论正义》中有关什一税的说明。中南大学哲学系讲师谭杰提供此信息，特此感谢。

③ Adrian, Dudink, "Note about the Four Precepts of the Church in Chinese Texts", *Sino-Western Cultural Relations Journal* XXIX (2007), p.11.

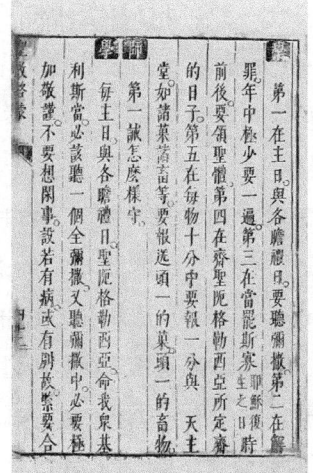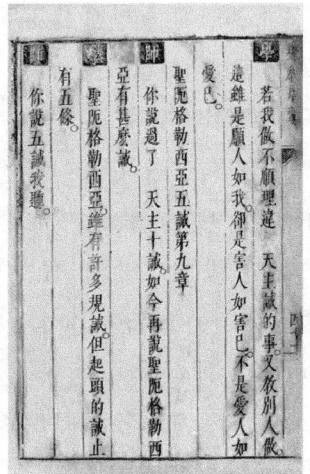

图一 盖蒂藏本 41b—42a

年向在远东的传教士发出的一条敕令有涉及教会维持费的内容。这一敕令中写明为了促使信仰事业的发展,印度、日本、中国等新改宗的基督徒今后 15 年间(也即 1585 年为止)无须向教会奉上维持费。[1]然而日译本修订的时间在 16 世纪的最后数年(1592—1600),汉译本修订时间不明,推测在 17 世纪 20 年代前后,时间上明显与上述敕令不符,无法认为这一敕令是影响修订的直接原因。

从另一方面考察可见,教会规诫的删改与耶稣会有密切的关

---

[1] "Eu El Rey como Governador e perpetuo administrador que são da ordem e cavalaria do Mestrado de nosso Senhor Jesus Christo faço saber aos que este alvará virem que por folguar de favorecer a conversão dos gentios e infieis da India, China, Japão, e Maluquo, ey por bem e me praz que posto que paguar dizimos e primicias seja obrigação geral de toda a cristandade, os ditos gentios que daqui em diante se converterem a nossa santa fé, sejão escusos de paguar todos os dizimos pessoaes e reaes, e asy premissias de qualquer sorte e calidade que sejão, e isto por tempo de quinze annos, que se começarão do dia que se converterem, e lhes for pubricado o favor que por esta provisão lhe concedo em diante." J. H. da Cunha Rivara compiled, Archivo Portuguez-Oriental, New Delhi, Madras: Asian Educational Services, 1992, vol.5, part II, p.733. 该敕令的日文摘译,见高瀬弘一郎:《キリシタン時代の貿易と外交》,八木書店,2002 年,第 330 页。

系。多明我会士在马尼拉刊行的闽南语《圣教要理》中教会规诫部分与上述葡语本中内容一致,保留着有关向教会奉上维持费用的条目:"地上所生个物,着先送入庙感谢僚氏,亦着加一抽,巴礼该得。"[1]以此可见,教会规诫的删改与耶稣会存在密切关系,涉及包括中国、日本在内的耶稣会远东教区。耶稣会上层在上述葡萄牙国王的敕令后或下达过类似的指导方针。有关于此,还有待将来对史料的进一步发掘。

(二) 关于原典判定的讨论

《圣若撒法始末》是龙华民所编译圣人把腊盎(Barlaam)与若撒法(Josaphat)的故事,故事主要是讲述印度王子若撒法在经过各种试练后皈依天主教的过程。台湾学者李奭学从比较文学的角度对其进行了详细研究。有关翻译底本的问题,李奭学在研究中指出,该书或"主要"译自以《圣传金库》本为底本的拉丁文译述系统。这里所谓《圣传金库》指13世纪成书、在欧洲广泛流传并被译为各种欧洲语言的亚可伯(Jacques de Voragine)的 *Legenda Aurea*,一般又译为《黄金传说》。李奭学同时注意到该故事在被译为汉文的约十余年前,已经被收入耶稣会在日本出版的圣传集中,但中日比较不是其研究核心,仅在探讨汉译本内容及翻译策略时偶有提及日译本对应处的表达方式,没有进一步展开。[2]与《黄金传说》存在密切关系的另一部中文天主教文献即为高一志的《圣人行实》,《圣若撒法始末》以及《圣人行实》都被收入李奭学、林熙强主编的《晚明天主教翻译文学笺注》[3],该书采用笺注的体例,在文本整理基础之上,对重

---

[1] J. Gayo Aragon ed, *Doctrina Christiana*, Primer Libro Impreso en Filipinas(1593),梵蒂冈图书馆藏本影印,出版年不详,第6页上。

[2] 李奭学:《译述:明末耶稣会翻译文学论》,香港中文大学出版社,2012年,第61—196页。

[3] 李奭学、林熙强主编:《晚明天主教翻译文学笺注》,台湾"中研院"文哲所,2014年。

要的文字出处及其意义施以较为详细的注释。有关这两部译著的底本,《圣若撒法始末》的小引(余淑慧、林熙强撰)称"比起希腊文本,拉丁文本篇幅缩减了许多,而龙华民翻译所依,正是这部拉丁文的简本。这里所注,主要参照资料即为上述两版的原本——尤其是拉丁文的简本——及其英译本";《圣人行实》小引(李燕芬、林熙强、林怡劭撰)称"《天主圣教圣人行实》内容主要出自佛拉津的亚可伯所著之《圣传金库》"。由此可知,在为这两部译著做注释时,上述研究者主要参考了拉丁文本的《黄金传说》及其英文译本。当然,《笺注》不是基于原典的翻译研究,其直接目的是对汉译本的内容进行梳理,其参考底本探讨汉译本中某些翻译处理问题时,主要目的也是为理解汉译本文本服务。然而,在英语世界产生广泛影响的《黄金传说》的卡克斯顿(William Caxton)英译本并非严格意义上的翻译,而是存在相当程度的改写,对底本与译本的比较研究价值有限。

《圣若撒法始末》及《圣人行实》这一类能够一定程度确定是译自西文经典的文献被称作"译述"著作,但要究明何处是译、何处是述,以及各种细节处理背后的原因,必须确定翻译当时所参照的底本并进行细致的比较研究,如果无法与准确的底本进行对照,得出来的结论也将出现偏差。但由于来到亚洲的传教士们国籍、语言背景复杂,他们所选择翻译的又都是当时欧洲的流行作品,版本丰富,底本判定工作存在很大困难。若撒法的故事也被收录于前述的吉利支丹版圣传集成《圣人行迹》,学者认为该书与多明我会士安东尼(Antonino Pierozzi)、利浦曼尼(Luigi Lippomani)、格兰纳达三者的著作密切相关①,但关于其究竟译自何种底本目前尚无定论。

笔者曾对《圣若撒法始末》及收录在吉利支丹版《圣人行迹》中的若撒法故事进行详细比对,虽然中日两译本之间仍然存在极大差异,但将两者与《黄金传说》中的这一故事比照时,会发现溢出《黄金

---

① H.チースリク:《サントスの御作业—神学的・历史学的考察》,《サントスの御作业》复制本,勉诚社,1976年,第27—34页。

传说》的内容方面,汉译和日译存在一定的共通性,两者或能互相为今后的底本判定及相关研究提供一组新的参照系。有关这一故事传入亚洲的过程,目前为止中日两国学者基本都是从欧洲—日本、欧洲—中国这样单线角度切入。笔者认为,若能结合中、日、欧三方视角,或能进一步理解这一圣传东传过程中所发生的变化,并为确定其底本寻找新的线索。

下面将试举两处文本来讨论汉译和日译的关系。首先是故事的开头部分,文本依次为《黄金传说》本(拉)、吉利支丹版《圣人行迹》中收录的"圣把腊盎与圣若撒法的行迹"(日)、天主教文献《圣若撒法始末》(汉)。①

【拉】Baarlaam, cujus hystoriam Johannes Damascenus diligenti studio compilauit, operante in eo divina gratia sanctum Josaphat regem ad fidem convertit. Etenim cum universa India christianis et monachis plena esset, surrexit rex quidam praepotens, nomine Auennir, qui christianos et praecipue monachos plurimum persequebatur.

【日】諸国に御教へ栄へ給ひ、数々のエケレジアを建て、又は世を舎つる山居の道心者历々ありし時代、インディアの国にアエニルと申す帝富貴栄耀世に胜れ、殊更御形人越え給ひしかば、現世の事のみ乐しみ給ふといへども、御位を让り給ふべき王子御一人もましまさねば、これのみ深く叹かせ給ふなり。

さればかの帝ゼンチョにてまします故に、よこしまの本

---

① 拉丁文本使用 Th[eodor] Graesse, ed., *Jacobi a Voragine, Legenda Aurea*, Editio Secunda. Lipsae, Impensis Librariae Arnoldianae, 1850。日译本使用福岛邦道:《サントスの御作業 翻字・研究篇》,勉誠社,1979年。汉译本使用李奭学、林熙强主编:《晚明天主教翻译文学笺注》。

尊に対し給ひて御信心浅からず、キリシタンの御教へを深く嫌ひ給ふなり。されども山居の善人達はその御怒りを恐れ給はず、ゼズキリストの御奉公として、マルチルの望をおこし、世に顕はれてゼズスの御名を唱へ、人にも勧め、この世のあだなること、后の世の長き乐しみを愿ふべきことをのみ弘め給ひしかば、人々これを慕ひ、発心者の多かりし……

【汉】粤自天主降生为人，以受难赎世罪，以真福引世趋，以异能动众信；而太西诸国先得见闻，维时躬承圣教者，遵命分传四远，且天主宠授以非尝之权能，令人翕然信从。于是东至小西洋，亦先闻其风而兴焉。小西洋之国名应第亚，效太西奉教，多弃家而野修。得道者，每有神异真福。时国君亚物尼耳，富强多智谋，攻战辄克；其人躯干长大，面貌奇伟，威仪可畏。盖尘世荣乐事，洵足自矜，独恨乏嗣，未满世间愿耳。

乃其生平信向，则惟佛家诸异端；而尔时虔从圣教者，一心昭事，至死不变，凡缙绅巨室，咸挂冠抛产，相与隐遁修真。国君愤甚，出令禁谕，且新造严刑，遍行访察。但奉天主教即寘之，法不轻贷。其诸奉教人，间有恇德而避难者，有恇怯而姑顺命者，如知真福正在被窘之士，则且庭诤面折，甘受鼎刀不辞者。

仅从上面三段文字的长度也不难发现，《黄金传说》中该故事的篇幅较日译及汉译都简短，特别是拉丁文中仅一笔带过的"国王亚物尼尔开始迫害信徒以及修道士"（下划线处）一句，在日译及汉译中都展开为一小段文字，叙述从圣教者不屈服于国王的迫害而继续坚持自己的信仰。再从微观的文字表述方面来看，《黄金传说》本中称"当时印度国中有众多基督徒以及修道士"（波浪线处），而日译及汉译中表述更加细致，日译中有修道士"舍去俗世"，汉译中用了"弃家"，有异曲同工之妙。再如，《黄金传说》本描述印度国王亚物尼尔时仅用了"强大"(双下划线处)一词,日译及汉译则更为丰富,分别称"富贵荣耀胜于世人,身型面貌不同凡人"(日译),及"富强多智谋,攻战辄克;其人躯干长大,面貌奇伟,威仪可畏"(汉译),表述极为相近。

再如,亚物尼尔逆不过若撒法的意愿最终允许他出门游历的片段中也可窥见日译与汉译都与《黄金传说》本内容存在较大差异,而日译与汉译之间的类同性却比较高。

【拉】Quod pater audiens et dolens, equos idoneos parari fecit et choros plaudentes ante eum mittens, ne quid sibi foedum occurreret, diligenter prohibuit.

【日】帝は无心を所望かなと、思し召し给へども、うれひの御心を慰め给はんとて、御望みにまかせ给ふなり。然れば、御游山の时、御心の慰みならざることを见给はぬやうにと、前后左右の御とものへ人、路次の先々念をつかひ、いよいよ御慰みのために糸竹の声をそろへ、乐仪をなせとの勅诿なり。

【汉】君甚难之,但又恐拂太子意,姑许其出。第命诸侍从,凡道人及不美事,绝勿与见,只令见诸可乐者。又命沿途吹弹歌舞,以娱其志。

这一段有关父王亚物尼尔为撒若法出门所做的准备的描述中,《黄金传说》本中亚物尼尔除一队侍从外,还预备了一头受过极好调教的"马"(下划线处),然而日译与汉译中都没有出现关于"马"的内容。同时,日译和汉译中亚物尼尔还命人沿路吹弹歌舞,慰藉其子之心(波浪线处),而《黄金传说》本中不见此部分。此种日译、汉译中表现与《黄金传说》存在差异而日译、汉译存在类同的例子尚有许多,限于文章篇幅不——举出。

由于日译和汉译在从西文翻译至当时的日语和汉文过程中,原本就发生许多变化,同时这一时代的翻译作品以现代的感觉来看几近于改写,逐字逐句的翻译比较研究难以实现。在不确定底本的情况下比较两个改写后的不同语言的文本,困难进一步增大。但日译和汉译两个文本中仍能发现不少如上面所举两个例子般,内容非常相近的地方。笔者认为中日译本出版时间相近,又同样出自耶稣会士之手,存在参考类似底本的可能性,在将来对两者底本的判定研究中应当积极将互相作为一个同时代的参照系纳入研究视野。

(三) 有关影响关系的讨论

耶稣会传教士于 1549 年进入日本,从今天留存的许多手稿可知,在 1590 年设置西式印刷机的许多年前起,日本的传教士就开始翻译和编纂书籍,为将来的印刷出版做准备。吉利支丹版的创作编辑开始时间实际上远早于正式出版时间。中国天主教文献印刷出版情况也类似,利玛窦的《天主实义》从开始撰写到正式出版几乎花费了近 10 年。因此,仅从实际出版时间来看,罗明坚的《天主实录》(1584)的出版时间确实早于在日本出版的第一部吉利支丹版,但若考虑到出版准备阶段,日本的印刷出版事业应当说远早于中国。因此,日本吉利支丹版对中国天主教文献是否存在影响,也是许多学者关注的问题。前文提到的梅谦立关于范礼安《日本教理书》对利玛窦《天主实义》影响的研究,是一个极好的例子。

从本章以上两节所举例子来看,在翻译底本选择方面天主教文献与吉利支丹版也存在一些共性,存在不少被认为与同一西文文献密切相关的著作。而关于具体翻译过程中在中国活动的耶稣会士是否有可能参考了日本的吉利支丹版这一问题,从目前所能把握的信息来看,笔者认为可能性较小。这主要可以从语言和吉利支丹版的实际形态来讨论。

考虑从西文翻译成汉文或日文的文献群时，与考虑用拉丁文写成《日本教理书》对利玛窦影响时存在不同的问题，也即语言问题。前两节所举在日本翻译的教理书和圣传都是用日语写成，即使中国的耶稣会士能够看到这些出版时间在前的吉利支丹版，他们是否具有阅读理解日语的能力是首要问题。其次要考虑的是这些用日语出版的吉利支丹版的形态。比如与《天主圣教启蒙》同样译自葡语本的吉利支丹版《圣教要理》，前后两次以罗马字和日本国语字印刷并出版，罗马字只记录发音，没有任何汉字，而国语字本存在大量草书（崩し字），没有受过良好日语阅读训练的人很难识读。日语和汉文语法差异大，从两国思想文化交流的历史来看，最容易互相借鉴的就是汉语词汇，然而上述吉利支丹版的出版形态实际上不具备提供如此借鉴的前提。这也是从与天主教教义相关的专有词汇的角度来看，翻译时间在后的中国天主教文献与先问世的日本吉利支丹版之间几乎观察不到直接的影响关系。

结　　语

本文在概述耶稣会士在日本出版的日本吉利支丹版的基础之上，梳理了天主教中文文献与日本吉利支丹版之间的关系，尤其重点分析了先行研究中关注较少的译自同一底本的文献及其内容之间存在的密切关联。从本文所举的教理书及圣传的两个例子来看，吉利支丹版及天主教文献的内容上可观察到许多同步性，这或与耶稣会上层的指导方针相关，或与两国耶稣会士在翻译出版著作时所参考的底本相关。进一步细致梳理这种同步性，一方面有助于理解远东传教一体性，以及中日早期传教事业的互动关系，另一方面也有助于避免将个别现象解释为个别地区独有特征的过度解释，从而促进究明各地传教活动中的本地特色。

附表一

	题名（罗马字）	题名（国语）	分类	出版年	出版地	语言	底本	相关汉文天主教文献
1	Abecedario	汉和アベセダリヨ	语学书	1585	【澳门】			
2	Catechismus christianae fidei	日本のカテキズモ	教理书	1586	里斯本	拉		
3	Oratio habita a Fara D. Martino	原マルチノの演説	其他	1588	果阿	拉		
4	Christiani pueri institutio	キリスト教弟子の薫陶	修德书	1588	澳门	拉		
5	De missione legatorum japonesium	遣欧使节对话录	其他	1590	澳门	拉		
6		オラショトマグメントス（断简）	典礼书	1590	【加津佐】	日		
7		善作ニ日ヲ送ルベキ为ニ保ツベキ条々（断简）	NA					
8		おらしょとまだめんとす（断简）	典礼书	1591	【加津佐】	日		
9		どちりいなきりしたん	教理书	1591	【加津佐】	日	Marcos Jorge: Doctrina Christão	《天主圣教启蒙》
10	Sanctos no gosagueŏ no vchi nuqigaqi	サントスの御作业の内抜书	修德书	1591	加津佐	日	Luis de Granada: Introducción del simbolo de la fe. vol.2	《圣人行实》《圣若撒法始末》等
11	Doctrina christiâo	ドチリナキリシタン	教理书	1592	天草	日	Marcos Jorge: Doctrina Christão	《天主圣教启蒙》

续表一

	题名（罗马字）	题名（国语）	分类	出版年	出版地	语言	底本	相关汉文天主教文献
12	Fides no doxi	ヒイデスの導師	修德书	1592	天草	日	Luis de Granada: *Introducción del simbolo de la fe*, vol.5	
13		ばうちずものさずけやう	典礼书	1593	【天草】	日		
14	Feige no monogatari; Esopo no fabulas; Qincuxū	平家物语・イソポ物语・金句集	文学书	1592—1593	天草	日		《况义》
15	De institutione grammatica libri tres	天草版ラテン文典	语学书	1594	天草	拉、葡、日		
16	Dictionarium latino lusitanum ac japonicum	罗、葡、日对译辞书	语学书	1595	天草	拉、葡、日		
17	Contemptus mundi	コンテンツスムンヂ	修德书	1596	【天草】	日	【Thomas a Kempis: *Imitatio Christi*；Luis de Granada: *Contemptus mundi*】	《轻世金书》
18	Exercitia Spiritualia	灵操	修德书	1596	天草	拉		
19	Compendium Spiritualis Doctrinae	精神生活纲要	修德书	1596	【天草】	拉		
20	Compendium Manualis Nauarri	ナバルレスの告解提要	修德书	1597	【天草】	拉		
21	Confessionarium	さるばとるむんぢ	典礼书	1598	【长崎】	日		

续表二

	题名(罗马字)	题名(国语)	分类	出版年	出版地	语言	底本	相关汉文天主教文献
22		落叶集	语学书	1598	【长崎】	日		
23		落叶集(断简)	NA					
24		ぎやどぺかどる	修德书	1599	【长崎】	日	Luis de Granada: *Guia de pecadores*	
25		ぎやどぺかどる 字集	NA					
26	Doctrina Christião	ドチリナキリシタン	教理书	1600	【长崎】	日	Marcos Jorge: *Doctrina Christão*	《天主圣教启蒙》
27		とちりなきりしたん	教理书	1600	长崎	日	Marcos Jorge: *Doctrina Christão*	《天主圣教启蒙》
28		おらしょの翻译	典礼书	1600	长崎	日		
29		朗咏杂笔	文学书	1600	【长崎】	日		
30	Aphorismi Confessariorum	金言集	修德书	1603	【长崎】	拉		
31	Vocabulário da Lingoa de Iapam	日葡辞书	语学书	1603—1604	长崎	日,葡		
32	Arte da Lingoa de Iapam	日本大文典	语学书	1604—1608	长崎	日,葡		
33	Manuale ad Sacramenta Ministranda	サカラメント提要	典礼书	1605	长崎	拉,日		

续表三

	题名(罗马字)	题名(国语)	分类	出版年	出版地	语言	底本	相关汉文天主教文献
34		サカラメンタ提要 日本语附录	典礼书	1605				
35	Spiritual Xuguiô	スピリツアル修行	修德书	1607	长崎	日	Gaspar Loarte: Instrução e avisos pera mediar os misterios do rosairo da sanctissima virgem Maria; Gaspar Loarte: Instrução e advertencias pera mediar a paixão de Christo nosso Redentor	
36	Floscuri	圣教精华	文学书	1610	长崎	拉		
37		こんてむつすむんぢ	修德书	1610	京都	日	【Thomas a Kempis: Imitatio Christi; Luis de Granada: Contemptus mundi】	《轻世金书》
38		ひですの经	修德书	1611	长崎	日	Luis de Granada: Introducción del simbolo de la fe. vol.1	《无极天正教真传实录》《格物穷理新编》
39		太平记拔书	文学书	1611/1622		日		
40		太平记拔书(断简)	NA					
41	Arte Breve da Lingoa Iapoa	日本小文典	语学书	1620	澳门	葡,日		

* 基于丰岛(2013)附录整理而成。【】内为推定。

附表二

《启蒙》（初刻本）	《启蒙》（修订本）	Doctrina Christã, 1566	《どちりな》(1591)	《どちりな》(1600)
学：圣陞格勒西亚，虽有许多规诫，但起头的诫止有五条。师：你说五诫我听。第一在主日，与各瞻礼日，要聆弥撒。第二在解罪，年中极少要一遍。第三在当罢斯夏（耶稣复生之日）时前后，要领圣体。第四在斋圣陞格勒西亚所定斋的日子。第五在每物十分中要一分与天主堂。如诸菓蔬者等，要报送头一的菓头一的畜物。	学：圣陞格勒西亚，虽有许多规诫，但起头的诫止有四条。师：你说四诫我听。第一在主日，与各瞻礼日，要听弥撒。第二在解罪，年中极少要一遍。第三在当罢斯夏（耶稣复生之日）时前后，要领圣体。第四在斋圣陞格勒西亚所定斋的日子。此外尚有数端未为甚要，始阙以俟。	Os Mandamentos da Sancta Madre Igreja, sam cinco, Oprimeiro, ouvir Missa domingos & festas de guardar, Osegundo, confessar ao menoshua vez cada anno, Oterceiro, comungar, pola Pascoa, Eoquarto, jejuar quando manda a Sancta Madre Igreja, Eoquinto, pagar dizimos e primicias.	……そうのゑけれじやにあたるあまたのまんだめんとの中にとりはき五ヶ条あげらるゝ也。第一どみんごへあと日にみいさをおがみ奉るべし。第二せめて年中に一度さんひえんを申べし。第三はすくはにえうかりすちあのさからめんとをさづかり奉るべし。第四さんたゑけれじやよりさづけ給ふ時せじゆんを致しせすたさはどにゝくしきすべからず第五おぢすもすひりみしあをさゝぐべし	そうのゑけれじやにあたるあまたのまんだめんとの中をとりはき五カでうにあげらるゝ也。第一、どみんごやゆはひ日に諸眼をやむべし。第二、どみんごやゆはひ日にみいさをがみ奉るべし。第三、たっときゑけれじやよりさづけ玉ふとき、せじゆんをほどにたがべくし、せすたさはどににくしきをすべからず。第四ねんだうにっーたびこんひさんを申べし。第五ぱすくはぜんごにっーこときゑうかりすちやのさからめんとをさづかり奉るべし。
盖蒂藏本	梵蒂冈藏本	Bayerische Staatsbibliothek 本(Rar.4012)	依据龟井・チースリク・小岛《日本イェズス会版キリシタン要理》(1983)整理本	依据新村出等校注《吉利支丹文学集2》(1993)整理本

附录

《西学东渐研究》第 6—10 辑目录

第六辑

儒家思想早期在欧洲的传播/张西平

早期耶稣会传教士对儒家经典的解释与翻译——以罗明坚《中庸》手稿分析为例/王慧宇

调和孔子的鬼神：耶稣会翻译者如何对待《中庸》的无形力量/陆商隐（Luisa M.Paternicò）撰；张扩栋译

利玛窦与早期耶稣会士的三个《论语》译本/梅谦立（Thierry Meynard）撰；杨杰译

张居正《四书直解》的宇宙观与宗教观——耶稣会的容纳与启蒙主义者的回应/井川义次

耶稣会士《论语》翻译（1687 年）中的"古学"倾向/王格

初探利玛窦《天主实义》对于"至善"与"全善"的理解与论述/黄渼婷

哲学家与"印迹"——《孔夫子》与《天儒印》对"四书"的诠释/汪聂才

"大帆船航海线"上的儒学初传——以门多萨《中华大帝国史》为中心的考察/代国庆

《中国哲学家孔夫子》的接受：伯尼尔的法语版翻译/陶西格（Sylvie Taussig）撰；林海平译

《中国哲学家孔夫子》及欧洲汉字兴趣的肇端/蓝莉(Isabelle Landry-Deron)撰;赖丹丹译

音译与意译的竞逐:"麒麟""恶那西约"与"长颈鹿"译名本土化历程/邹振环

利类思和汉语中的法律/雷立柏(Leopold Leeb)

晚明耶稣会士对亚里士多德《论灵魂》的解读——以毕方济的《灵言蠡勺》为例/田书峰

张星烺与《欧化东渐史》/张昭军

学死之士——李九功生死观探析/赖丹丹

第七辑

西方灵魂论传统:导论/马里奥·卡瓦略(Mário S. de Carvalho)撰;齐飞智译

亚里士多德论理性灵魂的可分离性/田书峰

生命原则与救赎对象——两希融合视域下的灵魂/齐飞智

灵魂体三元论在中世纪陷入沉寂的原因/徐弢

里沃的艾尔累德(Aelred of Rievaulx)的《论灵魂》(De Anima)/江璐

利玛窦和艺术作品中的基督灵魂观念/塞萨尔·吉伦-努涅斯(Cesar Guillen-Nuñez)撰;祝海林译

从"魂灵"到"灵魂"——罗明坚与利玛窦对"anima"的翻译/刘晓葵

灵魂论在中国的第一个文本及其来源——对毕方济及徐光启《灵言蠡勺》的考察/梅谦立撰;黄志鹏译

晚明福建关于灵魂的耶儒对谈/宋刚撰;祝海林译

从灵魂论到伦理学——以《灵言蠡勺》《性学觕述》和《修身西学》为核心/黄志鹏

16—18世纪亚里士多德《灵魂论》在亚洲的传布/段世磊

《耶稣会讲义纲要》(1595年日语版)中的"灵魂不灭"难题/川村

信三撰；段世磊译

  高一志为 Deus 汉译"上帝"与"天"术语的辩护/段春生

  晚明文献中的亚里士多德/梅谦立整理

  奥古斯丁的修辞学：灵魂治疗与基督宗教修辞/汪聂才

第八辑

  《天主实录》各版本情况及创作源流浅析/王慧宇

  耶稣会士罗明坚与儒家经典在欧洲的首次译介/梅谦立　王慧宇

  广州视野下的明季海上交通史籍及其史源——以《东夷图说》《诸夷考》为中心的考察/代国庆

  1685 年路易十四遣华耶稣会传教团信件中的广州/蓝莉(Isabelle Landry-Deron)撰；郭丽娜译

  请孔子作证：《中国哲学家孔子·前言》对利玛窦传教策略的辩护/汪聂才

  认同与诠释：康熙特使艾若瑟在广州之墓及其时代意义的变换/梅谦立

  从广州到墨西哥阿卡普尔科——16—19 世纪中国艺术品贸易/胡纪伦(Cesar Guillen-Nunez)撰；祝海林译

  中法战争期间的清政府与在穗法国教会/陈静

  广州圣心大教堂的设计和建造/马崇义(Matthieu Masson)撰；朱志越译

  掩藏于圣心大教堂的光芒之下——踏查及认知晚清广州其他基督教建筑/高曼士(Thomas Coomans)撰；朱志越译

  岭南近代教堂神圣空间的解读——以广州圣心大教堂和东山堂为例/朱志越

  1900—1930 年广州慈善柴捆/狄明德(Dominique Tyl)撰；李蓬云译

  被遗忘的近代西学先驱——19 世纪前期广州地区民间西学接

触者研究/祝海林

康有为的纪年构想/马永康

晚清伊索汉译的再英译和仿写/姚达兑

沙勿略与庞嘉宾——两耶稣会士在华传教传略/杰德·特莱夫撰;杨小刚译

1700 年上川岛沙勿略墓地的改建与庞嘉宾的报告/梅谦立撰;黄志鹏译

关于 1700 年在上川岛为伟大的东方使徒方济各·沙勿略建造的墓园/庞嘉宾撰;梅谦立注;黄志鹏译

第九辑

17 世纪《穷理学》对亚里士多德知识论的翻译与传播/杨爱东　尚智丛

黎贵惇与丁若镛对西学的吸纳/林月惠

学习如何教书:《科因布拉评注》对《后分析篇》篇首的解释/C.卡萨里尼撰;张逸婧　蒋佳译

葡萄牙的逻辑学教学及 16、17 世纪中葡的信息交流/贝纳尔多·马沙多·莫塔撰;陈莉译

《名理探》与《穷理学》在中国"失败"的启示/梅谦立撰;陈莉译,张逸婧校

从《名理探》的翻译看中西思想与语言的差异/张逸婧

西方逻辑东渐与因明的逻辑研究/曾昭式

《心灵学》中归纳概念的本土化/王慧斌

近代"中国逻辑"建构的再反思——以《墨子之论理学》为例/何杨

从明末译介的西方逻辑学看中西文化的交汇/张栋豪　张胜前

雅思贝尔斯历史哲学视野中明清时期逻辑学的译介/江璐

《同文算指别编》与弦表在中国的早期传入与使用/李亮

明清节气注历的转变/王广超

四元素说在清代的后续传播与接受/陈志辉

《中国概说》插图考：欧洲出版物中最早的中国文房墨图像/郑诚

应对模糊性：《礼记》之"拟如"礼仪在 17 世纪的文化间诠释/钟鸣旦撰；王琦译，陈妍蓉校订

国王的船只"安菲特利特"号旅行报告：1698 年，从好望角往广州/郭丽娜译；梅谦立注

第十辑

太极与万物一体：利玛窦对宋明理学的诠释与批判/林月惠

一种对抗式方法的局限性：不干斋·巴鼻庵对理学与基督教的批判/折井善果撰；魏鼎译

从"天"到"天主"的儒耶会通诠释——梵蒂冈所藏《论儒家之天、太极与天主》析论/王格

中国与欧洲思想的互动——以白晋与莱布尼茨为中心/张西平

以"西"明"儒"——黎贵惇《芸台类语》对理气的见解/阮廷庆

罗光生命哲学中的创造观——兼论其对利玛窦思想的推进/黄志鹏

西方德性教育思想在晚明的译介——以高一志为中心的考察/谭杰

"厄第加之全书"：论高一志的《童幼教育》/齐飞智

"谁谓奉圣教者，不奉祖先哉？"——黎玉范《圣教孝亲解》诸手稿的文本研究/宋黎明

经世学与西学的交汇——论黄宗羲的经世学/孙宝山

《中国哲学家孔子》(1687)中的和平和国家理由/柯修文撰；张扩栋译

卫方济《中国哲学》征引中文文献考/梅谦立

西欧对孟子的理解——尤其环绕卫方济的理解而论/井川义次

改革开放以来的利玛窦研究(1978—2018)/代国庆、林金水

童文献与德理文之争——19世纪法国汉学面貌一瞥/郭丽娜

宗教对话、理解与宽容如何成为可能？——从利玛窦的联儒抗佛说起/贺璋瑢

李方西致耶稣会总会长乔瓦尼·保罗·奥利瓦的意大利文信函(1668年10月6日)/梅谦立前言及注释；张锐意译

意大利耶稣会士陆安德《1670年广州住院与传教团简报》/梅谦立前言及注释；董少新译校

"儒学与欧洲文明：明清时期西学与宋明理学的相遇"国际学术会议综述/李蓬云